Nelles Verlag

Griechische Inseln

Ägäis

Autorin:
Anne Midgette

KARTENVERZEICHNIS

REP. BŬLGARIA
Didimotího
ISTANBUL
Tekirdağ
Marmara Denizi
Bursa
Bandirma
Néo Petrítsi
Dráma
Xánthi
Komotiní
Sérres
Kavála
Alexandroúpoli
Féres
Keşan
Néa Zíhni
Thásos
THÁSOS
Samothráki
SAMOTHRÁKI
125 - 129
Ouranópoli
Polígiros
ÁTHOS
SITHONÍA
Eceabat
Çanakkale
GÖKÇEADA
133 - 157
Mírina
LÍMNOS
Edremit
Balikesir
ÁG. EFSTRÁTIOS
EGÉO PÉLAGOS (AEGEAN SEA)
VÓRIO
TÜRKIYE (TURKEY)
Bergama
Mithimna
LÉSVOS
Mitilíni
Dikili
ANATOLIKÁ
ALÓNISSOS
Alónissos
Skíathos
SKÍATHOS
SPORÁDES
Skíros
SKÍROS
Menemen
PSARÁ
Kardámila
IZMIR
Híos
Çeşme
Urla
Liménas
HÍOS
Loutrá Edipsoú
Kími
ÉVIA (EUBOA)
113 - 123
Halkída
Thíva
ATHÍNA (ATHENS)
39 - 51
TOÚ EGÉOU
Kuşadasi
Aydin
Sámos
SÁMOS
Karlovási
Kárístos
ÁNDROS
IKARÍA
Salamína
SALAMÍNA
PIREÁS
Ándros
TÍNOS
Tínos
Ág. Kírikos
Muğla
KÉA
Kéa
Égina
ÉGINA
PÓROS
SÍROS
Míkonos
MÍKONOS
PÁTMOS
Pátmos
LIPSÍ
LÉROS
Bodrum
Kíthnos
Ermoúpoli
Kálimnos
KÍTHNOS
KIKLÁDES
Náxos
NÁXOS
Kós
KÁLIMNOS
KÓS
Marmaris
Ídra
ÍDRA
SPÉTSES
SÉRIFOS
Sérifos
Páros
PÁROS
Amorgós
Datça
Sími
Mandráki
NÍSIROS
SÍMI
Rhódos
SÍFNOS
Apollonía
AMORGÓS
Mirtóo Pélagos
Mílos
MÍLOS
Íos
ÍOS
Astipálea
ASTIPÁLEA
TÍLOS
DODEKÁNISSOS
Monemvassía
ANÁFI
Thíra
Neápoli
Akr. Maléas
THÍRA (SANTORIN)
Líndos
67 - 109
RHÓDOS
KÍTHIRA
KÁRPATHOS
ANDIKÍTHIRA
Kárpathos
KÁSOS
161 - 199
Kastélli
Haniá
IRAKLÍO
KRÍTI
Ág. Nikólaos
Sitía
Réthimno
Paleohóra
Sfakiá
Timbáki
Ierápetra
GAVDÓS
GRIECHISCHE INSELN
0
100 km

Liebe Leserin, lieber Leser,

AKTUALITÄT wird in der Nelles-Reihe groß geschrieben. Unsere Korrespondenten dokumentieren laufend die Veränderungen der weltweiten Reiseszene, und unsere Kartografen berichtigen ständig die auf den Text abgestimmten Karten. Da aber die Welt des Tourismus schnelllebig ist, können wir für den Inhalt unserer Bücher keine Haftung übernehmen (alle Angaben ohne Gewähr). Wir freuen uns über jeden Korrekturhinweis! Unsere Adresse: Nelles Verlag, Schleißheimer Str. 371 b, D-80935 München, Tel. (089) 3571940, Fax (089) 35719430, E-Mail: Info@Nelles-Verlag.de, Internet: www.Nelles-Verlag.de

LEGENDE

	Top-Attraktion
★★	(in Karte)
★★	(in Text)
	sehr sehenswert
★	(in Karte)
★	(in Text)
8	Orientierungsnummer in Text und Karte
	Öffentliches bzw. bedeutendes Gebäude
	Hotel
	Einkaufszentrum, Markt
	Kirche, Friedhof
	Moschee, Synagoge
	Touristeninformation
Ándros (Ort) / Akrotiri (Sehenswürdigkeit)	in Karte gelb Unterlegtes wird im Text erwähnt
	internationaler Flughafen/ nationaler Flughafen
Fengári 1611	Berggipfel (Höhe in Meter)
	Strand
	Quelle
	Antike Stätte, Höhle
	Burg, Ruine
	Fußgängerzone
Omonia	Metro mit Station
	Eisenbahn
A1 E 94 3	Straßennummern
	Staatsgrenze
	Autobahn
	Schnellstraße
	Fernverkehrsstraße
	Hauptstraße
	Landstraße
	Nebenstraße
	Karrenweg/Pfad
	Fähre

GRIECHISCHE INSELN – Ägäis

Ausgabe 2004/2005
ISBN 3-922539-05-X
Printed in Germany

Herausgeber: Günter Nelles
Chefredakteur: Berthold Schwarz
Project Editor: Anne Midgette
Übersetzung: Christiane Habich
Bildredaktion: K. Bärmann-Thümmel
Lithos: Priegnitz
Kartografie: Nelles Verlag GmbH
Druck: Farbdrucke Bayerlein

- N04 -

9 FEATURES

10 REISE-INFORMATIONEN

DIE GRIECHISCHEN INSELN STELLEN SICH VOR

Wer auf den griechischen Inseln Ferien machen möchte, hat die Qual der Wahl: Es gibt über 1400 Inseln in Griechenland, sie machen ca. ein Fünftel der Gesamtfläche des Landes aus. Aber „nur" etwa 115 von ihnen sind ständig bewohnt. Bevorzugt man „angesagte" Touristenziele (wie Íos, Thíra, Kós) oder abgeschiedene wilde Berglandschaften (wie auf Lésvos), ländliche Außenposten (Donoúsa) oder verstädterte Eilande (Korfu, Ídra)? Sind die weißen Kykladenhäuser in Míkonos-Stadt „typischer" als die ockerfarbenen klassizistischen Fassaden von Sími? Verbindet man mit den griechischen Inseln Rhódos mit seinen 300 Sonnentagen im Jahr, die kräftigen *Meltemi*-Winde, die im Sommer über die Kykladen streifen, oder gar die kalten makedonischen Winter auf Thásos? Der Archipel der Hellenen hat sehr viele Facetten.

Griechenlands Festland ist gebirgig. Seine Ausläufer setzen sich unter Wasser fort und bilden, aus dem Meer wieder auftauchend, die griechischen Inseln; die meisten Inseln bestehen deshalb aus Sedimentgestein. Nísiros, Thíra (Santorin) und Mílos dagegen sind vulkanisch, Eruptionen und Erdbeben traten auch im 20. Jh. auf. Die Ionischen Inseln wurden 1953 von einem Erdbeben erschüttert, Thíra zuletzt 1956.

Aus Verwaltungsgründen sind die Inseln in sechs Hauptgruppen unterteilt. An seiner Westseite grenzt Griechenland an das Ionische Meer (nicht zu verwechseln mit Ionien in Kleinasien, der heutigen Türkei), das nach der Nymphe Io benannt ist, die Zeus verführte und von der Göttin Hera zur Strafe in eine Kuh verwandelt wurde. Die bekannteste der **Ionischen Inseln** ist Korfu. Viele Touristen begegnen hier Griechenland zum ersten Mal, denn Korfu ist der erste Halt auf der Fährpassage von Italien nach Pátras. Andere Ionische Inseln sind das gebirgige Kefaloniá und das hübsche Zákinthos.

Vorherige Seiten: Ferienambiente mit Blick auf die Ägäis, Thíra. Links: „Happy hour" für Segler im Hafen von Kastellóriso.

Athen liegt an der Südostküste des Festlands, gegenüber dem Pelopónnes am Saronischen Golf. Der Hauptstadt am nächsten sind die bei Wochenendausflüglern beliebten **Saronischen Inseln**, die geschichtsträchtige Namen tragen: Salamína, wo die athenische Flotte 480 v. Chr. in der berühmten Meerenge die Perser schlug und das heute eher Vorstadtcharakter hat, oder Ídra und Spetsés, deren Schiffe im Unabhängigkeitskrieg von 1821 den Kern der griechischen Flotte bildeten. Die beiden letzteren liegen eigentlich nicht im Saronischen Golf, sondern direkt vor der Küste des Pelopónnes.

80 km nördlich von Athen erstreckt sich **Évia**, in der Antike Euböa genannt. Es ist so groß und liegt so nah am Festland, dass man fast übersieht, dass Évia eine eigenständige Insel ist.

Oberhalb Évias befindet sich eine Gruppe von Inseln, die **Nördliche Sporaden** („die Verstreuten") genannt werden – Skiáthos, Skópelos, Alónnisos und Skíros.

In den nördlichen Ausläufern der Ägäis gelegen, gehören Thásos und Samothráki keiner Inselgruppe an. Límnos dagegen ist verwaltungstechnisch den **Nordostägäischen Inseln** zugeteilt, großen Inseln, denen ein bewaldetes Landesinneres, felsige Strände und ein ganz eigener Charakter gemein sind. Zu ihnen gehören Lésvos, Híos, Sámos und Ikaría.

Die Inseln des **Dodekanes** („Zwölf Inseln") in der Südägäis haben eine gemeinsame politische und historische Identität. Tatsächlich sind es 19 Inseln von Pátmos im Norden bis zu Kásos im

Süden. Die nahe der türkischen Küste gelegenen Inseln (auch Südliche Sporaden genannt) waren bis zur Übernahme durch die Italiener 1914 in türkischer Hand und gehören erst seit 1945 zu Griechenland.

Die im Zentrum dieser Inselgruppen befindlichen **Kykladen** sind die meistbesuchten griechischen Inseln. Am berühmtesten sind Náxos und Páros, Thíra und Íos; aber auch das schöne Sérifos, das kühle Ándros, das „griechische Lourdes" Tínos und eine Reihe weiterer Inseln gehören zu den Kykladen. All diese Inseln umringen die heilige Insel Dílos – daher der Name „Kykladen", der sich vom griechischen Wort für „Kreis" ableitet.

Traditionell leben die Inselbewohner von der Schifffahrt, der Fischerei und dem Anbau von Getreide und Obst, das auf dem kargen, meist schlechten Boden wächst. Die magere Erde verhinderte die Entwicklung von Landwirtschaft im großen Stil; durchschnittlich besitzt ein griechischer Bauer nur etwa einen Hektar Land. Die wichtigsten Inselprodukte sind Wein, Oliven, Trauben und andere Früchte sowie Kräuter und Honig.

Oben: Mílos, eine der drei griechischen Inseln vulkanischen Ursprungs. Rechts: Warten auf das Schiff zur nächsten Insel.

Etwas großzügiger ging die Natur hier mit Mineralvorkommen um, deren Ausbeutung bereits im 6. Jahrtausend v. Chr. begann – mit dem Abbau von Obsidian auf Mílos. Darüber hinaus gibt es auf den Inseln Marmor (Náxos, Páros, Tínos), Gold und Silber (Sífnos), Eisen und Kupfer (Sérifos) sowie vulkanischen Bimsstein (Nísiros) und Bauxit. Außerdem wird Öl gefördert; das Ölfeld von Prínos vor Thásos ist seit 1981 in Betrieb.

Die wichtigste Einkommensquelle der Insulaner war jedoch immer das Meer. Heutzutage sind die Gewässer des Mittelmeers allerdings überfischt und die Fischer gezwungen, ihre Flotte in den Sommermonaten im Hafen zu lassen. Auf einigen Inseln wurden Fischfarmen eingerichtet, die zwar Arbeitsplätze schaffen, aber auch zu Umweltproblemen führen.

Lange Zeit war die Schifffahrt eine Quelle des Reichtums für die Inseln. Selbst unter osmanischer Herrschaft bauten griechische Inselmagnaten riesige Schiffsimperien auf; Ándros und Síros, Ídra und Spetsés, Híos, Skópelos und Sími genossen im 19. Jh. großen Wohlstand. (Teilweise hält sich der Reichtum bis heute; insbesondere auf Híos und dem kleinen Inoússes.) Aber durch die Eröffnung des Kanals von Korinth (1893) wurde der Festlandsort Piräus zu Griechenlands wichtigstem Hafen. Erfindungen wie Dampfmaschine und Dieselmotor erlaubten den Schiffen außerdem längere Fahrten ohne Zwischenstopps und brachten so die Inseln um eine weitere Einkommensquelle: die Schiffsverproviantierung.

Nach den Zerstörungen im Zweiten Weltkrieg lag die griechische Wirt-

schaft darnieder, und viele Arbeiter mussten, um ihre Familien ernähren zu können, ins Ausland gehen. Eine riesige Emigrationswelle, vor allem nach Amerika und Australien, leerte ganze Inseldörfer. Viele Männer gingen zur Handelsmarine. Heutzutage sind die meisten Schiffe jedoch im Ausland registriert und heuern billigere Arbeitskräfte aus Nicht-EU-Ländern an. So mancher Matrose kehrte daraufhin wieder heim, um vom vielversprechendsten Erwerbszweig der Inseln zu profitieren: dem Tourismus.

Die Entwicklung der Küste ist ein relativ neues Phänomen. In den vergangenen Jahrhunderten wurden die Städte zum Schutz vor Piraten im Landesinneren angelegt und die Strände galten als schlechter Boden, weil man dort nichts anbauen konnte. Den Beginn des Tourismus in den 1960er Jahren sahen die Einheimischen als Erwerbschance und begannen – oft unterstützt durch DM-Überweisungen aus dem Gastarbeiter-Wirtschaftswunderland Westdeutschland – ohne sorgfältige Planung unkontrolliert zu bauen. Das Ergebnis sind viel zu viele hässliche Betonklötze, von Hotels bis hin zu *Souvláki*-Ständen. Am schlimmsten sind die halb fertigen Bauruinen. Durch den Tourismus stiegen die Bodenpreise an der Küste so sehr, dass sich etliche Griechen den Kauf von Grundstücken nicht mehr leisten können. Da die auf den Inseln wohnenden Engländer, Skandinavier oder Deutschen vor Ort keine Steuern zahlen, ist ihre Anwesenheit eine Belastung; andererseits bringt sie Devisen. Ausländer haben auch einige der verlassenen alten Häuser in Besitz genommen. Diese stehen übrigens nicht nur wegen der Emigration leer: Die Tradition verlangt, dass die Eltern ihrer Tochter zur Hochzeit ein neues Haus bauen, und so bleibt das alte irgendwann leer zurück. Derart teure Mitgift – 1983 verboten, weil sie Familien verarmen ließ – ist in ländlichen Gebieten teilweise immer noch üblich.

Obwohl Ausländer nach wie vor den Großteil der Feriengäste ausmachen, verbringen mittlerweile auch viele Festlandsgriechen ihren Urlaub auf den Inseln.

Kykladenkultur (3200-2000 v. Chr.)

Auf den Kykladen entstehen einzigartige, 10-150 cm große Marmorstatuetten, die *Kykladen-Idole.*

Minoische Kultur (2600-1450 v. Chr.)

Auf Kreta bildet sich die erste Hochkultur auf europäischem Boden heraus. In der ersten Hälfte des 2. Jtd. beherrschen die Minoer den Handel in der Ägäis und im östlichen Mittelmeerraum. Als bedeutendste minoische Stadt außerhalb Kretas gilt Akrotíri auf Santorin.

Mykenische Zeit (1580-1150 v. Chr.)

Auf dem Peloponnes entstehen einflussreiche achäische Stadtstaaten, deren mächtigster Mykene ist. Ionier herrschen auf der Akropolis in Athen. Die Inseln geraten unter mykenischen Einfluss.
um 1450 v. Chr. Ausbruch des Vulkans von Santorin, infolgedessen die Insel in etwa ihre heutige Form annimmt. Erdbeben und Flutwellen richten in der Ägäis schwere Zerstörungen an.

„Dunkle Jahrhunderte" (1150-900 v. Chr.)

Der griechische Stamm der Dorer wandert aufs Festland und zerstört die Städte der Achäer. Viele Ionier weichen vor den Dorern auf Kykladen und Sporaden aus; nur die südlichen Kykladen wie Milos oder Santorin werden dorisch besiedelt.

Geometrische Zeit (900-700 v. Chr.)

Nach den überwiegend geometrischen Verzierungen der Keramik jener Zeit benannte Epoche. Adelsgeschlechter beherrschen die Inseln.

Archaische Zeit (700-500 v. Chr.)

Entstehung der griechischen Staatenwelt, die aus zahlreichen selbständigen Städten und Inseln besteht. Náxos ist in dieser Zeit eine der mächtigsten und reichsten Inseln der Ägäis: Dílos wächst zu einer heiligen Insel von gesamtgriechischer Bedeutung heran. Gegen Ende der Epoche bildet sich in Athen die Demokratie als Staatsform heraus.

Perserkriege (490-479 v. Chr.)

490, 480 und 479 v. Chr. Die vordringenden Perser werden von den Athenern in See- und Landschlachten vernichtend geschlagen. Die griechischen Inseln sind nur an der *Seeschlacht von Salamis* (480 v. Chr.) beteiligt – zwangsweise allerdings auf persischer Seite.

Klassische Zeit (479-338 v. Chr.)

477 v. Chr. Das zur Hegemonialmacht in der Ägäis aufgestiegene Athen gründet den *Attisch-Delischen Seebund* und zwingt die Inseln, ihm beizutreten und hohe Beitragszahlungen zu leisten.
454 v. Chr. überführen die Athener die Bundeskasse von Dílos in ihre Stadt und zweckentfremden die Gelder teilweise für den Bau der Akropolis.

Zeitalter des Hellenismus (338-146 v. Chr.)

338 v. Chr. Nach der *Schlacht von Chaironeia* unterwirft der makedonische König Philipp II. das gesamte griechische Festland.
336 v. Chr. Philipps Sohn Alexander der Große wird makedonischer König und erobert Vorderasien und Ägypten.
323 v. Chr. Tod Alexanders. In den Diadochenkämpfen teilen Alexanders

Generäle sein Reich unter sich auf. Die Nördlichen Sporaden werden makedonisch; die meisten der Kykladen-Inseln werden dem Reich der Ptolemäer angegliedert.

Römerherrschaft (146 v. Chr.-394 n. Chr.)

Korinth und Thessaloniki entwickeln sich zu den bedeutendsten Städten des griechischen Festlands.

Oströmisch-byzantinische Zeit (395-1204)

476 Untergang Westroms. Die Kaiser Ostroms sehen sich als Nachfolger der weströmischen Kaiser. **726-843** Ikonoklasmus (Bildersturm) im Byzantinischen Reich. Über die Frage der Rechtmäßigkeit der Bilderverehrung kommt es zu bürgerkriegsähnlichen Zuständen. Nach dem Sieg der Bilderfreunde bildet sich die Lehre der Ikonographie heraus.
800 Durch die Krönung des fränkischen Königs Karl zum Kaiser des Römischen Reichs stellt sich Papst Leo III. in deutlichen Gegensatz zum Patriarchen und Kaiser von Konstantinopel / Byzanz.
1054 Die Differenzen der byzantinisch-orthodoxen und der römisch-katholischen Kirche führen zur Spaltung (Schisma).

Venezianisch-osmanische Zeit (1204-1827)

1207 Der venezianische Adlige Marco Sanudo gründet auf Náxos das Herzogtum der Kykladen.
Tínos, Mykonos, Amorgós und die Nördlichen Sporaden werden Eigentum der venezianischen Familie Ghisi und gehen 1390 an ganz Venedig über.
1453 Eroberung Konstantinopels durch die Türken; Untergang des Oströmisch-byzantinischen Reichs. Das griechische Festland wird dem Osmanischen Reich angegliedert, die Nördlichen Sporaden und die Kykladen verbleiben noch ihren jeweiligen italienischen Herren.
1566 wird Skiáthos türkisch.
1579 Die Türken erobern Náxos.
1715 wird Tínos – als letzte ägäische Insel – türkisch.
1821-28 Griechischer Freiheitskampf.

Seit der Staatsbildung Neugriechenlands 1828

1830 Mit dem *Londoner Protokoll* wird die Unabhängigkeit Griechenlands anerkannt. Zum neugriechischen Staat gehören die Nördlichen Sporaden und die Kykladen von Anfang an dazu.
1832 Der Wittelsbacher Prinz Otto, Sohn von Ludwig I., wird erster neugriechischer König.
1834 Athen wird Hauptstadt.
1863 König Otto I. muss abdanken, fortan herrscht eine englisch-dänische Dynastie in Athen.
1917 Griechenland tritt auf Seiten der Alliierten in den 1. Weltkrieg ein.
1922/23 Der griechische Versuch, Teile Kleinasiens zu erobern, wird von Atatürk zurückgeschlagen. In Folge dieser „Kleinasiatischen Katastrophe" kommt es zu einem Bevölkerungsaustausch: mehr als 1,5 Mio. Griechen müssen die Türkei und über 0,5 Mio. Moslems Griechenland verlassen.
1940-49 Im 2. Weltkrieg ist Griechenland von Deutschen und Italienern besetzt; der darauf folgende Bürgerkrieg fordert mehr Tote als der Weltkrieg.
1967-74 Militärdiktatur (Junta-Zeit).
1974 Abschaffung der Monarchie.
1981 EU-Beitritt Griechenlands.
1996 Kostas Simitis von der sozialistischen Partei PASOK wird Ministerpräsident.
1999 Die Inflationsrate sinkt unter 2%, das Haushaltsdefizit beträgt nur 1,2% vom Bruttoinlandsprodukt.
2002 Griechenland führt zusammen mit anderen EU-Staaten den Euro ein.
2004 Athen ist Austragungsort der XXVIII. Olympischen Sommerspiele der Neuzeit.

GESCHICHTE UND KULTUR

Beim Blättern in Geschichtsbüchern könnte man meinen, dass für viele Autoren die „griechische Geschichte" mit dem Tod Alexanders des Großen 323 v. Chr. endet. Darauf folgten 2200 Jahre Fremdbestimmung – ein Problem für die moderne griechische Identität. Die griechischen Annalen seit der Römerzeit, wird oft nur als ein verwirrender Reigen fremder Besatzungsmächte aus Byzanz, Venedig, Istanbul, London, München oder Rom wahrgenommen.

Die Bronzezeit

Gewiss hat Griechenlands Altertum einen solchen Reichtum an Kunstwerken und Gedanken hervorgebracht, dass jene, die es aus großer Wertschätzung im Forscherdrang für sich beanspruchen und dabei die letzten 2000 Jahre ignorieren, entschuldigt sind. In Griechenland und insbesondere auf seinen Inseln sind einige der ältesten Zivilisationen Europas beheimatet. In der frühen Bronzezeit waren die Inseln Sitz der Kykladen-Kultur (3000-2300 v. Chr.), die beachtliche Marmorfigurinen hervorbrachte, welche in ihrer Einfachheit direkte Vorläufer der Skulpturen des 20. Jh. zu sein scheinen. Die Inselbewohner jener Zeit waren allem Anschein nach bereits tüchtige Seeleute.

Die Kykladen-Kultur wurde von der der heute als minoisch bekannten Zivilisation auf Kreta abgelöst. Viele der berühmtesten Ausgrabungen im 19. Jh. betrieben Ausländer, um zu beweisen, dass die griechischen Mythen und Epen doch ein Körnchen Wahrheit enthielten. So inspirierte seine Bewunderung für Homer Heinrich Schliemann zu seiner Suche nach Troja. Aus ähnlichen Motiven benannte Sir Arthur Evans, der Erforscher Kretas, die „minoische" Kultur nach dem legendären König Minos, der der Sage nach den Dädalus seinen gewaltigen Palast mit einem Irrgarten bauen ließ, um den schrecklichen Minotaurus zu verbergen. Den frühen Archäologen erschienen die mächtigen Paläste von Knossós, Phaistos und anderen kretischen Stätten wie Labyrinthe. Ihre Versuche, das Mauerwerk samt Wandgemälden wiederherzustellen, entsprechen allerdings nicht dem Anspruch moderner Archäologie.

Die Minoer waren exzellente Seefahrer, die die Ägäis dominierten und Handelsbeziehungen von Ägypten bis Sizilien aufrechterhielten, was durch Funde von Metall- und Töpferarbeiten belegt ist. Von den minoischen Siedlungen auf anderen Inseln – darunter Rhódos, Kéa und Sámos – war eine der größten Akrotíri auf Thíra (Santorin); die 1967 begonnenen Ausgrabungen legten ein Dorf mit großartigen Fresken frei. Dennoch lag vielleicht gerade auf dieser Insel der Grund für die Zerstörung der minoischen Kultur: eine größere Eruption von Santorins Vulkan um 1628/1627 v. Chr. sprengte nicht nur Teile der Insel weg, sondern löste auch eine Flutwelle durch die Ägäis aus, die dem Leben auf Knossós einigen Schaden zufügte. Sicher ist, dass etwa um diese Zeit die minoische Kultur an Kraft verlor und die Macht auf eine Kultur überging, die nach der Burg von Mykene auf dem Festland benannt wurde.

In die Zeit der mykenischen Kultur (ca. 1500-1100 v. Chr.) fällt die Epoche des sagenhaften Trojanischen Kriegs in Homers Epos *Ilias* (es entstand etwa im 8. Jh. v. Chr., also Jahrhunderte nach den in ihm geschilderten Ereignissen). Homers „Katalog der Schiffe" im 2. Buch der *Ilias* liefert Beschreibungen einiger weniger Inseln, darunter Rhódos, Sími und Kreta. Die griechischen Sagen erzählen von einer Mordserie am mykenischen Hof: Auf seinem Weg nach Troja opferte König Agamemnon seine Tochter Iphigenie den Göttern;

Links: Figur der Athena aus dem Westgiebel des Aphaéa-Tempels, Égina, um 500 v. Chr.

bei seiner Rückkehr wurde er von seiner erzürnten Frau Klytemästra getötet. Ihr Sohn Orest rächte dann seinen Vater, indem er seine Mutter ermordete. Diese Geschichte bildet den Stoff für Aischylos' Trilogie *Orestie* (5. Jh.).

Die Blüte der griechischen Polis

Das nächste große Kapitel der griechischen Geschichte begann etwa im 8. Jh. v. Chr., als das „dunkle Zeitalter", das die nachmykenische Welt verdüstert hatte, langsam durch eine aufgeklärtere Regierungsform und eine neue kulturelle Blüte verdrängt wurde. In diesem Zeitalter kamen die Stadtstaaten (*Polis*) auf: kleine, autonome Einheiten, die aus einem Dorf und seinem Umland bestanden. Aber nicht die Größe des Hinterlandes war der entscheidende Machtfaktor, sondern die Anzahl der Schiffe – und deren kampftüchtige Besatzung. Auf vielen Inseln erblühten nun Stadtstaaten. Égina bei Athen war eine Zeit lang die führende Seemacht in der Ägäis und die erste Stadt, die Münzen prägte. Die Hauptmacht in der Ostägäis war währenddessen die dorische Hexapolis, ein Verband von sechs Städten, darunter Kós und die drei mächtigen Stadtstaaten auf Rhódos: Líndos, Ialissós und Kámiros.

Oben: Weibliches Idol, kykladisch, ca. 2400 v. Chr. Rechts: Rotfigurige Vasenmalerei, „Trojakämpfer", 6. Jh. v. Chr.

In den frühen Tagen der *Polis* wurden viele Stadtstaaten von Tyrannen regiert. Aller Kritik von Anhängern der Demokratie zum Trotz waren einige Tyrannen weise und mildtätige Herrscher. Kleobolos, der Tyrann von Líndos, war ein liberaler Denker, der später als einer der Sieben Weisen des antiken Griechenland galt. Ein anderer denkwürdiger Tyrann war Polykrates auf Sámos; er besaß große Macht in der Ostägäis und hinterließ seiner Insel architektonische Monumente wie den Hera-Tempel.

Schließlich wurde die Tyrannis von der Demokratie abgelöst, der Herrschaft des Volkes (*Demos*), das in regelmäßigen Versammlungen über Staatsangelegenheiten entschied. In Athen, der klassischen Demokratie, gab es zudem einen kleineren Rat, der auf der Basis von proportionaler Repräsentation ausgewählt war und dessen Mitglieder die alltägliche Verwaltung überwachten. Das „Volk" waren jedoch nur die Männer: Frauen, Kinder und Sklaven hatten kein Stimmrecht. Das „Volk" stellte auch die *Hoplites* oder Fußsoldaten, welche zu Kriegszeiten die Armee bildeten.

Die politische Entwicklung wurde von dem Erstarken Persiens überschattet. Ende des 6. Jh. v. Chr. hatten die persischen Armeen von König Darius die ganze Küste Kleinasiens (heute Türkei) sowie die vorgelagerten Inseln (das heute „Ionien" genannte Territorium) erobert. Die ionischen Griechen rebellierten 498 v. Chr. gegen die Perser. Aber die Revolte war schnell niedergeschlagen, und viele Ionier, darunter der berühmte Philosoph Pythagoras aus Sámos, flohen aus der Region. Persien

begann, seine Truppen für eine Invasion Griechenlands zusammenzuziehen.

Die Perser stellten eine existentielle Bedrohung für die lose Allianz der griechischen Kleinstaaten dar, die den Peloponnesischen Bund bildeten. Viele Inselherrscher zogen den Bund mit den Persern einer Niederlage vor; die totale Verwüstung von Náxos durch die Perser auf ihrem Weg nach Athen 492 schien sie zu bestätigen. Wie durch ein Wunder konnten aber die griechischen Armeen, vor allem die Athener, die überlegenen Perser in der Ebene von Marathon 490 schlagen. Persien zog sich zurück, um sich für einen erneuten Angriff, geführt von dem neuen König Xerxes im Jahr 480, zu formieren. Diesmal vernichteten die Perser bei den Thermopylen eine griechische Einheit, drangen in das hastig evakuierte Athen ein und zerstörten die Akropolis. Dennoch wartete die griechische Flotte wie David darauf, den Goliath der persischen Seemacht in der Meerenge bei Salamis herauszufordern; hier waren dann die Griechen, geführt von der erstarkenden Seemacht Athen, siegreich.

Die auf das Ende der persischen Bedrohung folgende kulturelle Renaissance hatte ihr Zentrum in Athen, das nach den Perserkriegen eine Führungsrolle einnahm. Für den Wiederaufbau der Akropolis engagierte Athen die besten Architekten und Künstler der damaligen Zeit, darunter den berühmten Phidias, um großartige Bauten wie den Parthenon zu schaffen. Im Theater auf der Akropolis fanden alljährlich Festivals statt, bei denen Komödien und Tragödien von Aischylos, Sophokles, Euripides und Aristophanes aufgeführt wurden, während auf der Agorá am Fuß des Hügels Sokrates mit seinen Mitbürgern kluge Dialoge führte.

Aber die blühende kulturelle Entwicklung spiegelt nur eine Seite des Athen unter Perikles wider, dem beliebten General, der bis zu seinem Tod 429 Athens gewählter Führer war. Perikles war ein Humanist und Denker, aber auch ein Imperialist, der Athens Einfluss vergrößern wollte. Unmittelbar nach dem Sieg über die Perser schworen eine Reihe ionischer Kleinstaaten freiwillig ihre Treue zu Athen; daraus

resultierte der Attische Bund, dessen Bundesschatz auf der heiligen Insel Dílos (Delos) aufbewahrt wurde. Aber je mehr Athens Macht wuchs, desto mehr verlor die Mitgliedschaft im Bund an Freiwilligkeit. Um 454 v. Chr. hatte Athen eine ganze Reihe von Inseln in den Bund oder zum Verbleiben gezwungen (z. B. Náxos, Thásos und Káristos auf Eubóa) und den Bundesschatz auf die Akropolis gebracht. Nicht zum letzten Mal wurde so den Inseln ihre politische Machtlosigkeit gegenüber dem Festland demonstriert.

Aber die stolzen und unabhängigen Stadtstaaten wollten sich nicht mit der Unterwerfung abfinden. Im Peloponnesischen Krieg, der sich durch einen Streit zwischen Korfu und Korinth 431 v. Chr. entzündete, standen sich die beiden Hauptmächte Athen und Sparta gegenüber; auch die meisten anderen wichtigen Staaten waren involviert, darunter die bedeutendste Handelsstadt Korinth. Égina, Athens schlimmster Feind. Athen kapitulierte schließlich 404 und gewann seine frühere Bedeutung nie mehr wieder.

Oben: Perikles redet vor Künstlern und Philosophen (Gemälde von Philipp von Foltz, 19. Jh.). Rechts: „Aristoteles und sein Schüler Alexander" (Holzstich, 19. Jh.).

Die hellenistische und römische Zeit

Unter Perikles entstanden in Athen mit die größten Kunstwerke und die bedeutendste Gedankenwelt aller Zeiten; ausländische Gelehrte sehen diese Epoche daher als den Gipfel der griechischen Kultur an. Aber für die Griechen manifestiert sich der Ruhm des antiken Griechenland in Alexander dem Großen (365-323 v.Chr.), einem Militärgenie, das beinahe sein Ziel, die gesamte Welt unter makedonische bzw. griechische Kontrolle zu bringen, erreicht hätte. Alexander ließ sich zu Lebzeiten vergöttern und ist noch heute für einige moderne Griechen ein Gott. „Vornehme" Athener sahen die Heimat des jungen Königs, Makedonien, als wilde Grenzregion an. Sie wurde jedoch für kurze Zeit zum Mittelpunkt eines Reiches, das sich durch Alexanders Erobe-

rungen bis zum Indus (im heutigen Pakistan) erstreckte. Als sich 1992 eine Splitterprovinz des ehemaligen Jugoslawien *Republik Makedonien* nannte, war die Empörung der Griechen groß. Viele fürchteten, dass die Republik Ansprüche auf die gleichnamige griechische Provinz erheben würde; zudem erschien ein nicht-griechischer Staat namens *Makedonien* den Nachfahren Alexanders fast als Gotteslästerung.

Alexander war der Inbegriff der griechischen Version von vorbestimmtem Schicksal, und die Griechen glaubten sich auserwählt, diesen Schicksalsbegriff den Barbaren um sie herum zu verkünden. Alexander steht auch für den Einfluss des Ostens, der die griechische Kultur so durchdringt und der von den westlichen Gelehrten gerne heruntergespielt wird. Denn Griechenland soll die Wiege der westlichen Kultur sein und es passt schlecht zu diesem Bild, dass der größte Herrscher des Landes überhaupt den orientalischen Glanz seiner eroberten Gebiete, zu denen auch das Industal gehörte, so bereitwillig annahm. Aber dieser östliche Einfluss ist ein essentieller Bestandteil der Kultur Griechenlands: Sphingen und Weihrauch, Mosaike und Stickereien sind sowohl Elemente der griechischen wie auch der persischen Welt.

Alexanders nach Osten gewandtes Königreich brachte den Inseln an der kleinasiatischen Küste Reichtum, besonders Rhódos. Aber so einigend Alexanders Herrschaft auch war, sein früher Tod markierte den Anfang vom Ende des großen, instabilen Reichs. Schließlich schlugen die Römer die Makedonier in den Makedonischen Kriegen im 2. Jh. v. Chr. und Rom annektierte die griechische Welt. Die Haltung der Römer gegenüber den Griechen war gemischt. Einerseits hatten sie Hochachtung vor deren kulturellen Leistungen: Römische Kaiser hatten griechische Lehrer, unternahmen Rundreisen durch Griechenland und verschifften Kunstschätze in ihre Hauptstadt (und gaben damit ein Vorbild für zukünftige Besatzer). Andererseits waren die Griechen für sie ein unterworfenes Volk, das dementsprechend behandelt wurde. Unter den Römern entwi-

ckelte sich Dílos zum florierenden Handelszentrum der Ägäis.

Als Kaiser Diokletian 284 n. Chr. den Thron bestieg, war das Römische Reich geschwächt und zu groß. Diokletian teilte es daher in eigenständige Verwaltungsbereiche, das Oströmische und das Weströmische Reich, auf. Dies führte zu einem Zwist zwischen den Herrschern, der 324 durch den Sieg Konstantins im Bürgerkrieg beendet wurde, aus dem er als einziger Kaiser des wiedervereinigten Römischen Reiches hervorging. Konstantin bekannte sich zum Christentum und verlegte die Hauptstadt nach Byzanz, das fortan Konstantinopel hieß.

Das Byzantinische Reich

Das Byzantinische Reich blühte elf Jahrhunderte lang und wurde so eines der beständigsten Europas. Dennoch markierte es eine weitere Grenzlinie zwischen West- und Osteuropa – nicht nur geografisch, sondern auch in der Weltanschauung. Für die Griechen war diese Periode ab dem Zeitalter Justinians I. (6. Jh.) die Blüte von Byzanz, mit der höchstentwickelten Gesellschaft, Philosophie und Kultur des Ostens. Aus griechischer Sicht gab es keinen „Niedergang und Fall" des Römischen Reichs im 5. Jh., denn das mächtige Byzantinische Reich *war* das Römische Reich. Das Adjektiv *romeikos* („römisch") steht immer noch für griechisch; sein Gegenteil ist *tourkikos* („türkisch").

Historisch gesehen war die Ära des Byzantinischen Reichs die einzige Zeit, in der die griechische Welt auch in Europa eine größere politische Macht darstellte. Nicht dass Byzanz immer ganz oben war; seine Geschichte war vielmehr ein ständiger Kampf mit den umliegenden Ländern und internem Zwist, vor allem über religiöse Fragen. Dennoch ist es noch immer ein Eckpfeiler griechischer Identität; die Griechen be-

Oben: Das zweistöckige „Haus des Hermes" auf der Insel Dílos stammt aus hellenistischer Zeit. Rechts: In der griechisch-orthodoxen Kirche werden Kinder bei der Taufe vollständig ins Wasser eingetaucht.

zeichnen Konstantinopel heute noch als *O Polis* („die Stadt“) und verweisen darauf, dass das türkische Wort Istanbul vom griechischen *eis tin polis* („zur Stadt“) stammt. Außerdem war das Byzantinische Reich eine führende Macht im Christentum und ist bis heute das geistige Zentrums dessen, was die Griechen als wahres Christentum betrachten: der orthodoxen Kirche, deren Einflussbereich im 6. Jh. im Osten bis Arabien und im Westen bis zum Maghreb reichte. Immer noch verlangen die kirchlichen Gesetze, dass der geistige Führer der orthodoxen Griechen aus Konstantinopel kommt: ein Gesetz, das nur schwer zu befolgen ist, da es dort heute kaum noch Griechen gibt.

Die Differenzen zwischen der orthodoxen und der römisch-katholischen Kirche begannen im 5. Jh. und wurden durch die Verdammung des Patriarchen von Konstantinopel durch Papst Leo IX. 1054 zementiert. Sie behinderten in den folgenden Jahrhunderten die diplomatischen Beziehungen zwischen Ost und West, und Anhänger beider Seiten, insbesondere Serben und Kroaten, erinnern sich bis heute, da die Konfessionsgrenze quer durch den Balkan verläuft, anscheinend nur ungern daran, dass auch die anderen Christen sind. 1096, zur Zeit des ersten Kreuzzugs gegen die Moslems, lag Byzanz am Schnittpunkt von Ost und West, und die Westeuropäer sahen es als gefährdetes Bollwerk gegen das seit 632 n. Chr. bedrohlich expandierende Reich des Islam an, verstanden es zugleich aber auch als Ort der Häresie und des Fremden. Die Westeuropäer blickten misstrauisch auf die Kultiviertheit Konstantinopels, seine architektonischen Meisterwerke (wie die große, unter Kaiser Justinian von 532-537 erbaute berühmte Kuppelkirche Hagia Sophia) mit goldglänzenden Mosaiken. Die ungestümen Kreuzfahrer zogen nach Osten (1203 und 1228 auch über die Inseln), um gegen die „Heiden“ zu kämpfen; viele Mitglieder dieser Horde machten keinen Unterschied zwischen griechischen Christen und arabischen oder türkischen Moslems, zum großen Schaden der unglücklichen Bevölkerung, die ihnen zum Opfer fiel. Dieser erste Kreuz-

zug erwies sich als Fehlschlag, weckte aber die Begierde des Westens auf die Schätze des Ostens. Und am Ende waren es die katholischen Europäer auf ihrem 4. Kreuzzug und nicht die muslimischen „Heiden", die 1204 die Christenstadt Konstantinopel plünderten (statt sie zu retten) und damit das Ende des Byzantinischen Reichs einläuteten.

Der Niedergang des Byzantinischen Reichs führte zu großen Problemen auf den Inseln. So klein wie sie waren, hatten sie doch davon profitiert, strategische Basen für Konstaninopels Flotte zu sein und hatten wenig eigene Verteidigungsmöglichkeiten gegen Feinde. Nun waren sie durch das Fehlen einer Schutzmacht mehr denn je Invasoren schutzlos ausgeliefert. Die Piraterie nahm überhand – deshalb wurden im Mittelalter die Städte auf den Inseln im Landesinneren gebaut, in sicherem Abstand vom Meer und möglichst auf einem Hügel, so dass man sah, wer sich näherte. Auf den Inseln sind Legenden von Piratenhöhlen, Schlupfwinkeln von Schmugglern und vergrabenen Schätzen immer noch lebendig.

Oben: Die Kreuzfahrer erobern Konstantinopel (1204; Ausschnitt aus einem Gemälde von Tintoretto.) Rechts: Griechische Unabhängigkeitskämpfer verfolgen die geschlagenen Türken (Bildtapete, 1828).

Einige Wehranlagen aus jener Zeit blieben erhalten. Die Venezianer, die auf Korfu, Zákinthos und Kefaloniá im Ionischen Meer bereits feste Basen hatten, übernahmen nach dem 4. Kreuzzug die Kontrolle über die Kykladen und regierten das Herzogtum Náxos bis 1537; sie errichteten auf den Inseln neue Burgen oder verstärkten alte byzantinische. Eine rivalisierende Seemacht, die Genueser, hielt u. a. Híos und Sámos und befestigte diese Inseln. Die Kreuzritter waren mittlerweile aus dem Heiligen Land vertrieben worden und hatten sich auf ihre Hochburg Rhódos zurückgezogen, wo die Johanniter bis 1522 die Stellung hielten. Aber am Horizont erhob sich eine andere große Macht: das Osmanische Reich, das 1453 Konstantinopel eroberte und damit dem Byzantinischen Reich endgültig den Gnadenstoß versetzte.

Die osmanische Zeit

Nun stand der Eroberung der griechischen Welt, der Inseln und des Balkans, durch die muslimischen Osmanen nichts mehr im Wege. 1523 vertrieben die Türken die Kreuzritter von Rhódos, und nach 1537 griffen sie auch die Kykladen an. Bis 1566 übernahmen sie von Venedig das Herzogtum Náxos und von Genua die Nordostägäischen Inseln; allein Kreta blieb bis 1669 venezianisch.

Jetzt war das Osmanische Reich zum größten Europas geworden, und „Griechenland" war nur noch eine Ansammlung von Territorien in ihm. Das Volk der Griechen wurde vor allem durch die gemeinsame Sprache und Religion vereint und weniger durch das Territorium, lebte es doch überall verstreut. Viele Griechen träumten davon, das fremde Joch abzuschütteln und sich eine territoriale Heimat (*Enosis*) zu schaffen. Es gibt viele Parallelen zwischen der griechischen Gemeinschaft unter osmanischer Herrschaft und den Juden vor der Gründung Israels; einige zionistische Schriften sind tatsächlich von den Ereignissen, die zum griechischen Unabhängigkeitskrieg führten, inspiriert.

Die Osmanen waren keine allzu strengen Herrscher; ihnen war es relativ egal, wer die Alltagsgeschäfte führte, so lange sie die übergreifende Macht besaßen. Daher konnte auch die orthodoxe Kirche ein bestimmender Faktor bleiben; sie pflegte die griechischen Traditionen und Ideale. Die Osmanen tolerierten sogar die Gründung griechischer Schulen, wie auf Pátmos, die sofort zu „Brutstätten" revolutionären Denkens wurden. Junge Rebellen nahmen sich die Revolutionen in Amerika und Frankreich zum Vorbild. Eine revolutionäre Gruppe, die sich „Gesellschaft von Freunden" (*Etaria Filike*) nannte, suchte nach Unterstützung für ihre nationalistischen Träume und wagte schließlich 1821 einen Aufstand gegen die Osmanen, der aber binnen weniger Stunden niedergeschlagen wurde.

Diese Offiziersrevolte entzündete einen Funken, der sich schnell ausbreitete; die Inseln spielten dabei eine wichtige Rolle. Zum einen war ihre Schifffahrtstradition sehr nützlich: Die wohlhabenden Inseln Ídra, Spetsés und Psára hatten unter den Osmanen eine der größten Handelsflotten des Mittelmeers aufbauen können und sorgten so dafür, dass die griechische Flotte einem Angriff standhalten konnte. Zum anderen waren einige der kleinen Inseln gute Verstecke. So schwoll etwa die Bevölkerung von Skopélos zeitweise auf unvorstellbare 70 000 an. Die erste Hauptstadt des neuen Landes lag auf der Insel Égina. Eine andere Insel, Híos, war die Lieblingsinsel des Sultans und wurde zu einem Symbol der Revolution, als der Sultan hier 1822 ein Exempel statuierte und die Insel quasi auslöschte; Delacroix' Gemälde von dem Massaker an den Inselbewohnern brachte der griechischen Sache in Europa viele Sympathien ein.

In Westeuropa ließ sich die griechische Revolution gut verkaufen. Sprache und Kunst des antiken Griechenlands

gehörten zum intellektuellen Gut der gebildeten Klassen, und diese fühlten sich verpflichtet, „ihr" Land zu retten. Lord Byron war der berühmteste Westeuropäer, der nach Griechenland ging, um für Platon und Aristoteles zu kämpfen, dann aber „richtige" Griechen kennen lernte: raue Bauern und Führer von Bergstämmen (*Klefts*), die keine Ahnung hatten, wovon die zugereisten Humanisten redeten, aber beherzt für ihre Freiheit kämpften.

Die Unabhängigkeit Griechenlands

Das westliche Interesse rettete die Revolution; denn nachdem Mehmet Ali, der Pascha Ägyptens, auf Bitten des türkischen Sultans 1824 in Griechenland einmarschierte, wäre die griechische Sache verloren gewesen, wenn nicht Russland, Frankreich und England eingegriffen hätten. Diese drei Mächte entwarfen den Vertrag von London, der ein griechisches Fürstentum vorsah, das vom Sultan regiert werden sollte; da er ablehnte, kam es zur Schlacht von Navarino (1827), die der Sultan verlor. So wurde plötzlich der griechische Staat zu einer Realität, obwohl er völlig unter dem Einfluss von drei ausländischen Mächten stand. Erster Präsident wurde der Korfiote Ioánnis Graf Kapodístrias; als er 1831 ermordet wurde, wollten es die drei Mächte mit der Monarchie probieren, suchten nach einer königlichen Dynastie und entschieden sich für Bayern. So wurde der 17-jährige Otto, Sohn König Ludwigs I., zu Otto I., König von Griechenland.

Weiterhin wurde also die griechische Geschichte von Ausländern geprägt, die ihre Vorstellungen von dem Land aus nahezu drei Jahrtausende alten Schriften bezogen. Selbst die Sprache Griechenlands wurde ein Streitpunkt: *Katharévusa*, eine auf dem klassischen Griechisch basierende Kunstsprache, wurde zur offiziellen Amtssprache erklärt und nicht das *Dimotikí*, die von al-

Oben: Athen um 1805 (farbige Aquatinta von E. Dodwell). Rechts: Elefthérios Venizélos, griechischer Patriot und mehrmals Ministerpräsident.

len Griechen gesprochene Umgangssprache (die offiziell 1978 eingesetzt wurde). König Otto sprach überhaupt kein Griechisch. Stattdessen widmete er sich der Ausschmückung des unter den Osmanen völlig heruntergekommenen Athens; die prächtigen klassizistischen Bauten sollten die antike Vergangenheit beschwören, erinnerten aber eher an Ottos Heimatstadt München (kein Wunder, denn er hatte seine Münchner Architekten mitgebracht). Die Farben Bayerns, weiß und blau, zieren bis heute die griechische Flagge.

Die Griechen selbst hatten ihrem Staat gegenüber gemischte Gefühle. Er wurde immer noch von Fremdmächten regiert. Die Wirtschaft kämpfte ums Überleben; der Lebensstandard war niedrig. Außerdem lagen große Teile der griechischen Welt außerhalb der Grenzen des neuen Staates. Die Ionischen Inseln waren bis 1862 britisch; der Dodekanes und die Nordostägäis blieben türkisch. Selbst die kosmopolitischen Griechenzentren Konstantinopel und Smyrna (Izmir) lagen auf fremdem Gebiet. Tatsächlich zogen einige Griechen zurück in diese reicheren Städte des Osmanischen Reichs.

Der griechisch-türkische Krieg

Aus diesem Gefühl unerfüllten Versprechens keimte die *Megáli Idéa*, die „große Idee“, dass Griechenland ein sozusagen göttliches Recht habe, den Spuren Alexanders des Großen zu folgen und die gesamte griechischsprachige Welt zu regieren. Ihr wichtigster Vertreter war Elefthérios Venizélos, nach 1909 Ministerpräsident. Dank seiner ging Griechenland mit nahezu verdoppelter Grenzlänge aus den Balkankriegen von 1912/13 hervor. Zu seinem Territorium gehörten nun auch die Nordostägäischen Inseln, Kreta und weite Teile Nordgriechenlands. Auf der Pariser Friedenskonferenz nach dem Ersten Weltkrieg trug Venizélos seine Gebietsansprüche seinen Alliierten Frankreich und Großbritannien vor. Italien, das immer noch den Dodekanes besetzt hielt, votierte dagegen; um den Italienern zuvorzukommen, okkupierte Griechenland Smyrna und Anatolien – zur großen Freude der vorwiegend griechischen Population dieser Regionen.

Allerdings fiel der Einmarsch der Griechen 1920 mit dem Aufkommen der türkischen nationalistischen Bewegung zusammen; deren Führer Kemal Pascha (oder Atatürk) hatte bereits sein Volk – und nicht die Westeuropäer – zum Gewinner aus dem Untergang des Osmanischen Reichs erklärt. Auf ihrem eigenen Boden konnte die türkische Armee den Griechen standhalten. Die unerwartete Niederlage von Venizélos bei den Wahlen 1920 schwächte die mühevoll kultivierten Bande Griechenlands zu den europäischen Großmächten. Beim letzten Angriff der Türken auf die Griechen 1922 sah die internationale Gemeinschaft zu, wie Smyrna zerstört und seine griechischen Einwohner auf der Flucht massakriert wurden.

Die Folgen dieses Debakels haben das griechische Bewusstsein entschei-

dend geprägt. Bei der Ziehung ihrer Grenzen einigten sich Griechenland und die Türkei auf einen riesigen Bevölkerungsaustausch: die gesamte griechische Nation würde von nun an auf griechischem Territorium leben. Das bedeutete die zwangsweise Umsiedlung von über einer Million Griechen aus Kleinasien, dem Land ihrer Vorfahren; nur in Konstantinopel wurden Griechen noch geduldet. Wohlhabende Familien standen auf einmal entwurzelt und heimatlos da; griechische Städte, vor allem Athen, und Dörfer, besonders auf den Nordostägäischen Inseln, wurden von Flüchtlingen überschwemmt. Die Vertreibung fand in beide Richtungen statt: Da eher die Religion als die Sprache das entscheidende Kriterium für die Staatsangehörigkeit war, wurden plötzlich zum Islam konvertierte kretische Landbesitzer in die Türkei verschleppt, während türkischsprachige orthodoxe Gläubige nach Griechenland gebracht wurden. In gewisser Weise profitierte Griechenland davon: Die Flüchtlinge brachten Fähigkeiten und Erfahrungen mit, das dem neuen Land bisher gefehlt hatte. Unter den Flüchtlingsfamilien waren Namen wie Onassis oder Kazan, die es später zu internationaler Prominenz brachten. Aber die melancholische Sehnsucht nach der verlorenen Heimat und dem gescheiterten großhellenischen Traum war nun unauslöschlich in die Psyche des Landes eingebrannt.

Oben: Der „Ohi-Tag" (28. Okt. 1940) ist noch heute Nationalfeiertag. Rechts: Zweiter Weltkrieg – deutsche Fallschirmspringer besetzen Kreta (1941).

Der Zweite Weltkrieg

1936 ernannte König Georg II. General Ioánnis Metaxás zum Ministerpräsidenten; Metaxás überredete den König, die Verfassung zu ändern und die Pressefreiheit abzuschaffen und regierte danach als ungeliebter Diktator. Obwohl er ausgesprochen faschistische Neigungen hatte und nur wenig für sein Land tat, behielt er jedoch wenigstens die Neutralität Griechenlands bei. Als Mussolini im Zweiten Weltkrieg italienische Truppen über die albanische Grenze nach Griechenland schicken wollte, lehnte Metaxás ab. Ganz Griechenland war stolz auf die klare Antwort *Ohi* – „Nein". Das geschah am 28. Oktober 1940, und noch heute ist der 28. Oktober, der „*Ohi*-Tag", ein nationaler Gedenktag.

In den schwer zugänglichen Gebirgsregionen vermochten die Griechen die Italiener anfangs noch im Zaum zu halten; aber dieser Widerstand störte die Expansionsgelüste Adolf Hitlers, der Kreta, die südlichste griechische Insel, als Versorgungsbasis für Rommels Afrikafeldzug brauchte. Durch ihren mutigen Kampf fügten die Griechen der deutschen Wehrmacht zwar unerwartete Verluste zu, vor allem in dei Schlacht um Kreta im Mai 1941, aber das genügte nicht, um Hitlers und Mussolinis Truppen aufzuhalten. Am Ende dieses Jahres war Griechenland aufgeteilt zwischen Deutschland, Italien (das die meisten Inseln besetzte) und Bulgarien.

Die Deutschen, die Athen, einen Großteil des Festlands und Kreta kontrollierten, waren die strengsten Herren: Etwa 500 000 Griechen verhungerten, und die Nazis deportierten die jüdische Bevölkerung – 50 000 Juden allein aus Thessaloníki – innerhalb weniger Wochen, meist direkt in die Gaskammern von Auschwitz.

Bürgerkrieg

Aber der Widerstand ging weiter, vor allem in den Bergen, dem traditionellen Bollwerk des Landes. Hier formierte sich die EAM, die nationale Befreiungsfront, mit ihrer Armee ELAS (Nationale Volksbefreiungsarmee), für die die Vertreibung der Deutschen nur der erste Schritt in ihrem Reformprogramm war. Beide Freiheitsarmeen wurden von der griechischen Kommunistischen Partei KKE unterstützt. Aber auch rechts gerichtete Widerstandsgruppen wie die EDES (Griechische Demokratische Liga) entstanden. Bereits vor Kriegsende kam es zu Kämpfen zwischen diesen Fraktionen, die sich nach dem Abzug der Deutschen und der Ankunft der britischen Truppen 1944 verschärften. Winston Churchill war ein Anhänger der Monarchie und daher gegen die Kommunisten. Er hatte bereits mit Stalin abgesprochen, dass bei der Umverteilung der Macht nach Kriegsende Großbritannien in weiten Teilen für Griechenland zuständig sein würde; Stalin befahl daher seinen Anhängern, ihre Waffen niederzulegen und sich den Briten zu fügen. ELAS-EAM demonstrierte dagegen in Athen; als die Polizei in die Menge schoss, löste sie damit eine monatelange Auseinandersetzung aus, die „Schlacht von Athen", die mehr als 13 000 Menschenleben forderte. Die Rechte fuhr fort, die Linke zu terrorisieren; die repressive Situation wurde noch verstärkt, als die KKE 1946 die Wahl boykottierte, die eine rechts gerichtete Regierung zur Folge gehabt hätte. Die zur Flucht gezwungene Linke versammelte sich in den Bergen, formierte Guerilla-Truppen und richtete sich auf einen offenen Bürgerkrieg ein.

Die Briten waren nach dem Krieg zu Hause mit eigenen Nöten geschlagen und zogen sich zurück. Nun mischten sich die USA ein und begannen ihren Nachkriegskampf gegen den Kommunismus, der in so viele unglückliche Auslandskonflikte münden sollte. Dank ihrer massiven finanziellen und strategischen Unterstützung konnte die Rechte die KKE vertreiben. Die USA fuhren mit ihrer finanziellen und militärischen Hilfe für Griechenland fort und stärkten so ihre strategische Position gegenüber der Sowjetunion im Kalten Krieg.

Unter dem konservativen Ministerpräsidenten Konstandínos Karamanlís begann sich nach 1955 die wirtschaftliche Situation zu bessern. 1961 aber errang der Koalitionspartner, die Zentrumsunion-Partei, unter dem beliebten Politiker Geórgios Papandréou einen beachtlichen Erfolg in einer Wahl, die mit aller Macht von der Rechten zu ihren Gunsten manipuliert worden war. 1964 wurde Papandréou schließlich zum Ministerpräsident gewählt. Aber er hatte nicht viel Zeit zur Umsetzung seines Reformprogramms: Am 21. April 1967 putschte eine Gruppe von Generälen und übernahm die Regierung.

Oben: Konstandínos Karamanlís wird 1974 nach dem Sturz der Militärjunta Ministerpräsident. Rechts: Seit seinem EWG-Beitritt 1981 produziert Griechenland Obst und Gemüse für den europäischen Markt.

Militärdiktatur und Teilung Zyperns

Die USA spielten in Griechenland eine unrühmliche Rolle: Der CIA rüstete die nun im Stil eines Drittweltlands herrschende Militärjunta aus. Die Ideologie der Generäle ging zurück bis auf die Tage Metaxás': Sie wollten ein besseres, reineres Griechenland, das frei sein sollte von modernen Übeln wie langem Haar und Mini-Röcken. Jeder Andersdenkende wurde in Straflager geschickt, von denen viele auf den Inseln waren; zu den Gefangenen gehörten Papandréou und sein Sohn Andréas. Einer der bittersten Vorfälle unter der Militärdiktatur war der Studentenaufstand in Athen im November 1973: Panzereinheiten fuhren in die Menge, und einige Studenten wurden getötet.

Ereignisse auf Zypern führten dann zum Niedergang der Junta: Unter Führung des Erzbischofs Makários hatten die griechischen Zyprioten – die Bevölkerungsmehrheit – seit 1955 die Vereinigung mit Griechenland gefordert; die türkische Minderheit hingegen sprach sich für die Teilung der Insel aus. Als die britischen Besatzungstruppen abzogen, wurde die Insel 1960 zur unabhängigen Republik erklärt und Makários ihr erster Präsident. 1974 plante die Junta die Ermordung von Makários, um ihn durch einen Vertreter der Rechten zu ersetzen. Doch der Plan ging nach hinten los: Makários floh, die Türkei besetzte 1974 den Nordteil der Insel. Die daraus resultierende Teilung der Insel in einen türkischen und einen griechischen Sektor führte zu einer bis heute festgefahrenen Situation auf Zypern.

Jüngste Ereignisse

Die Generäle überstanden dieses Fiasko nicht und Karamanlís wurde 1974 aus dem Exil zurückgerufen, um das Land aus dem Chaos zu führen. Eins seiner Hauptziele war die Mitgliedschaft in der EWG, das er 1981 verwirklichte, dem Jahr, in dem die PASOK, die Panhellenische Sozialistische Bewegung, an die Macht kam. Unter der Führung von Andréas Papandréou hatte die PASOK mit dem Versprechen von antiamerikanischen und gegen die EWG gerichteten Maßnahmen gewonnen, die sie aber nicht umsetzte, zum Glück für das Land, das dank vieler Kredite der EWG einige Krisen überstand. Trotzdem wurde der greise Papandréou mit Unterbrechungen immer wieder gewählt, bis zu seinem Tod 1996. Sein alter Rivale Karamanlís blieb bis zu seinem Lebensende 1997 Führer der Opposition. Die PASOK hat noch immer breiten Rückhalt im Volk.

Die riesigen Militäreinrichtungen auf den Inseln, besonders in Nähe der Türkei, erinnern an die Kälte der türkisch-griechischen Beziehungen; aber bei den meisten Streitigkeiten heutzutage geht es um Fischereirechte oder Ölbohrungen in der Ägäis.

Die wahren Grenzkonflikte in den 1990er Jahren spielten sich im Norden ab, mit dem Zustrom albanischer Immigranten (auch auf die Inseln) und der Empörung über den Namen der Republik Makedonien. Aber die einzige Invasion, die heute auf den Inseln wirklich zählt, ist die jährlich wiederkehrende deutscher, britischer und skandinavischer Touristen.

2002 mussten sich die Griechen von der Drachme verabschieden – der Euro wurde als Zahlungsmittel eingeführt.

Die Vorbereitung auf die Olympischen Spiele 2004 verlieh nicht nur den Athleten, sondern auch den Athener Stadtplanern Flügel: Endlich konnten sie die ungenügende Verkehrsinfrastruktur der Hauptstadt auf einen modernen Stand bringen – mit Fußgängerzonen, U-Bahnen, umweltfreundlichen Bussen, neuem Flughafen und Autobahnumgehung.

GRIECHISCHE KUNST UND ARCHITEKTUR

Die expressiven, abstrakten Figuren von Frauen und Männern, die mit dem Begriff Kykladen-Kunst bezeichnet werden, haben heute einen Kultstatus erlangt, den sie wahrscheinlich auch zur Zeit ihrer Schöpfung schon in einem wörtlicheren Sinn hatten. Man weiß jedoch nicht, welche Funktion sie erfüllten; man kann nur festlegen, dass sie aus der Zeit zwischen 3200 und 2000 v. Chr. stammen und ursprünglich bemalt waren. Die Marmoridole entwickelten sich von einfachen, beinahe zweidimensionalen Gottheiten hin zu komplexeren sitzenden Figuren, oft Musikern; aber sie behielten ihre einfache, stilisierte, geometrische Form bei, die an Werke von Picasso oder Henry Moore erinnert.

Oben: Ein Schnabelgefäß aus minoischer Zeit (um 1800 v. Chr.), Festós, Kreta. Rechts: Vase im geometrischen Stil. Rechts außen: Archaischer Kúros aus Sámos.

Nach 2000 v. Chr. erblühte auf Kreta die **Minoische Kultur**: ausgedehnte Paläste und ein Fehlen von Wehranlagen deuten auf ein friedliches Königreich hin, das sich in seiner reichen Kunst widerspiegelt. Die minoischen Figuren auf Fresken und Keramiken sind stilisiert, aber kraftvoll: Knaben mit Wespentaillen stürzen sich auf einen Bullen; ein glotzäugiger Tintenfisch breitet seine Fangarme über eine Amphore aus. Die minoischen Fresken wurden direkt auf dem feuchten Putz ausgeführt; die schönsten sind in Knossós auf Kreta und Akrotíri auf Thíra zu bewundern.

Die nachfolgende **Mykenische Kultur** (1500-1100 v. Chr.) ist bekannt für ihre Festungen (großartig: die Ruinen von Mykene); auf einigen Inseln sind sie in Form von Zyklopenmauern sichtbar.

Die griechischen Töpferarbeiten sind sehr viel interessanter, wenn man lernt, zwischen den verschiedenen Epochen und unterschiedlichen Gefäßarten zu unterscheiden. Eine *Ámphora* ist ein Krug mit einem schmalen Hals und

zwei Henkeln; kleinere waren verziert, größere dienten zur Lagerung und für den Transport (unverzierte finden sich oft in Schiffwracks). Andere häufige Formen sind der *Kratér*, ein Krug oder eine Vase mit weiter Öffnung und meistens auch Henkeln, und der *Kýlix*, eine flache Schale oder ein Teller auf einem Ständer.

Der kunsthistorische Begriff für das 9. und 8. Jh. v. Chr. ist der **Geometrische Stil** wegen der abstrakten, geometrischen, nicht figurativen Ornamente auf den Töpfereien. Nach und nach erscheinen dann Menschen auf den Amphoren und Kratern in Szenen, die mit der Zeit immer narrativer werden.

Um den Beginn des 7. Jh. v. Chr. machte die griechische Skulptur die ersten Schritte in ihre ruhmreiche Zukunft. Arbeiten der **Archaischen Zeit** (ca. 700-500 v. Chr.) verweisen auf den lebhaften Handel in der antiken Welt des Mittelmeerraums: auf ihnen sind Motive aus Babylon und Ägypten zu erkennen. Die archaischen Skulpturen sind äußerst stilisierte, idealisierte menschliche Figuren. Sie stellen entweder einen Jüngling (*Kúros*) oder ein Mädchen (*Kore*) dar, deren langes Haar in tadellosen Locken auf die Schultern fällt; die Frauen tragen Gewänder, die sich in gleichmäßige Falten legen, der Mann ist nackt. Die stehenden Figuren haben einen Fuß ein wenig vor den anderen gesetzt, und ihre Gesichter tragen ein zartes, auf das Jenseits gerichtete Mona-Lisa-Lächeln. Einige dieser archaischen Kuroi, die auch eine religiöse Funktion hatten, waren gigantisch: auf Sámos und Náxos gefundene waren bis zu 10 m hoch.

480 v. Chr., das Jahr, in dem die Griechen die Perser besiegten, war ein Wendepunkt im griechischen Bewusstsein; dies spiegelte sich unmittelbar in der Kunst wider. Die steifen Kuroi drehten sich nun ein wenig um ihre strikt vertikale Achse und wurden mit Leben erfüllt. Die griechischen Skulpturen der nun beginnenden **Klassischen Periode** (480-323 v. Chr.) waren zwar noch idealisiert, aber viel realistischer und dynamischer. Dieser Wechsel fällt zusammen mit der Errichtung der großartigen Bauten, welche die von den Per-

sern auf der Akropolis in Athen zerstörten ersetzen sollten. Diese Tempel waren mit fantastischen Skulpturen und Reliefs verziert, die sich von dem getragenen Schritt der Prozession auf dem Parthenon-Fries (448 v. Chr.) hin zu dem fließenden Gewändern der Siegesgöttinnen des Tempels der Athena Nike (410 v. Chr.) entwickelten.

Die griechischen Tempel waren um Votivfiguren herum gebaute Schreine, die meist die sie umgebende Landschaft integrierten. Die Kultstatue der Gottheit stand im *Naos* oder Innenraum; manchmal gab es dahinter eine Schatzkammer mit separatem Eingang. Dieser war von einem Säulenumgang umgeben; von außen waren die Säulen das spektakulärste Element des Tempels. Unter dem Dach boten dreieckige Giebel an beiden Enden zusätzlichen Platz für Skulpturen. Die Tempel waren vermutlich in leuchtenden Farben bemalt und die

Oben: Ionische Säule der Nordhalle des Erechtheions (Akropolis, Athen). Rechts: Ikonen – sowohl Symbol byzantinischer Kunst als auch orthodoxer Religiosität.

Kultstatuen der Götter bildeten den Mittelpunkt. Die Statue des Zeus von Phidias in Olympia war eines der Sieben Weltwunder; seine große Elfenbeinstatue der Athena im Parthenon repräsentierte ein Gutteil des finanziellen Vermögens der Stadt und verlor viele ihrer goldenen Verzierungen, als während des Peloponnesischen Kriegs immer mehr Geld benötigt wurde.

Heute sind von vielen Tempeln nur Fundamente und ein paar Säulen übrig. Auf dem Festland sind diese Säulen meistens schlichter und in *Dorischer Ordnung*: einfache, geriffelte Schäfte ohne Basis, mit flachen, unverzierten Kapitellen (wulstförmiger Ring mit quadratischer Deckplatte), die das Dach tragen. Dorische Säulen sieht man im Parthenon, dem Tempel der Aphaéa auf Égina und dem Apollo-Tempel auf Dílos. Aus Ionien kommend, setzte die *Ionische Ordnung* ihre Säulen auf eine Basis und schloss sie oben mit einem Kapitell aus zwei spiralförmigen Voluten ab. Die einzig übrig gebliebene Säule des Hera-Tempels auf Sámos ist ionisch; besser erhaltene Beispiele finden sich im Erechtheion in Athen. Seltener sind die für die *Korinthische Ordnung* typischen ornamentalen, großen Kapitelle aus einem Kranz von Akanthusblättern mit aufsteigenden Voluten.

Sinnlichkeit und Sanftheit charakterisieren die Skulpturen der „barocken" **Hellenistischen Zeit** (336-23 v. Chr.). In den Arbeiten von Praxiteles und anderen späteren Bildhauern gewinnt die Schönheit den Vorrang vor der Erhabenheit: Die Nike von Samothráki und die Venus von Milo, beide im Louvre, oder die Laokoongruppe im Vatikan stammen alle aus dem 2. und 1. Jh v. Chr. Viele dieser Skulpturen können heute nur dank des unermüdlichen Kopierens der **Römer** (88 v. Chr.-391 n. Chr.) besichtigt werden, deren Villen ebenfalls Mosaikböden und kleinere dekorative Skulpturen besaßen.

Die Kunst der **Byzantinischen Zeit** (395-1204 n. Chr.) ist eine direkte Wei-

terführung der Themen und des Stils des klassischen Griechenlands. Im frühen Christentum wird Orpheus mit seiner Lyra zu König David, die aus Kleinasien stammende Fruchtbarkeitsgöttin Artemis zu Maria. Das Statische der archaischen griechischen Skulptur, die Wiederkehr festgelegter Typen, findet sich bei den byzantinischen Ikonen wieder, deren Figuren eher symbolische Werte als realistische Verdienste repräsentieren.

Eine Idee in eine sichtbare Form zu kleiden, hat einen festen Platz in der Theologie der orthodoxen Kirche, und die Ikonenmalerei selbst ist gleichsam eine Art des Gebets: Eine Ikone ist ein Fenster mit Blick auf die Realität des Himmels, und deshalb dürfen sich die Darstellungen eines bestimmten Heiligen von Ikone zu Ikone nicht unterscheiden; die dreidimensionale Darstellung ist streng verboten. Zu den bedeutendsten Werken gehören die großartigen Fresken im Kloster Néa Moní auf Híos. Diese Kirche ist zugleich ein perfektes Beispiel für die byzantinische Architektur: ein griechisches Kreuz mit einer Kuppel in der Mitte, das den Betrachter in einen ganz anderen räumlichen Kontext setzt als der längliche katholische Entwurf.

In der Inselarchitektur des **19. und 20. Jahrhunderts** ist der Einfluss anderer Länder ausgeprägt: Korfus Kopie der Rue de Rivoli, Villen im italienischen Stil auf Síros, die klassizistischen Häuser auf Sími oder die italienischen, futuristischen Bauten aus den 1930er Jahren auf Léros. Dennoch gibt es auch ein paar für die Inseln charakteristische Elemente: Auf die Fassaden der Häuser in den Mastix-Dörfern auf Híos sind schwarzweiße geometrische Ornamente gemalt. Ebenfalls schwarzweiß sind die *Krokalia* genannten Kieselmosaike mit Mustern oder figurativen Darstellungen in Kirchhöfen, auf Plätzen und in privaten Gärten.

21. Jahrhundert: Der Begriff Kykladen-Architektur beschwört heute vor allem Visionen von weißgetünchten Hauswänden mit blauen Tür- und Fensterrahmen herauf – schlichte kubische Bauten, die zum omnipräsenten Postkartenmotiv avancierten.

ATHEN
Antike und moderne Hauptstadt

AKROPOLIS
AGORÁ / PLÁKA
MONASTIRÁKI / OMÓNIAPLATZ
SINDÁGMAPLATZ
VASSÍLISSIS SOFIÁS BOULEVARD
PIRÄUS

**ATHEN

Gegen Ende des 20. Jahrhunderts legten zu den Inseln Reisende in Athen wenn überhaupt meist nur einen kurzen Zwischenstopp ein, abgeschreckt von Lärm, Verkehrschaos, Smog und Hektik in der griechischen Hauptstadt. Doch mit dem neuen Jahrtausend hat Athen sein Gesicht gewandelt: Hochmoderne Metrolinien, eine Stadtumgehungsautobahn, ein neuer Flughafen, Busspuren und schon über 300 Busse, die mit Biogas betrieben werden, machen Athen attraktiver. Breite Hauptverkehrsstraßen wurden in Fußgängerzonen umgewandelt, heruntergekommene Hotels und historische Fassaden gründlich renoviert. Die Verbindungen vom Flughafen ins Stadtzentrum und von dort weiter zum Hafen von Piräus sind hervorragend; das Athen von heute ist auch für Inselfans wieder einen längeren Zwischenaufenthalt wert.

Hauptauslöser für diese positiven Veränderungen war die Vergabe der Olympischen Spiele 2004 an Athen. Bis zum Beginn der Sommerspiele am 13. August 2004 wird Athen noch schöner werden. So ist eine Straßenbahn-Linie vom zentralen Sindágma-Platz an die Ägäisküste in Bau, die gesamte Küste zwischen Piräus und Glifáda wird in einen Sport- und Erholungspark verwandelt.

Am besten wohnt man in der Pláka, im Stadtteil Kolonáki oder zwischen Sindágma-, Omónia- und Monastiráki-Platz. Hier legen viele Teile der Stadt Zeugnis ab von den Jahren Mitte des 19. Jh., als ein ausländischer König, der Bayer Otto I., eine griechische Hauptstadt zu schaffen suchte, die ihrer klassischen Vergangenheit würdig sein und zugleich neben den anderen europäischen Metropolen bestehen können sollte. So begann die ehrgeizige Umgestaltung einer Kleinstadt, die 1834, als der Regierungssitz des neuen, von der Türkei unabhängigen Griechenlands von Nauplia hierher verlegt wurde, noch ganze 4000 Einwohner und etwa 300 Häuser zählte. Weitere Baubooms folgten: 1923, als sich Athen mit einem gewaltigen Zustrom griechischer Flüchtlinge aus Kleinasien konfrontiert sah, und in den Jahren nach dem 2. Weltkrieg. Das Nebeneinander von Alt und Neu verleiht der Stadt ihr einzigartiges Flair.

Vorherige Seiten: In den Markthallen von Athen. Links: Die Minoischen Fresken aus Thíra gehören zu den schönsten Exponaten des Archäologischen Nationalmuseums.

**Akropolis

Im alten Griechenland hatte nahezu jede Stadt ihre eigene Akropolis, einen

lokalen Hügel mit einer „hohen Stadt" aus Tempeln und Schreinen für die Götter. Aber die ★★**Akropolis** 1 Athens ist so herausragend und hat so viel von ihrem früheren Glanz bewahrt, dass sie zu *der* Akropolis wurde, der einzigen, die des Namens würdig ist. Trotz der venezianischen Granate, die im 17. Jh. den bis dahin intakten Parthenon zu einer (prächtigen) Ruine reduzierte – die Türken benutzten den Bau damals als Pulvermagazin – und trotz der fragwürdigen Art der Restaurierungsarbeiten, die die Bauwerke in ihrem früherem Glanz wiederherstellen sollen, bleibt die Akropolis von Athen der beste Ort Griechenlands, um die kulturellen Errungenschaften des klassischen Altertums zu würdigen.

Auf der Akropolis standen nicht von vornherein Marmortempel: Im 6. Jh. v. Chr. waren viele der Kultstätten aus Holz. Diese frühen Bauten fielen dem Ansturm der Perser zum Opfer. Persiens wachsende Macht wurde 490 v. Chr. zur konkreten Bedrohung, als König Darius I. eine gewaltige Streitmacht gegen Griechenland führte, die aber – aller Wahrscheinlichkeit zum Trotz – von der Armee des viel kleineren Stadtstaates Athen in einer Schlacht in der Ebene von Marathon besiegt wurde. Zehn Jahre später unternahm deshalb der neue persische König Xerxes eine Strafexpedition gegen die Emporkömmlinge aus Athen; seine Truppen überrannten zwar die Stadt und brannten die Akropolis nieder, die große per-

 Info S. 50-51

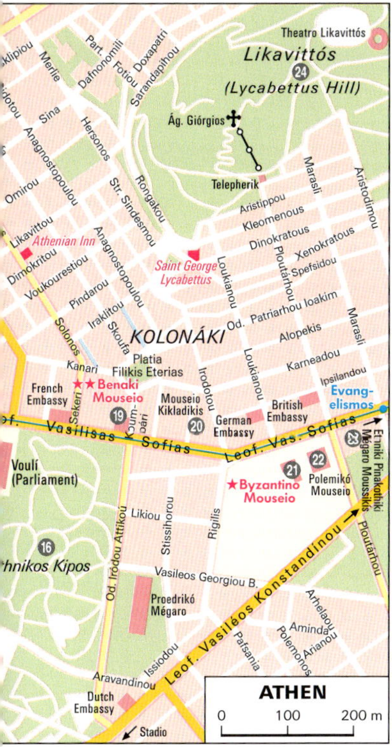

sische Flotte aber wurde dann bei Salamis von der taktisch überlegenen Flotte Athens besiegt.

Diese Siege gegen einen zuvor unbezwingbar scheinenden Feind aus dem Osten gaben der Stadt Athen neues Selbstbewusstsein und Stolz, was sich auf zweierlei Weise ausdrückte: materiell in einer Flotte, die bald die gesamte Ägäis dominierte, und schöpferisch in den Tempeln, die die Stadt den Göttern aus Dank für den Sieg auf ihrer Akropolis errichtete. Unter dem gewählten General Perikles entstanden im Goldenen Zeitalter Athens Bauwerke und Skulpturen der größten Künstler des antiken Griechenland, vor allem von Phidias.

Die Akropolis war ein heiliger Ort. Sie wurde für Rituale und religiöse Feste genutzt, besonders (seit 566 v. Chr.) für das Panathenäenfest. Der Festzug schlängelte sich entlang dem Panathenäischen Weg durch die Stadt und das **Beulé-Tor** (nach dem Archäologen benannt, der es „entdeckte"), herauf zu den imposanten **Propyläen** auf der linken Seite, den Durchgangshallen zur Stätte. Dieses architektonische Meisterwerk wurde aufgrund des Ausbruchs des Peloponnesischen Krieges nie ganz fertig gestellt.

Zur Rechten liegt der (rekonstruierte) zierliche **★★Tempel der Athena Nike**, 432-421 v. Chr. zum Gedenken an den Sieg (*nike*) der Athener über die Perser erbaut. Auch wegen der guten Aussicht – an einem klaren Morgen kann man Piräus und den Saronischen Golf sehen – gab es an dieser Stelle schon lange vor Perikles heilige Bauten: Einer Legende nach wartete hier König Aigeus auf die Rückkehr seines Sohnes Theseus. Dieser war nach Kreta gereist, um Athen von seiner Verpflichtung zu befreien, jedes Jahr 14 Jünglinge und Jungfrauen als Opfer für den Minotauros zu schicken. Theseus hatte mit seinem Vater verabredet, im Fall seines Sieges ein weißes Segel zu setzen; aber durch sein Abenteuer mit Prinzessin Ariadne wurde er abgelenkt und vergaß es. Als Aigeus das Schiff mit rotem Segel zurückkehren sah, stürzte er sich verzweifelt von der Klippe (aber auch Kap Sunion könnte der „Tatort" gewesen sein).

Die Schlüssellegende der Akropolis ist die von Athens Schutzgöttin Athena. Sie und Poseidon wetteiferten hier darum, wer den Bürgern Athens mehr bieten könne. Mit einem mächtigen Stoß seines Dreizacks schuf Poseidon eine Quelle; Athena aber bot einen Olivenbaum dar, der sogar noch nützlicher war, gab er doch Früchte und Öl, Schatten und Holz. Daher übernahm die Stadt ihren Namen.

Der Haupttempel der Jungfrau (*parthenos*) Athena, der **★★Parthenon**, ist eines der Meisterwerke der Weltarchitektur. 46 dorische Säulen stehen auf ei-

Info S. 50-51

nem leicht gewölbten Fundament. Eine geringe Krümmung der Säulenschäfte und Neigung nach innen verhindert perspektivische Verzerrungen der Gebäudefluchten.

Die Zierde des Parthenons bildeten seine Skulpturen. Sie thematisierten u. a. den Triumph des zivilisierten Menschen über die rohen Kräfte der Natur und der Barbarei, ein Ausdruck von Athens Überlegenheitsgefühl nach dem Sieg über die Perser und der so errungenen Vorherrschaft über die griechischen Meere. In den (heute leerstehenden) Giebelfeldern, die Athenas Geburt und ihren Wettstreit mit Poseidon illustrierten, war dies weniger deutlich als in den 92 Metopen mit Szenen von mythologischen Schlachten zwischen Göttern und Giganten, Griechen und Amazonen, Kentauren und Lapithen. Dieses Thema ging über in den großartigen Parthenon-Fries, der sich wie ein Band um den Bau zog und einen Panathenäenzug zeigt, so wie er damals wohl tatsächlich stattfand. Mit die feinsten Details weisen die ihre Rosse zügelnden Reiter und die Männer, die Rinder zur Opferung führen, auf. Diese Werke wurden von dem Bildhauer Phidias entworfen, der auch das Mittelstück der Akropolis, die 10 m hohe Votivstatue der Athena aus Gold und Elfenbein, schuf. Sie galt als eines seiner Meisterwerke und verschwand in frühbyzantinischer Zeit. Heute existieren nur noch Kopien der Statue.

Auch zahlreiche andere Skulpturen und Reliefs des Parthenons sind nicht mehr vorhanden. Vieles, was nicht der bereits erwähnten venezianischen Granate zum Opfer fiel, wurde 1816 von Lord Elgin nach London gebracht und ist im British Museum ausgestellt. Angesichts der zerstörenden Wirkung des Athener *nefos* (Smog) auf die zurückgebliebenen Fragmente steht diese Tat im Hinblick auf die Konservierung der Skulpturen in einem positiven Licht, auch wenn sie vom ethischen Standpunkt aus weniger vertretbar erscheint. Auf der Akropolis findet man heute nur noch Abgüsse der Originalstatuen. Im besuchenswerten ⋆**Akropolis-Museum** sieht man ein paar geschwärzte, verwitterte Original-Steinklumpen, die einst stolze Reliefs von Reitern und Wagen waren. Man kann hier jedoch auch großartige Skulpturen bewundern: die archaischen **Koren** aus dem 6. Jh. v. Chr. sowie die anmutige **Sandalenlösende Nike** (410 v. Chr.).

Rechts: Blick auf die Akropolis und den Likavittós von Südwesten.

Lord Elgin bereicherte das British Museum in London u. a. dadurch, dass er eine der anmutigen **Karyatiden** von der Korenhalle des ⋆**Erechtheion** entfernte, dem letzten im Dreigestirn der großen Bauwerke der Akropolis. Es wurde von 420 bis 406 v. Chr. an der Stelle errichtet, wo der Überlieferung nach Athenas erster Olivenbaum gestanden hatte – obwohl ein Teil des Baus auch Poseidon gewidmet ist.

Ein weiterer wichtiger Aspekt des religiösen Rituals war das Theater. Stücke von Aischylos, Sophokles, Euripides und Aristophanes wurden bei Festen zu Ehren des Gottes Dionysos aufgeführt. (Üblicherweise waren es drei Tragödien, gefolgt von einem Satyrspiel; die *Orestie* des Aischylos ist die einzige vollständig erhaltene Trilogie.) Die Marmorteile des ⋆**Dionysos-Theaters** lösten im 4. Jh. v. Chr. die früheren Holzbauten ab. Das Theater fasste 17 000 Besucher. Manche Aufführungen waren so mitreißend, dass einige schwangere Frauen bei dem Auftritt der Furien von Aischylos vor Schreck Fehlgeburten erlitten. Heutzutage beeindruckt das römische ⋆**Odeion des Herodes Atticus** stärker, ein halbrundes Theater mit gemauertem Prospekt. Es stammt aus dem Jahr 161 n. Chr. und war ursprünglich überdacht. Noch heute finden hier Vorstellungen statt.

Athen war auch Regierungssitz. Der Stadtrat tagte auf dem nahen Hügel **Areopag**, wo 51 n. Chr. der heilige Paulus den Athenern zum ersten Mal pre-

Stadtplan S. 40-41, Info S. 50-51

digte. Weiter westlich liegt die **Pnyx**, auf der sich die Bürgerschaft Athens versammelte, nachdem in der Stadt die Demokratie eingeführt worden und eine Mindestzahl von 5000 Bürgern (Frauen, Kinder und Sklaven zählten nicht dazu) notwendig war, um die Regierungsgeschäfte zu tätigen.

*Agorá und *Pláka

Schon in der Frühzeit Athens lag das geschäftige Zentrum der Stadt am Fuß der Akropolis. Antiker Marktplatz und Treffpunkt war die **Agorá** ②. Während die Bauwerke der Akropolis vom Ruhm Athens kündeten, war die Agorá der Ort, wo Stadt und Regierung ihre Geschäfte tätigten. Einst befanden sich hier das **Buleuterion** (der Sitz des Stadtrats), die **Stoá Basileios** (Zeushalle), die das Gericht beherbergte, und die **Tholos** (Rundbau), in der ab etwa 500 v. Chr. der „Rat der 500" tagte. Eine *stoá* ist eine Säulenhalle; leider ist nichts erhalten von der Stoá Poikile, in der Zenon lehrte und die der „stoischen" Philosophie ihren Namen gab. Auch Sokrates diskutierte auf der Agorá. Viel ist vom **Gymnasion** nicht übrig, das an der Stätte des **Odeion des Agrippa** errichtet wurde und später als Universität diente, bis diese im 6. Jh. n. Chr. schließen musste. Noch an ihrem Platz steht aber die restaurierte **Stoá des Attalos** (erbaut ca. 150 v. Chr.), eine frühe Ladenstraße mit Geschäften über die ganze Länge ihrer beiden Geschosse. Heutzutage beherbergt sie das **Agorá-Museum** mit Objekten, die bei Ausgrabungen seit den 1930er Jahren hier gefunden wurden.

Mitten durch die Agorá hinauf zur Akropolis führte der gepflasterte **Panathenäenweg**. Ein zentraler Punkt war das **Heiligtum der Zehn Phylen-Heroen von Athen**, nach denen die zehn attischen Volksstämme benannt wurden. Es gab hier noch weitere religiöse Bauten: den **Zwölf-Götter-Altar**, den **Altar des Ares** und den **Tempel des Ares**. Der ****Hephaistos-Tempel** (Theseion), dieser prächtige dorische Bau, erhebt sich fast unversehrt über dem Schutt der Vergangenheit; er ist der am besten erhaltene klassische Tempel

Griechenlands. An der Ostseite der Agorá steht die im 11. Jh. erbaute byzantinische **Apostelkirche** mit ihrem roten Dach.

Östlich der griechischen Agorá finden sich Spuren aus der Römerzeit. Die **Hadriansbibliothek** ❸ wurde 132 n. Chr. dem Kaiser zu Ehren nahe der **Römischen Agorá** ❹ gebaut, einer Erweiterung der alten griechischen Agorá aus der Zeit um Christi Geburt. Ihre Ausgrabung ist noch im Gang. Ein römisches Wahrzeichen ist der achteckige **Turm der Winde** (Naos Aiolou; 40 v. Chr). Seinen Namen verdankt er den Reliefs der acht Windgottheiten, die seine Außenwand zieren.

Die Römische Agorá vermittelt zwischen dem antiken und dem „alten" Athen. Das Stadtviertel am Fuß der Akropolis hat sich in ein geschäftiges Touristenzentrum verwandelt: Enge Gässchen und Treppen, gesäumt von klassizistischen Fassaden, kennzeichnen die als ***Pláka** ❺ bekannte Altstadt. Am Abend stehen hell erleuchtete Souvenirstände mit Vasen und Statuetten auf den Straßen, Kellner versuchen, Passanten auf die Terrassen ihrer Restaurants zu locken, Buzuki-Musik dringt aus den Lokalen, alles ist voller Menschen, die in beschwingter Amüsierlaune durch die Gassen bummeln. Die Pláka hat sich jedoch, dem abendlichen Touristenrummel zum Trotz, eine dörfliche Atmosphäre bewahrt, vor allem in der Nachmittagshitze, wenn ihre Straßen und Stufen nur von streunenden Katzen bevölkert sind.

Oben und rechts: Das alte Athen (Pláka) und die moderne Stadt (Café Neon am Omóniaplatz) – ein reizvoller Kontrast.

Als Athen 1834 Hauptstadt Griechenlands wurde, gab es im Grunde nur die Pláka. Ihre klassizistischen Fassaden sind Zeugnisse der frühen Versuche König Ottos, den Stadtteil angemessen herauszuputzen. Zuvor war die Pláka das Herz des albanischen Viertels gewesen; ihr Name – im Griechischen „Pflasterstein" oder „Platte" – bedeutet im Albanischen „alt".

Wenn man nach dem Besuch der zahlreichen antiken Stätten immer noch Appetit auf Kultur hat, kann man in der

Pláka verschiedene Museen besuchen: das **Volkskunstmuseum**, das **Museum griechischer Volksmusik-Instrumente** oder das **Kanellopulos-Museum**, ursprünglich eine Privatsammlung mit Objekten aus dem Altertum bis zum 19. Jh. Auf dem Kidathinéon gibt es auch ein **Kindermuseum**. Aber die Hauptattraktionen der Pláka bleiben die stimmungsvollen Tavernen und die Musik – vielleicht ein bisschen zu touristisch, aber wen kümmert das an einem warmen Sommerabend unter Bäumen, die mit bunten Lichterketten geschmückt sind?

Monastiráki und Omóniaplatz

Nachdem 1833 die letzten Türken die Stadt verlassen hatten, ließ König Otto den Kern dessen erbauen, was bis heute das Herz des modernen Athen geblieben ist. Unterstützt wurde er von seinem Landsmann, dem Architekten Leo von Klenze, der eine Partnerschaft deutscher und griechischer Architekten initiierte: Schaubert und Kleanthes entwarfen die großen Plätze (*platía*), Boulevards (*leoforos*) und öffentlichen Gebäude des Geschäftszentrums der heutigen Stadt.

So wie die Touristenpfade das Alte mit dem Modernen verbinden, so verschmelzen in Athens neueren Stadtteilen Orient und Okzident miteinander. Der Geist Konstantinopels lebt im Viertel **Monastiráki**, unter der osmanischen Herrschaft einst Basar der Stadt und immer noch Standort vieler kleiner Läden. Einige von Athens schönsten byzantinischen Kirchen befinden sich hier, z. B. die ***Kapnikaréa-Kirche** 6 zu Ehren der Darstellung Mariä aus dem 11. bis 13. Jh. auf der Ermú-Straße, oder die ****Ágios Elefthérios** (Kleine Mitropolis) 7, dem hl. Elefthérios und der hl. Muttergottes geweiht und im 12. Jh. aus Fragmenten antiken Marmors erbaut. Heute steht sie im Schatten der viel jüngeren, von dem deutschen Architekten Schaubert entworfenen **Ágios Mitrópolis** 8, Athens prunkvoller Kathedrale aus dem 19. Jh.

Die Hauptachse von Nord nach Süd, von Monastiráki zum zentralen **Omó-**

niaplatz ⑨, ist der **Boulevard Athínas**, Athens Hauptgeschäftsstraße, die an den ***Markthallen** (Kentrikí Agorá) und dem **Rathaus** vorbeiführt. Der „Platz der Eintracht" (Platía Omónia) wird der Vorstellung von Harmonie, die man vom zentralen Platz der Stadt erwarten könnte, kaum gerecht, obwohl die ausländischen Arbeiter, die die Kafeníons dieses etwas heruntergekommenen Bürodistrikts bevölkern, ihm etwas internationales Flair verleihen.

Von hier aus führen die parallel verlaufenden Straßen des 3. September und des 28. Oktober nach Norden durch ein Viertel mit Boutiquen, vorbei an Athens bekanntestem Kaufhaus **Minion** (das in seinen trostlosen Räumen mehr als nur einen Hauch von Ostblock-Flair verbreitet) und Imbiss-Ständen, hin zu einem der größten Schätze Athens: dem ****Archäologischen Nationalmuseum** ⑩. In diesem klassizistischen

Oben: Knoblauchhändlerin vor den Markthallen. Rechts: Die eindrucksvollen korinthischen Säulen des Olympieions (Zeustempel).

Gebäude sind die archäologischen Glanzstücke ganz Griechenlands versammelt, eine Fülle von kunsthistorischen Exponaten, der man nicht an einem einzigen Tag gerecht werden kann. Reisende auf dem Weg zu den griechischen Inseln können sich auf Funde von den Inseln konzentrieren, z. B. die aus minoischer Zeit stammenden **Fresken aus Santorin**, die – wie auch die Überreste von Pompeji – nach einer Vulkanexplosion um 1500 v. Chr. durch die Lava-Asche konserviert wurden. Aber sie sollten auch nicht an der **Goldmaske des Agamemnon** aus Mykene oder an der herrlichen Bronzestatue eines schreitenden Gottes aus Artemision vorübergehen, bei der sich die Gelehrten nicht einig sind, ob es sich um Poseidon mit dem Dreizack oder den einen Blitz schleudernden Zeus handelt.

Sindágmaplatz und Vassílissis Sofías Boulevard

Das Dreieck des modernen Athen begrenzen im Osten die diagonalen Straßen Panepistimíu und Akadimías, die auf den Sindágmaplatz führen. In der Panepistimíu (Venizélou) sollen drei öffentliche Gebäude die Erhabenheit des neuen griechischen Staates nach der Unabhängigkeit repräsentieren: die **Nationalbibliothek** ⑪, die größte Bibliothek des Landes, die **Universität** ⑫ mit Fresken klassischer Themen und die klassizistische, einem Tempel ähnelnde **Akademie der Wissenschaften** ⑬. Alle drei wurden zwischen 1839 und 1884 von den Gebrüdern Hansen, zwei dänischen Architekten, entworfen.

Der **Sindágmaplatz** ⑭ (Platía Sindágmatos, „Platz der Verfassung") ist ein weiterer Mittelpunkt des modernen Athen und für Besucher besonders wichtig, denn in seiner Nähe liegt das Hauptbüro der Griechischen Zentrale für Fremdenverkehr **EOT**. Privatbusse starten hier zu Zielen außerhalb der Stadt und am Südende des Platzes beginnt die Filellínonstraße mit ihren un-

zähligen Reisebüros. Was die Gastronomie angeht, so reicht die Skala von *McDonald's* bis hin zum Restaurant des sehr teuren *Hotel Grande Bretagne*. Die unterirdische **Metro-Station** an der Ostseite des Platzes ist zugleich **Museum**; in Vitrinen sind während der Bauarbeiten gemachte Funde ausgestellt. Die Ostseite des Platzes dominiert das heutige **Parlament** (Sindágma), um 1840 als Palast für König Otto und Königin Amalia erbaut. Am davor gelegenen **Grabmal des unbekannten Soldaten** kann man im Sommer zu jeder vollen Stunde der Wachablösung der mit Röcken bekleideten Nationalgardisten (Evzonen) zuschauen.

Im früheren Sitz des Parlaments, nördlich des Sindágmaplatzes, ist das **Historische Nationalmuseum** ⓯ untergebracht, mit Ausstellungen zur Geschichte – vom Ende des Byzantinischen Reichs bis in die Gegenwart.

Um das heutige Parlamentsgebäude breitet sich der ausgedehnte **Nationalgarten** ⓰ (*Ethnikos Kipos*), Athens wichtigster Park mit einem botanischen Garten und einem Zoo, aus. Im Süden schließt sich der **Park des Záppeion** ⓱ an, mit einer Kongress- und Ausstellungshalle aus dem 19. Jh. Südlich des Záppeions ragen die 13 noch erhaltenen, prächtigen korinthischen Säulen des ***Olympieion** ⓲ (Tempel des Olympischen Zeus) auf, das 515 v. Chr. begonnen und erst 131 n. Chr. vollendet wurde. Aus Dank an den römischen Kaiser Hadrian, der das Projekt vollendete, errichteten die Athener den **Hadriansbogen**.

Im Nordosten des Sindágmaplatzes beginnt der breite **Vassílissis-Sofías-Boulevard** mit seinen Botschaften, Hotels und Museen. Das ****Benáki-Museum** ⓳ beherbergt eine ursprünglich private Sammlung von byzantinischer und islamischer Kunst und Kunsthandwerk. Im ***Goulandrís-Museum der kykladischen Kunst** ⓴ sind die Früchte der Aktivitäten eines weiteren Privatsammlers zu bewundern: Nikolaos P. Goulandrís, aus einer reichen Reederfamilie, baute eine der weltweit bedeutendsten Sammlungen von Kykladenkunst auf. Markante Stücke sind die 4000 Jahre alten Figurinen aus weißem

Marmor, deren abstrakte Formen in ihrer Schlichtheit und Eleganz fast wie moderne Kunst anmuten.

Im *★***Byzantinischen Museum** 21, ebenfalls auf dem Vassílissis-Sofías-Boulevard, kann man nachvollziehen, wie sich aus den Kunstformen der griechisch-römischen Klassik die Ikonen und Goldmosaiken der byzantinischen Welt entwickelten. Dennoch war es nur ein kleiner Schritt von der Stilisierung klassischer Grabstelen, welche die Toten in kaum variierenden Posen zeigen, zur Stilisierung der byzantinischen Ikonen. An einigen Objekten der einzigartigen **Ikonensammlung** erkennt man, wie die frühe Kirche sich „heidnischer" Themen – z. B. Apollon in Gestalt Christi – und Stätten bemächtigte: Die Tempel der Akropolis wurden für christliche Gottesdienste genutzt.

Nebenan steht das **Kriegsmuseum** 22 mit Waffen aus der Steinzeit bis zum Zweiten Weltkrieg. Noch weiter, nahe der Mündung der Vasiléos Konstandínos auf die Vassílissis Sofías, befindet sich die **Nationalgalerie** 23. Wie viele andere Athener Museen aus einer Privatsammlung entstanden, dokumentiert sie Kunstwerke der letzten Jahrhunderte, darunter Frühwerke des auf Kreta geborenen El Greco und den *Griechischen Reiter* von Delacroix sowie Werke zeitgenössischer griechischer Künstler.

In einem der Cafés des Wohnviertels **Kolonáki** hinter dem Benáki-Museum kann man sich vom Kulturmarathon erholen. In dieser exklusiven Gegend residieren Botschafter und Geschäftsleute. Die schicken Boutiquen laden zum Bummel ein. Das Viertel liegt am Fuß des ★**Likavittós-Hügels** 24, den der Legende nach Athena versehentlich auf die Stadt fallen ließ. Als die Türken abzogen, waren die steilen Abhänge des Hügels kahl, aber dank der um 1880 begonnenen Wiederaufforstung wachsen hier nun Pinien und Zypressen. Wen die steilen Pfade abschrecken, der kann die **Standseilbahn** nehmen, die an der Ecke von Aristípou und Ploutárhou abfährt. Außer der herrlichen Aussicht

Oben: Das Pantokrator-Mosaik im Kloster Dafní lohnt den Weg in den Westen Athens.

gibt es auf dem Gipfel auch ein Lokal, die Ágios-Giórgios-Kirche und eine Freiluftbühne.

**KLOSTER DAFNÍ

Hat man in Athen etwas mehr Zeit zur Verfügung, empfiehlt sich ein Ausflug zum **★★Kloster Dafní**, 10 km westlich des Stadtzentrums. Die Kirche des bereits im 5. Jh. gegründeten Klosters ist für ihre wunderbaren byzantinischen **Mosaiken** aus dem 11. Jh. weltbekannt.

PIRÄUS (PIREAS)

Wer im Sommer in Piräus seine Fähre zu den griechischen Inseln besteigt, erlebt den Hafenbereich als heiße, die Nerven strapazierende Gegend, deren Geräuschkulisse geprägt ist von Autohupen und Nebelhörnern. Aber es gibt hier auch Jachthäfen, Tavernen, Strände und beachtenswerte Museen, die aus einem Aufenthalt in Piräus mehr als ein notwendiges Übel machen.

Im 5. Jahrhundert v. Chr. reichte die Kapazität des alten Hafens *Phaleron* für die Flotte Athens nicht mehr aus, und Piräus übernahm dessen Funktion. Der athenische General Perikles ließ als Verbindung zwischen Hafen und Stadt die „langen Mauern" bauen. Wegen der Löwenskulpturen, die die Einfahrten seiner drei Häfen bewachten, wurde der Ort später Porto Leone genannt. Wenn man auf einer Fähre den Zentralhafen verlässt, sieht man die Nachbildung eines der Löwenbildnisse.

Piräus wurde nach Plänen des Hippodamos von Milet angelegt; auf dessen Entwürfen basiert auch die Straßenführung der modernen Stadt aus dem Jahr 1834. Die **U-Bahn-Station** ❶ befindet sich nahe dem **Zentralhafen**, wo die Boote zu den Inseln im Saronischen Golf, den Kykladen, den nordöstlichen Ägäischen Inseln, dem Dodekanes und nach Kreta ablegen. Hier herrscht viel Trubel und man kann kaum glauben, dass Inselurlauber jemals ihre gewünschte Fähre finden werden. Sonntag morgens sorgt ein **Flohmarkt**, einer der größten Attikas, in den Straßen um die U-Bahn-Station für Ablenkung, verstärkt aber das Gedränge noch. In

Info S. 50-51

der neuen, großen **Ágia-Paraskeví-Kirche** gegenüber dem Hafen findet man einen Moment Ruhe.

Überquert man die Dimokratias oder eine ihrer Parallelstraßen, kommt man in ein ebenfalls geschäftiges, aber weniger touristisches Viertel; die Einheimischen treffen sich hier in den Cafés um den Platz vor dem **Theater** ❷.

Verweilen kann man auch in den von Seglern frequentierten Lokalen am zweiten Hafen, **Marina Zéa** ❸. Zéa ist nicht nur ein Jachthafen, sondern auch Abfahrtsstelle der Flying-Dolphins-Tragflügelboote. Grüne Plätze und Rasenanlagen zieren das Ufer.

Am Südende der Marina ist in einem modernen Gebäude das **Schifffahrtsmuseum** ❹ mit Exponaten aus über 3000 Jahren griechischer Seefahrtsgeschichte untergebracht.

Das großartigste Museum von Piräus (und eines der besten Athens) ist das ***Archäologische Museum** ❺ auf der Harilaou Trikoupi mit den Ruinen eines klassischen Theaters in seinem Hinterhof. Unter den Skulpturen findet sich auch ein Löwe, vermutlich die Kopie eines der originalen Hafenwächter, die die Venezianer mitnahmen. Andere Objekte wurden auf dem Grund des Hafens gefunden, etwa Fragmente eines Frieses im Stil des Parthenon. Am stärksten beeindrucken vier fantastische Bronzen, die in das 4. Jh. v. Chr. oder früher datiert werden, darunter ein archaischer Apollon und eine Statue der Artemis, deren im naturalistischen Stil erhaltene Augen den eigenen Blick scheinbar erwidern. Drei der Bronzen wurden in einem Lagerhaus entdeckt, wo sie vor der Zerstörung der Stadt 86 v. Chr. versteckt worden waren.

Auf der Südostseite des vornehmen Wohnviertels **Kastela** befindet sich ***Mikró Límano** (Kleiner Hafen) ❻, der dritte Hafen von Piräus. Er ist von Cafés und Tavernen gesäumt. Gegenüber liegen die Strände, aber die Fähren und Frachter sind nicht gerade eine Empfehlung für die Wasserqualität.

ATHEN

Griechische Zentrale für Fremdenverkehr, Amerikís 2 (Nähe Sindágmaplatz), Tel. 21032 23111, www.gnto.gr. Filiale auf der Ankunftsebene des Flughafens. Gut für Auskünfte über Bus- und Schiffsfahrpläne sowie aktuelle Öffnungszeiten der Museen.
Infos rund um die **Olympischen Spiele** unter www.athens2004.com.

Athens hochmoderner Flughafen **Elefthérios Venizélos**, liegt 23 km nordöstlich des Stadtzentrums. Per **Express-Bus** kommt man rund um die Uhr weiter. Die Abfahrtsstelle liegt vor dem östlichen Ende der Ankunftshalle. Fahrkarten kauft man am Schalter an der Haltestelle. Mit dieser Fahrkarte kann man einmal den Express-Bus und binnen 24 Stunden beliebig oft sämtliche Bus- und Metrolinien im Großraum Athen nutzen. Ticketpreis (2004): 2,90 Euro. **E 93** fährt zu den Fernbus-Bahnhöfen Kifisos und Liosion. **E 94** fährt zur Metrostation Ethnikí Amyna. **E 95** fährt zum Sindágma-Platz im Stadtzentrum. **E 96** fährt zum Haupthafen von Piräus. Außerdem gibt es eine Buslinie zum Hafen von Rafína, die allerdings weitaus seltener verkehrt.

BAHNHÖFE: Wer mit dem Zug anreist, kann entweder am Athener Hauptbahnhof **Larissis** oder am Endbahnhof aller Zuglinien in Piräus aussteigen.Vom Hauptbahnhof gelangt man mit der Metro zum Omónia- und zum Síndagma-Platz. Vom Bahnhof in Piräus aus kann man zu Fuß zu den Fähren gehen.

METRO: Es gibt drei überwiegend unterirdisch geführte Metro-Linien. Linie 1 verbindet den Omónia- und den Monastiráki-Platz mit dem Hafen von Piräus. Fahrkarten kauft man in den Metro-Bahnhöfen. Ticketpreis (2003): 60 Cent.

BUSSE: Im Großraum Athen gibt es über 320 verschiedene Buslinien. Ticketpreis (2003): 45 Cent. Allerdings erreicht man alle wesentlichen Touristenziele innerhalb der Stadt schneller zu Fuß.

TAXIS: Taxis sind zahlreich und dennoch knapp. Am besten lässt man sich für eine Fahrt zum Hafen ein Funktaxi durch die Hotel-

Stadtplan S. 49

rezeption bestellen. Will man ein Taxi auf der Straße anhalten, muss man dem langsam vorbeifahrenden Taxi sein Ziel (mit der richtigen Betonung) zurufen und sich dann den Wagen mit den bereits darin sitzenden Passagieren teilen. Jeder Fahrgast hat trotzdem den vollen Preis für die von ihm mitgefahrene Strecke zu entrichten. Eine Taxifahrt vom Flughafen in die Innenstadt kostet etwa 30 Euro, nach Piräus etwa 35 Euro.
GEPÄCKAUFBEWAHRUNG: Am westlichen Ende der Ankunftshalle im Flughafen. Im großen Hafencafé an der Platía Karaiskáki am Hafen von Piräus. Bei Pacific Travel, Níkis 26, nahe dem Sindágma-Platz.

EDEL: **Gerofinikas**, Pindarou 10, Kolonáki, Tel. 21036 36710, gehört zu den hervorragendsten Restaurants Athens.
MITTEL: **O Thespis**, Thespidos 18 (Pláka), Tel. 21032 38242. Terrasse mit schönem Ausblick, gute Karte. **Strophi**, Rovertou Galli 25, Tel. 21092 14130. Schöne Dachterrasse mit Blick auf die Akropolis. **Sokrates' Prison**, Mitsaion 20 (Makrijanni), Tel. 21092 23434. Sehr beliebt.
PREISWERT: **Peristeria**, Patroou 5, Tel. 21032 34535. Einfache Taverne, Standardkarte, bei Einheimischen beliebt.

Viele der bedeutendsten **Museen** Athens werden wegen der Olympischen Spiele umgebaut und sind deswegen wahrscheinlich bis in den Frühsommer 2004 hinein **geschlossen**. Wegen der Olympiade werden auch die ohnehin häufig wechselnden Öffnungszeiten verändert. Aktuelle Infos bei der Griechischen Zentrale für Fremdenverkehr oder in den Zeitungen Athens News und Athener Zeitung. Gesichert sind die Öffnungszeiten des **Benaki-Museums**, Koumbari 1 / Vass. Sofias: Mo, Mi, Fr, Sa 9-17 Uhr, Do 9-24 Uhr, So 9-15 Uhr.

Das **Athen-Festival** mit Freilichtvorführungen im Amphitheater des Herodes Atticus findet zwischen Ende Juni und Mitte September statt. Infos und Tickets: Hellenic Festival Box, Stoa Pesmazoglou, Leoforos Panepistimiou 39, Tel. 21032 21459, www.hellenicfestival.gr.

EINKAUFEN: Die Läden der **National Welfare Association** bieten schönes Kunsthandwerk von Ikonen und Webarbeiten bis hin zu bestickten Kissenbezügen an. Ipatias 6 (Ecke Apollonos) und Vassilis Sofías 135.
Im **Archäologischen Nationalmuseum**, im **Benáki-** und im **Kykladen-Museum** gibt es große Museumsläden mit einer guten Auswahl an Reproduktionen und Büchern (auch in englischer Sprache).
Pfiffige **Damen- und Herrenmode** griechischer Designer sowie teure **Juweliergeschäfte** findet man im **Kolonáki-Viertel**, insbesondere in den Straßen Skoufa, Tsakalof und Voukourestiou. Preiswerte Mode in der **Ermou** zwischen Sindágmaplatz und Monastiráki.

KLOSTER DAFNÍ

Wegen Renovierung nach Erdbebenschäden ist das Kloster vorübergehend geschlossen.

PIRÄUS

Die **U-Bahn-Haltestelle** befindet sich direkt am Haupthafen.
Einige **Flying Dolphins** zu den Saronischen Inseln und den Sporaden fahren von Marina Zéa ab, das auf der anderen Seite der Halbinsel von Piräus liegt (Taxifahrt vom Haupthafen ca. 5 Euro).
Der **Express-Bus 19** verbindet Piräus mit dem Flughafen Ellinikó.

Dipylo, Kodrou 3 / Sindágmatos 34, Tel. 21041 72105. Beeindruckende, ansprechende Auswahl griechischer Gerichte, raffiniert zubereitet und stilvoll serviert. Nur abends geöffnet.
Diasimos, Akti Themistokleous 306, Tel. 21045 14887. Gutes Fischrestaurant direkt am Meer.

Archäologisches Museum, Harilaou Trikoupi 31, Tel. 21045 21598, Di-So 8.30-14.45 Uhr. **Schifffahrtsmuseum**, Akti Themistokleous, Tel. 21045 16822, Di-Fr 9-14, Sa 9-13 Uhr.

DIE INSELN IM SARONISCHEN GOLF

SALAMÍNA (SALAMIS)
ÉGINA (ÄGINA)
PÓROS
ÍDRA (HYDRA)
SPÉTSES

Zwischen Athen und der Halbinsel Peloponnes gelegen, bieten die Inseln des Saronischen Golfs eine bunte Mischung für Inselspringer: vom wenig attraktiven Salamína, das wie ein Vorstadtviertel des nahen Athen anmutet, über das kosmopolitische Ídra bis hin zum ruhigen Spétses mit seinen Pinienwäldern und schönen Stränden. Besonders Póros, Ídra und Spétses sind Anziehungspunkte für Prominente und Künstler.

Aufgrund ihrer Nähe zum Festland und ihrer leichten Erreichbarkeit sind die Inseln im Saronischen Golf die ideale Destination für alle, die eine Städtereise nach Athen oder einen Urlaub auf dem Peloponnes mit dem Besuch einer oder mehrerer Inseln kombinieren wollen. Ebenso können Inselspringer hier zum Anfang oder Abschluss ihrer Reise zum ersten oder letzten Mal Inselflair genießen.

SALAMÍNA (SALAMIS)

Für Geschichtskundige schwingt im Namen der Insel **Salamína** ❶ Ruhm mit, denn dort errang 480 v. Chr. die athenische Flotte ihren großen Sieg über die Perser, der das Goldene Zeitalter Athens unter Perikles einläutete. Heutzutage fehlt Salamína alles Goldene; „bleiern" trifft auf die an einer verschmutzten Küste und der Hauptschifffahrtsroute nach Piräus gelegene Insel eher zu. Dennoch gibt es an der Südküste passable Strände, und weniger gut situierte Familien, für die Salamína *das* Wochenend-Ausflugsziel ist, verleihen der Insel griechische Originalität.

Salamína, die Hauptstadt der Insel, besitzt einen nicht sehr schönen Strand und ein **Archäologisches Museum**. Busse fahren von hier in den Nordwesten und zum Kloster **Faneroméni**, dem Glanzlicht der Insel. Es wurde um 1600 an der Stätte eines antiken Tempels erbaut; in seiner Kirche gibt es einige bemerkenswerte Fresken aus dem 18. Jh. Im Garten des Klosters kann man Pfaue beobachten.

Die Strände in diesem Teil der Insel sollte man aber besser meiden und lieber denen weiter südlich bei **Eándio** (der antiken Stadt Telemon) oder zwischen **Kakí Vígla** und **Peristéria** den Vorzug geben.

Die berühmte Schlacht wurde einst in der Meerenge zwischen **Ambelákia** und dem Festland geschlagen. Noch bis zum Zweiten Weltkrieg wurde hier aus Stachelschnecken Purpurfarbe gewonnen – ein Verfahren, das bereits die Phönizier kannten.

Vorherige Seiten: Der Tempel der Aphaéa in Égina. Links: Weiß gekalkte Wände und leuchtend blaue Türen – diese Farben sind das Markenzeichen der Kykladen.

Karte S. 56, Info S. 63

ATTIKÍ
Kólpos Alkionodón
Mándra
Magoúla
Aharnés
Asprópirgos
Elefsína
K. Alepohóri
Néa Péramos
Kólpos Elefsínos
Halándri
Dafní
Pérama
ATHÍNA
Mégara
Makriplági 1369
Faneroméni
Paloúkia
Salamína
Píreás
Páhi
Loutráki
Kinéta
Órm. Salamínos
Ambelákia
Selínia
Akr. Petrítis
Eándio
Kakí Vígla
Canal of Corinth
Ág. Theódori
SALAMÍNA 1
ΣΑΛΑΜΙΝΑ
Peristéria
Kórinthos
Akr. Kóhi
Órm. Kehrión
Saronikós Kólpos
Almirí
DIAPÓRII
KORINTHÍA
Ág. Nektários
Souvála
Mesagrós
Ómorfi Ekklisía
Aphaéa
Kolóna
Paleohóra
Agía Marína
Égina
Hrisoleóntissa
Marathónas
532
ÉGINA 2
ΑΙΓΙΝΑ
Trapezóna 1137
Agístri
Ó. Marathón
Skála
Pérdika
AGÍSTRI 4
MONÍ 3
Akr. Pírgos
Limenária
Néa Epídavros
Paleá Epídavros
Arahnéo 1199
Kounoupítsa
HER. METHANON
740
Kaiméni Hóra
Méthana
Ligourió
ARGOLÍS
Kólpos Epidávrou
Akr. Ahérdo
Poseideíon
PÓROS 5
ΠΟΡΟΣ
Trahiá
Taktikoúpoli
Néorio
Zoodóhou Pigís
Póros
Galatás
Dídimo 1113
Kólpos Ídras
Ermióni
Akr. Zoúrvas
Mandráki
Ídra
Agía Triáda
Argolikós Kólpos
Kranídi
DOKÓS
Vlihós
Mólos
Profítis Ilías
ÍDRA 6
ΥΔΡΑ
Agía Efpraxía
588
Epikopí
Portohéli
Órm. Kranidíou
Akr. Bísti
Kósta
SPÉTSES 7
ΣΠΕΤΣΕΣ
Profítis Ilías
Agía Paraskeví
Spétses
248
Bekíri
Agía Marína
Agía Anárgiri
PÁRNON
SPÉTSOPOULA
MIRTÓO PÉLAGOS
Paralía
Monemvasía
SARONISCHE INSELN
0 10 20 km
E 75
A1
E 962
3
8
1
E 94
70
N

*ÉGINA (ÄGINA)

Mit dem Tragflügelboot nur 45 Minuten von Athen entfernt, liegt **Égina** ❷ noch in Reichweite für Pendler und ist an Wochenenden von Besuchern aus der Hauptstadt überlaufen. Aber trotz der vorstädtischen Siedlungen an der Nordküste und dem regen Tragflügelboot- und Fährverkehr ist Égina eine „richtige" griechische Insel. Pinienwälder, Überreste antiker Bauwerke und Pistazienplantagen dominieren die Landschaft. Eine Unmenge von Ruinen und byzantinischen Kirchen, zahlreiche Strände, *psarotavérnas* (Fischtavernen), und – als höchste Auszeichnung des „wahren Griechentums" – die Tatsache, dass Níkos Kazantzákis hier *Alexis Sorbas* geschrieben hat, lassen den Besucher vergessen, dass die laute, geschäftige Hauptstadt so nahe ist.

Zu Beginn seiner Geschichte war Égina mächtiger als Athen. Nachdem es 950 v. Chr. Mitglied der Sieben-Städte-Allianz „Heptapolis" geworden war, entwickelte sich Égina zum Handelszentrum. 650 v. Chr. wurden hier die ersten Münzen Europas geprägt. Als Athen an Macht gewann, standen sich die beiden Orte oft feindlich gegenüber. Um 490 v. Chr. ein Bündnis von Égina mit Darius und den Persern zu verhindern, nahmen die Athener sogar einige Egineten als Geiseln.

In der Schlacht von Salamis schlug sich Égina auf die griechische Seite und wurde für die führende Rolle seiner Flotte ausgezeichnet. Aber die Versöhnung mit Athen währte nur kurz. 458 v. Chr. besiegten die Schiffe der Athener just jene hoch gelobte Trieren-Flotte; drei Jahre später wurden die Inselbewohner gezwungen, ihre Mauern niederzureißen und ihre Flotte zu übergeben. Im Peloponnesischen Krieg (431-404 v. Chr.) verschleppte man, um einer Wiedervergeltung zuvorzukommen, die gesamte Inselbevölkerung.

Den Einfluss von Konstantinopel spiegeln die großzügig auf der Insel verteilten byzantinischen Kirchen wider. Zwei Kostbarkeiten aus dem 13. Jh., vom Ort Égina aus zu Fuß erreichbar, sind die **Ómorfi Ekklisía**, wegen ihrer Fresken „Schöne Kirche" genannt, und die kleine **Faneroméni**, eine unterirdische Höhlenkapelle.

Im Unabhängigkeitskrieg war Égina 1820 einer der ersten Orte, die das Joch der osmanischen Herrschaft abwarfen. Auch dies war ein Grund dafür, dass die Stadt Égina 1828 zur ersten Hauptstadt des freien Griechenlands gewählt wurde. Diese Ehre musste Égina aber bereits nach einem Jahr an Nauplia abgeben. Dennoch finden sich in der Inselhauptstadt Spuren der stolzen Vergangenheit in Form ehemaliger Regierungsgebäude, darunter die Münze, wo mehr als zwei Jahrtausende, nachdem Éginas Tradition der Münzprägung begonnen hatte, die ersten Münzen des freien Athen produziert wurden (in der **Residenz**, der heutigen öffentlichen Bibliothek).

Auf Égina sind auch alte Traditionen des Kunsthandwerks lebendig geblieben: So werden immer noch geschmackvoll glasierte Töpferwaren produziert.

Allgegenwärtig auf der Insel sind Pistazien. Die Nüsse, die im August geerntet werden, kann man an Ständen und in Läden um den Hafen herum kaufen. Im Inselinneren prägen die in Reih und Glied stehenden Pistazienbäume das Landschaftsbild.

Der Inselhauptort **Égina** präsentiert sich als schmuckes, bürgerliches Städtchen mit neoklassizistischer Architektur. Sowohl die öffentlichen als auch die privaten Gebäude sind ockerfarben mit roten Ziegeldächern – außer der weiß gestrichenen Hafenkapelle **Ágios Nikólaos**, 1826 zur Feier der Fertigstellung des Hafens errichtet. Finanziert wurde der Hafenausbau von Samuel Gridley Howe, einem jungen Amerikaner, der zur Unterstützung des Freiheitskampfs nach Griechenland gekommen war.

Info S. 63

Wenn die Fähre beim Einlaufen in den Hafen Éginas die vorragende Landzunge umrundet, sieht man eine abgebrochene Säule, die sich wie ein mahnender Finger auf der Spitze erhebt. Sie ist das einzige Überbleibsel des klassischen **Apollon-Tempels**, der die auch als Hügel **Kolóna** bekannte Stätte ihren Namen verdankt (lat. *columna* = Säule). Der Hügel war bereits in prähistorischer Zeit besiedelt. Die Ausgrabungen der zahlreichen Mauern und Fundamente sind noch immer nicht abgeschlossen, obwohl die Stätte für Archäologen von größtem Interesse ist.

Ausführliche Erläuterungen findet man im **Archäologischen Museum** auf dem Ausgrabungsgelände. Viele der historischen Schätze wurden nach Athen oder sogar noch weiter weg gebracht (wie etwa der „Äginetische Schatz“ von minoischen Goldornamenten nach London ins British Museum).

Oben: Pistazien – wichtigstes Produkt der Insel Égina. Rechts: Die riesige moderne Kirche des Klosters Ágios Nektários ist Ziel für Pilger aus ganz Griechenland.

Dennoch gibt es hier einige bemerkenswerte Objekte zu besichtigen, wie etwa den Mosaikfußboden einer Synagoge aus dem 7. Jh.

Das **Rathaus** an der **Uferpromenade** stammt aus dem 19. Jh. und beherbergt zwei schöne Cafés. Etwas weiter im Inneren der Stadt stehen die Kirche **Agía Tríada** und der wehrhafte Turm **Pírgos Markéllou**, beide aus dem 19. Jh.

Der Geschichte zum Trotz ging Égina gedankenlos mit seinen Kostbarkeiten um: So wurden die Überreste des Apollon-Tempels im 19. Jh., in den Gründerjahren des jungen Staates, zum Bau des neuen Hafens verwendet.

Noch unglaublicher ist, was mit dem Skulpturenschmuck des ****Tempels der Aphaéa**, Éginas berühmtester archäologischer Stätte und besterhaltener Tempel aller griechischen Inseln, geschah. „Besterhalten“ heißt, dass die meisten seiner Säulen noch stehen, inklusive der zweiten Reihe um das innere Heiligtum (Cella). Aber der Skulpturenschmuck ist leider verschwunden: Bauern benutzten ihn im frühen 19. Jh. als Rohstoff für ihre Kalköfen, und der bayerische Kronprinz Ludwig kaufte 1812 die restlichen Statuenfragmente, um sie in die Münchner Glyptothek zu bringen, wo man sie heute als die weltberühmten *Ägineten* bewundern kann. Der Tempel aber steht noch an Ort und Stelle, beherrscht majestätisch den Gipfel des Hügels und blickt nach zwei Seiten auf das Meer herab. Er dominiert **Agía Marína**, dessen Hotelklötze vergleichsweise unbeholfen wirken; ein Fußweg unter Bäumen vebindet den Tempel mit dem Badeort.

Bevor er zum Tempel der Aphaéa gelangt, hält der Bus aus Égina an dem Kloster und der Kirche **Ágios Nektários**. Die Einheimischen behaupten, sie sei nach der Hagia Sofia in Istanbul die zweitgrößte orthodoxe Kirche der Welt. Sie ist dem ehemaligen Erzbischof von Libyen gewidmet, dem Wunderheilungen nachgesagt werden. Er starb am 9. November 1920, wurde

Karte S. 56, Info S. 63

1961 heilig gesprochen und ist damit einer der jüngsten orthodoxen Heiligen. Pilger gedenken seiner besonders an seinem Todestag.

Architektonisch interessanter sind die alten byzantinischen **Kapellen** – rund 30, darunter viele mit Fresken – auf dem Hügel von **Paleohóra**, der hinter dem Kloster gelegenen mittelalterlichen, seit 200 Jahren verlassenen Stadt. Obwohl der Hügel stets zugänglich ist, besucht man ihn am besten morgens, wenn der Verwalter dort ist und die abgesperrten Kirchen aus dem 13. bis 17. Jahrhundert aufschließen kann. Wanderer können von Paleohóra aus in einer Stunde den ehemals befestigten Konvent **Hrisoleóntissa** („Muttergottes im Goldlöwenfell") aus dem 17. Jahrhundert erreichen.

Die zweitgrößte Gemeinde der Insel, **Agía Marína**, ist zugleich ihr wichtigster Ferienort. Agía Marína besitzt einen relativ breiten **Sandstrand**; der Sand hat die für Griechenland typische beige Farbe. Im Sommer verwandelt sich die Stadt in ein Touristenzentrum mit allem, was dazugehört: Schnellrestaurants, Andenkenläden und Bars, in denen man überteuerte Cocktails bekommt. Das alles wird von einem nicht fertig gestellten Betonklotz überschattet, der einen einst pittoresken Hang verschandelt. Dennoch, wenn man gern am Strand liegt und abends ausgehen möchte, ist man hier richtig.

Kleinere Strände zieren die Nordküste von Égina. **Souvála**, von wo aus Fähren nach Piräus verkehren, ist hier der größte Touristenort.

Die südwärts aus Égina-Stadt hinausführende Hauptstraße schlängelt sich entlang der Westküste und bietet schöne Ausblicke auf das Festland sowie auf die vorgelagerten kleineren Inseln Agístri und Moní. Unterwegs kann man anhalten, um an einem der kleinen Strände zu baden oder um in **Marathónas** Fisch zu essen; von dort führt auch ein steiler Pfad hinauf zum Berg **Óros** (532 m).

Wenn man Meeresfrüchte schätzt, lohnt es sich, bis **Pérdika** zu fahren, einem – in der Nebensaison – ruhigen Fischerdorf, wo man beim Essen die Fischerboote beobachten kann.

Moní

Von Pérdika aus verkehren Boote zu der kleinen, nahezu unbewohnten Insel **Moní** ❸ mit einem ruhigen Sandstrand und einem Campingplatz.

Agístri

Das bewaldete kleine **Agístri** ❹ bietet zwar wenig Freizeitmöglichkeiten, aber kleine Strände und einige Hotels. Es ist eine ruhige Insel mit drei Dörfern: **Skála**, dem Touristenzentrum, **Agístri** (Mílos), dem Hauptort, und der Siedlung **Limenária** im Süden.

PÓROS

„Griechenlands Canale Grande" nannten Schriftsteller die nur etwa 300 m breite, malerische **Meerenge**, welche die **Stadt Póros** vom Festland trennt: Sie ist voller Ausflugsdampfer und kleiner Fährboote und wird von weißen Häusern gesäumt, die sich von der Wasserkante den Hang hinaufziehen. Den besten Eindruck von ihr gewinnt man, wenn man vom Schiffsanleger aus die Treppen neben dem Hotel Manessi empor geht und dann dem Wegweiser zum *Clock Tower* folgt, einem Uhrturm oberhalb der Inselkathedrale.

Die Vulkaninsel **Póros** ❺ entstand einst durch die Verbindung der beiden Eilande Kalouria und Spheria und hat, wie die meisten anderen Inseln im Saronischen Golf, zwar eine angenehme Atmosphäre, jedoch keine besonderen Sehenswürdigkeiten zu bieten. Dank des attraktiven Anfahrtswegs und der Nähe zu Athen ist sie das Zentrum des Pauschaltourismus der Saronischen Inseln.

Zu Beginn des 20. Jh. war Póros nur spärlich besiedelt, bis es nach 1923 zum Anlaufpunkt für die aus Kleinasien vertriebenen Griechen wurde. Im 7. Jh. v. Chr. war es jedoch schon einmal so dicht bewohnt gewesen, dass es als Hauptquartier des Bunds von Kalaúria, einer Marineallianz, diente. Dass gerade Póros auserkoren wurde, mag auch an dem Schutzgott der Insel, dem Meeresgott Poseidon, liegen, von dem man annahm, dass er „seine" Schiffe beschützen würde. Das **Heiligtum des Poseidon** wurde einigen Veränderungen unterworfen, sogar noch bevor der Redner Demosthenes hier 322 v. Chr. Schutz vor den Makedoniern suchte, die sich verständlicherweise über seine Versuche, die Griechen gegen sie aufzuhetzen, ärgerten. Die Makedonier galten nach den elitären Standards vornehmer Athener der damaligen Zeit als „barbarische" Wilde. Sie hatten keinen Respekt vor dem Heiligtum und drangen ein, um Demosthenes zu töten. Er aber kam ihnen zuvor, indem er Gift schluckte. Pausanias berichtete später, dass er das Grab von Demosthenes im marmornen Tempel besucht hätte.

Heute ist das Interessanteste an dem Heiligtum, von dem nur ein paar Steine übrig sind, die schöne Aussicht, die sich von dem Hügel bietet. Man kann zum Marienkloster **Zoodóhou Pigís** hinunterlaufen oder -fahren. Darunter liegt der Kiesstrand **Kalavreias**. Von der Stadt Póros aus bringen Boote die Besucher zu den Badegelegenheiten an der Nordküste. Zum gegenüberliegenden Städtchen Galatás pendeln Fährboote fast rund um die Uhr.

Wie auf allen Saronischen Inseln spielen Schifffahrt und Marine nach wie vor eine bedeutende Rolle; so gibt es auf Póros eine Handelsmarineschule.

Rechts: Seit auf Ídra Autofahren verboten ist, wird Gepäck wieder von Mulis transportiert.

*ÍDRA (HYDRA)

Das kosmopolitische **Ídra** ❻ gilt als „Sylt Griechenlands". Wie so viele schicke Orte zuerst von Künstlern entdeckt, ist es zum Tummelplatz des internationalen Jetsets geworden, dessen schicke Jachten fotogen im Hafen dümpeln. Dabei ist Ídra im Grunde ein

Karte S. 56, Info S. 63

schmaler langer Felsklotz im Meer, baum- und wasserarm. Das besondere Flair der Insel beruht zum großen Teil auch darauf, dass Busse, Autos und Motorräder auf der Insel verboten sind – statt Taxis warten am Hafen Esel und Boote auf Kundschaft, d. h. vor allem auf Tagesausflügler aus Athen.

Angesichts der Kargheit der Insel wandten sich die Bewohner der Seefahrt zu: Sie bauten eine gewaltige Flotte auf, die im Dienst der Handelsschifffahrt und manchmal auch der Piraterie stand. Die Stärke der Flotte brachte Ídra den Spitznamen „Klein-England" ein. Obwohl Ídra im Unabhängigkeitskrieg nicht zu den Vorkämpfern gehörte, setzte es sich, wenn es nötig war, mit voller Kraft ein: Ídras Schiffe stellten zwei Drittel der griechischen Flotte.

Andréas Vókos, auch als Admiral Miaoúlis bekannt, war einer der legendären Führer im griechischen Unabhängigkeitskampf. Jedes Jahr gedenkt man des Helden auf seiner Heimatinsel mit dem großen Miaoúlia-Fest um den 20. Juni herum. Als Höhepunkt wirft ein Flugzeug der griechischen Luftwaffe einen Lorbeerkranz für den Helden ab. Im neuen **Historischen Museum** sind Erinnerungsstücke an den Unabhängigkeitskrieg ausgestellt.

In der pittoresken Stadt **Ídra** gibt es zahlreiche mehr oder weniger seriöse Kunstgalerien, elegante Cafés am Hafen, vegetarische Restaurants und Diskos. Reichtum bestimmt schon lange das Erscheinungsbild der Stadt, spätestens seit dem 19. Jahrhundert, als Seekapitäne ihr Vermögen in der Schifffahrt machten und hier ihre Herrensitze bauten, die heute verschiedentlich genutzt werden: im **Tombázis-Haus**, das einst zu Athens Kunstakademie gehörte, wohnen Kunststudenten; im **Satoúris-Haus** residiert die Nationale Handelsmarineakademie. Eines der **Koundouriótis-Häuser**, einst ein Museum, wird derzeit renoviert. Die Familie Koundouriótis, die den ersten Präsidenten der Griechischen Republik stellte, kam ursprünglich aus Albanien, wie viele von Ídras frühen Siedlern war sie im 15. Jh. vor den Türken geflohen.

Spuren der ältesten Geschichte der Insel existieren im Westen, nahe Epikopí, wo im 10. Jh. v. Chr. die ersten Siedler, driopische Schäfer, lebten. Leider haben die Waldbrände in jüngster Zeit den ohnehin schon spärlichen Baumbestand noch mehr reduziert. Ein Spazierweg führt in etwa anderthalb Stunden zum Kloster **Profítis Ilías** und dem Konvent **Agía Efpraxía**, dessen Nonnen Textilien verkaufen. Mit Verpflegung und Getränken ausgerüstet, kann man von hier aus in die **Limoniza-Bucht** hinunterwandern.

Beliebte Badeorte an der Nordküste sind **Mólos**, das reizvolle **Vlihós** mit seinen Tavernen und der Fischereihafen **Kamíni** mit dem von Familien bevorzugten „Baby-Strand", alle westlich der Stadt Ídra. Der natürliche Hafen **Mandráki** im Osten, der früher als Werft bzw. Kriegshafen genutzt wurde, besitzt den einzigen **Sandstrand** Ídras.

Sakrale Sehenswürdigkeiten sind die Kirche **Panagía tis Theotókou**, ein faszinierender Bau aus dem 18. Jh., und **Ágios Konstandínos**, die neueste Kirche Ídras. Sie wurde dem Schutzheiligen der Insel gewidmet und am Standort seines Wohnhauses erbaut. Von Interesse ist auch das Kloster **Agía Triáda**, etwas außerhalb der Stadt.

SPÉTSES

Das von allen Saronischen Inseln am weitesten von Athen entfernte **Spétses** ❼ besticht mit Pinienwäldern, kleinen Buchten mit sauberem Wasser und der ruhigen Atmosphäre – schließlich ist Spétses wie Hydra autofrei.

Die Insulaner gelangten durch Reederei und Schiffsbau zu Wohlstand. Geprägt wurde Spétses aber vor allem durch sein Lancieren des Unabhängigkeitskampfes als erste Flotte unter griechischer Flagge nach Ausbruch der Rebellion auf dem Peloponnes 1821. Die spetsiotische Heldin „Admiralin" Lascarína Bubulína errang eine Reihe von Siegen für die Griechen. Ihre Gebeine werden im **Heimatmuseum** der Stadt Spétses aufbewahrt, zusammen mit einer Originalflagge. Das Museum ist in einem eleganten Herrenhaus aus dem 18. Jh. untergebracht. Es gehörte einst Hadzigannis Mexis, einem Förderer des griechischen Freiheitskampfs. Eine **Statue von Bubulína** ziert den Hauptplatz des Stadthafens **Dápia**, der mit Bildern aus *krokalia* (schwarzen und weißen Kieseln) geschmückt ist, eine Besonderheit Spétses'.

Bemerkenswert ist das **Hotel Possidonion**. Es war das erste Hotel überhaupt auf den griechischen Inseln und wurde von dem von Spétses stammenden Tycoon Sotirios Anargiros in den 1920er Jahren erbaut. Anargiros war auch für die Aufforstung eines Teils der Inseln mit Pinien verantwortlich. Außerdem gründete er eine Grundschule nach englischem Vorbild (heute geschlossen). Der Schriftsteller John Fowles, dessen Roman *Der Magus* auf Spétses spielt, unterrichtete hier.

Oberhalb des fotogenen **Alten Hafens** steht die hübsche Kirche **Ágios Nikólaos**. Die **Panagía Armada**, östlich der Stadt, wurde zum Andenken an den wichtigsten Sieg der Spétser Flotte im Unabhängigkeitskrieg am 8. September 1822 errichtet. Jedes Jahr am 8. September findet das Armada-Festival statt, bei dem die Schlacht gegen die Türken nachgestellt wird. Die brennenden Schiffe wirken nachts auf dem dunklen Wasser äußerst dramatisch.

Etwas weiter südlich gelangt man zum **Agía Marína**, dem Strand der Hauptstadt. Archäologische Funde, die hier gemacht wurden, belegen, dass Spétses bereits vor über 4000 Jahren besiedelt war.

Einige der besten und beliebtesten Strände liegen an der Südwestküste, bei **Agía Paraskeví** und ***Agía Anárgiri.** Bei Agía Anárgiri findet man auch die **Tropfsteinhöhle Bekíri**.

Schön ist auch die Strandbucht **Zoghéria** sowie die von **Vréllouc**, von wo ein Wanderweg zum **Profítis Ilías**, dem höchsten Punkt der Insel (248 m ü. M., mit Kloster) führt.

Karte S. 56

ÉGINA

ANREISE: In Piräus zentrale Abfahrtstelle für Fähren und Tragflügelboote im Haupthafen nahe Platía Karaiskáki und Metro-Station. Fahrzeit mit Fähre 90, mit Tragflügelboot 45 Min. In Égina-Stadt Schiffstickets direkt am Anleger, dort auch Taxis. Inselbusse 30 m links davon.

ÉGINA-STADT

Unter den Restaurants am Hafen von Égina-Stadt ist besonders das **To Spiti tou Psarou** („Fischerhaus") zu empfehlen, das gern von den Einheimischen besucht wird. Direkt auf dem Fischmarkt liegt das urige **Agorá**, dessen Spezialität gegrillter Oktopus ist.

Archäologisches Museum, Tel. 22970 22637, Di-So 9-15 Uhr. **Tempel der Aphaéa**, Tel. 22970 32398, Mo-Fr 8.15-19, Sa, So 8.30-15 Uhr.

PÉRDIKA

Miltos in Pérdika, gute Taverne am Meer.

PÓROS

Am Hafen von Póros-Stadt gibt es mehrere **Reisebüros**. **Touristenpolizei**, Tel. 22980 22462.

SCHIFF: Fähren und Flying Dolphins (Marina Zéa) von Piräus aus; außerdem Fährverbindung mit Galatás auf dem Pelopónnes.

Die Restaurants am Meer in Póros-Stadt sind im Allgemeinen recht gut; probieren Sie das **Sailor** oder das **Caravella**. Weitere gute Tavernen liegen in der Nähe der Kathedrale, darunter die Metzgereitaverne **Dimitris**.

Archäologisches Museum, Tel. 22980 23276, an der Uferstraße, Di-So 8.30-15 Uhr.

ÍDRA

ANREISE: Flying Dolphins (1 Std.) und Fähren (4 Std.) von Piräus (Flying Dolphins ab Marina Zéa).

Xeri Elia, Tel. 22980 52886. Luxus innen und außen, begrünte Terrasse, sehr guter Fisch. **Iliovasselima**, besonders zum Sonnenuntergang gut besuchte Taverne mit Terrasse westlich des Hafens. **Christina**, Tel. 22980 53516. Am Strand, mittlere Preisklasse. **O Kipos**, hübsche Taverne mit Plätzen im Freien.

Disco Heaven, über der Hafenbucht von Ídra-Stadt.

Historisches Museum, Tel. 22980 54142, Hauptthema ist der griechische Unabhängigkeitskampf.

Am Wochenende um den 20. Juni herum findet das große **Miaoulia-Fest** (mit Feuerwerk) zu Ehren des Freiheitskämpfers Admiral Miaoulis statt.

SPÉTSES

Takis Tourist Office, Spétses-Stadt, Tel. 22980 72215, vermittelt Unterkunft und Ausflüge. **Hafenbehörde**, Tel. 22980 72245.

ANREISE: Von Piräus aus Fähren und Flying Dolphins (ab Marina Zéa); kleine Fähren von und nach Kósta auf dem Pelopónnes.

Patralis, Spétses-Stadt, am Meer, zu Recht sehr beliebt, aber nicht billig. **Lazaros** ist um einiges preiswerter und auch sehr gut.

Spétses-Museum, Tel. 22980 72994, Di-So 8.30-15 Uhr. Archäologie und Folklore.
Haus der Bubulína, Tel. 22980 72416, tägl. 9.45-20 Uhr. Leben und Zeit der berühmten griechischen Nationalheldin, mit Führung zu besichtigen.

SUPERFERRY II
STRINTZIS LINES

BAR

DIE KYKLADEN

NORDKYKLADEN
WESTKYKLADEN
ZENTRALKYKLADEN
SÜDKYKLADEN

Die Kykladen, das Herz der griechischen Ägäis, sind die populärsten griechischen Inseln und aufgrund ihrer Nähe zueinander ein Paradies für Inselspringer. Einige dieser Inseln wirken jedoch auf den ersten Blick wenig ansprechend: Sie sind felsig und karg, die trockene Erde ist nur von einer dünnen, spärlichen Decke genügsamer Pflanzen überzogen; die ockerbraunen Sandstrände werden von dürren Tamarisken gesäumt und im Sommer pfeift der Passatwind *Meltemi* über die Nordküsten der Inseln. Eilande wie Míkonos und Íos gehörten einst zu den ärmsten Gegenden Griechenlands.

Dennoch sind die Kykladen wunderschön. Diese Schönheit ist jedoch eher subtil als überwältigend: poetisch anmutende leere Windmühlen, Bauernhöfe inmitten terrassierter Felder, Steinmauern, die sich über Hügel schlängeln, die typischen weißen Lehmhäuser und die unbarmherzige Sommersonne, die das Blau des Meeres zu einem weißlichen Dunst verfärbt. Egal, ob man die weißen Strände von Míkonos oder die schwarzen des vulkanischen Thíra bevorzugt, ob man die zwischen die trockene Hügel gebetteten fruchtbaren Täler von Ándros oder die antiken Ruinen von Dílos erkunden will, es gibt viel zu bewundern.

Vorherige Seiten: Ankunft in Míkonos. Links: Der Sonnenuntergang vergoldet das Meer vor Thíra/Santorin (katholische Kirche im Ortsteil Firostefani, Firá)

Neben den Reizen des aktiven Strand- und Nachtlebens macht eine ganz besondere Atmosphäre den Zauber der Kykladen aus. Nur hier findet man diese milde Luft, die besonders nachts schwer vom Thymianduft und vom Vibrato der Zikaden in den Olivenhainen erfüllt ist. Das Meer glitzert im Mondlicht und der nächtliche Himmel ist mit Sternen übersät, die zum Greifen nah scheinen. Besucher fühlen sich auf den Kykladen besonders wohl – und deswegen kommen viele immer wieder hierher.

– NORDKYKLADEN –

ÁNDROS

Ándros verbirgt seine Reize. Im Kanal entlang der Westküste sieht man vom Schiff aus nur felsige Flanken, die von hohen Wellen gepeitscht werden. Bei der Ankunft im Haupthafen Gávrio bietet der Kai nur die übliche Reihe von Esslokalen und Fährschiffbüros – kein Ort, in den man sich auf Anhieb verliebt. Deshalb bleibt Ándros auch ein Insider-Tipp. Diejenigen aber, die sich von diesem ersten Eindruck nicht abschrecken lassen und bereit sind, die verborgene Schönheit der relativ grü-

Karte S. 68, Info S. 106-109

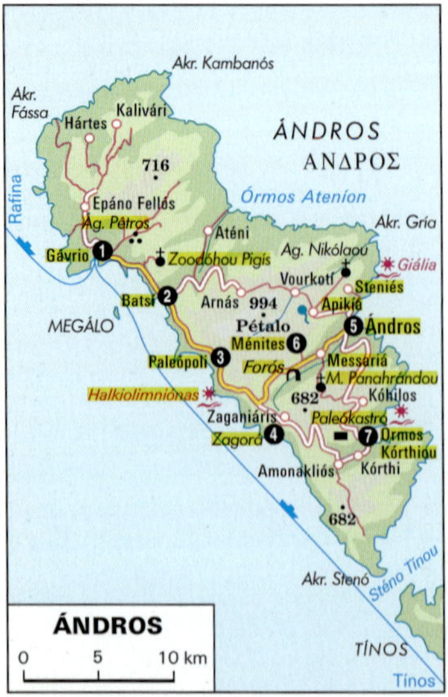

nen Insel zu entdecken, kommen immer wieder hierher – und manche kaufen sich hier sogar ein Ferienhaus. Nummernschilder aus Belgien, New Jersey (USA) und Kanada zieren die Autos vor den Villen am Hang. Auch die Nähe zum Festland (Rafína) macht Ándros als Hauptwohnsitz oder Sommerresidenz vor allem für ausländische Geschäftsleute attraktiv.

Ándros, die nördlichste und zweitgrößte der Kykladen, wurde einst wegen ihrer vielen Quellen „Hydroussa", die Wasserinsel, genannt. Die Quellen entspringen besonders an der Ostküste, wo in grünen Tälern Obstbäume, Zypressen und Olivenbäume gedeihen. Ein anderes hervorstechendes Landschaftsmerkmal bilden die typischen Steinmauern oder *Xerolithies*, die wie Ketten über die Hügel verlaufen: In regelmäßigen Abständen sind in die Mauern aufrecht stehende Schieferplatten eingelassen.

Rechts: Die Fischernetze müssen regelmäßig überprüft und geflickt werden.

Gávrio

Fähren legen in **Gávrio** ❶ an, am Nordende der Insel. Von hier aus führt ein etwa einstündiger Weg zur besterhaltenen Ruine von Ándros, dem 20 m hohen **Rundturm Ágios Pétros**, einem hellenistischen Bauwerk aus dem 2. Jh. v. Chr., wie man es auf den Kykladen häufiger findet. Er diente wohl zur Verteidigung und als Zuflucht; in seine Obergeschosse gelangte man nur über Leitern, die bei Gefahr heraufgezogen wurden.

Etwa 8 km abseits der Straße von Gávrio gen Süden liegt das Kloster **Zoodóhou Pigís** mit einer der sieben byzantinischen Kirchen der Insel; sie besitzt eine großartige hölzerne Ikonostase. Das Kloster, von dem sich ein schöner Rundblick bietet, ist das größte der Insel. Besucher werden hier jedoch nicht immer eingelassen.

Batsí

Die nächste Stadt an der Küste, **Batsí** ❷, scheint nur zum Wohl von Pauschaltouristen errichtet worden zu sein. Im Touristenzentrum von Ándros gibt es alles, was man für den Urlaub braucht, von Hotels über Wassersportangebote bis hin zu einem leidlichen Sandstrand. Mit Wassertaxis kann man schönere, ruhigere Strände erreichen.

Paleópoli

In der Frühzeit lag die Hauptstadt der Insel an dem Ort, der nun als „alte Stadt", **Paleópoli** ❸, bekannt ist. Von der Straße aus sieht man den antiken Hafendamm; über tausend Stufen führen den Hügel hinunter zum kleinen, steinigen Strand.

Ein winziges **Museum** im Rathaus des modernen Paleópoli beherbergt Funde von der Ausgrabungsstätte, aber es hat nur selten geöffnet. Weitere Objekte befinden sich im Museum von Ándros-Stadt.

Info S. 106-109

Zagorá

Umfangreichere Ausgrabungen hat man in **Zagorá** ❹ unternommen. Dabei kam ein vollkommen geometrisch angelegtes Dorf (900-700 v. Chr.) ans Licht, das jedoch nicht öffentlich zugänglich ist. Besucher können sich am nördlich gelegenen Strand von **Halkiolimniónas** vergnügen.

Ándros-Stadt

Ándros-Stadt ❺ ist geradezu kosmopolitisch für eine Inselstadt. Weil es nicht auf der Athen zugewandten Seite der Insel liegt, ist Ándros-Stadt nicht mehr Haupthafen der Insel; deshalb sind die Strände hier recht sauber und von vielen Schwimmern und Surfern bevölkert.

Die wohlhabenden Reeder der Stadt begannen bereits kurz nach der griechischen Unabhängigkeit, hier reich verzierte Villen zu errichten. Über vielen Hauseingängen finden sich Inschriften aus dem 19. Jh. Die eleganten Häuser und interessanten Museen liegen auf einer Landzunge; auf dem ihrer Spitze vorgelagerten Inselchen sieht man die Ruinen der venezianischen **Festung** aus der Zeit um 1207, als die Venezianer während des 4. Kreuzzugs auf die Kykladen kamen. Eine schmale Steinbrücke verbindet das Inselchen mit der Stadt. Die Festung wurde 1943 von deutschen Bomben zerstört.

Weiter von der Küste entfernt steht der **Tourlitis-Leuchtturm**, die Replik eines älteren Bauwerks. Neben dem **Seefahrtsmuseum**, nahe dem Hauptplatz der Stadt, gibt es zwei weitere Museen. Die Familie Goulandrís, andriotische Reeder und Stifter des Museums der kykladischen Kunst in Athen, bedachte ihre Heimatinsel mit dem **Museum für moderne Kunst**, das eine Dauerausstellung von Werken griechischer Künstler sowie Wechselausstellungen präsentiert. Ein Glanzstück des exzellenten und informativen **Archäologischen Museums** ist die aus dem 2. Jh. v. Chr. stammende Kopie einer Hermes-Statue von Praxiteles aus dem 4. Jh. v. Chr. Als sie 1833 gefunden wurde, reiste König Ludwig von Bay-

ern, der Vater des griechischen Königs Otto, extra nach Ándros, um sie zu besichtigen.

Die Kirche **Paltiana** ist die älteste der Stadt. Sie wurde im 13. Jh. erbaut und 1712 restauriert. Ebenfalls interessant sind die **Theosképasti-Kirche** (1555) und die Kathedrale **Ágios Geórgios**.

Ménites

Die üppigen Täler um Ándros-Stadt widersprechen allen Vorurteilen von der Kargheit der Kykladen. Das Zirpen der Zikaden vermischt sich hier mit dem Plätschern von frischem Quellwasser – Ándros exportiert sogar Mineralwasser. Am Strand von **Giália**, nördlich von Ándros, dehnt sich der autofreie Ort **Steniés** aus; auf schattigen Pfaden spaziert man landeinwärts. Die berühmteste Mineralwasserquelle ist **Sáriza** in **Apikía**; sie sprudelt u. a. aus dem Mund eines steinernen Löwenkopfs. In Apikía befindet sich auch das ehrwürdige Kloster **Ágios Nikólaou**. Weitere Wasserspeier in Form von Löwenköpfen reihen sich im grünen **Ménites** ❻ an einer moosbewachsenen Wand unter Bäumen aneinander.

Die **Taxiárhis-Kirche** aus graubraunem Stein in **Messariá**, einer der ältesten Siedlungen der Insel, wenige Kilometer südöstlich von Ménites, stammt aus dem 12. Jh. Noch älter ist das Kloster der Unbefleckten Jungfrau, **Panahrándou**, auf dem Hügel Katafigi über **Fallíka**, das im 10. Jh. gegründet wurde. Westlich, bei **Aladinó**, liegt die Tropfsteinhöhle **Forós**. Südlich von hier können Wanderer der alten Hóra-Korthos-Straße am Fluss entlang folgen – durch die grüne Schlucht von **Dipotamata** gelangt man nach **Vouní**, einem Tal mit einigen Wassermühlen.

Órmos Kórthiou

Órmos Kórthiou ❼, südlich von Ándros-Stadt, liegt an einer hübschen Bucht, mit Hotels und Restaurants. Die Stadt ist der zweite wichtige Ferienort

Oben: Am 15. August pilgern viele Gläubige zur Marien-Ikone in der Panagía Evangelístria auf Tínos.

auf Ándros; sie wurde während der türkischen Besatzung errichtet. Im Norden wachen die Überreste der venezianischen Burg **Paleókastro** über die Bucht.

Im Meer, nahe des **Mélissa-Strands**, liegt ein Stein, der **To Pídima tis Griás** („Sprung der alten Dame") genannt wird. Besagte Dame war eine leidenschaftliche Feindin der Venezianer und ließ eines Nachts die Türken in die Burg. Entsetzt über das blutige Massaker, das die Türken anrichteten, sprang sie von oben hinab in den Tod.

*TÍNOS

Die Griechen bezeichnen Tínos als das „griechische Lourdes" und strömen an jedem 15. August hierher, um die Ikone der gnadenreichen Jungfrau Megalohóri anzubeten. 1823 hatte die Nonne Pelagia die Vision einer in den Hügeln verborgenen Marien-Ikone. Die Ikone wurde gefunden und ihr zu Ehren die Kirche Evangelístria erbaut. Dies alles trug sich zur Zeit des griechischen Unabhängigkeitskriegs zu und so erhielt die Ikone für die nationalistische Bewegung und damit für das ganze Land eine besondere Bedeutung. Selbst heute noch schaut sich jeder Grieche die alljährliche Prozession wenigstens im Fernsehen an.

Auf den ersten Blick wirkt die Insel Tínos karg und braun. Aber in ihren Tälern wachsen Obst und Oliven; auch Knoblauch wird angebaut nahe den vom Quellwasser gespeisten Feldterrassen um die Dörfer, wo das kykladische Weiß der Häuser von grünem Laub durchbrochen wird. Seit Jahrhunderten gewinnt man hier Honig, unter den Venezianern wurde sogar Weizen angebaut. Etwa 80 Windmühlen halfen bei der Bewässerung, viele von ihnen waren noch im 20. Jahrhundert in Betrieb.

Unter der fruchtbaren Erde verbirgt sich hartes Gestein, ein anderes Wahrzeichen von Tínos: Etliche Granitblöcke liegen verstreut auf den Abhängen

um **Vólax** und bilden eine attraktive bizarre Mondlandschaft.

Besonders bekannt ist die Insel jedoch für Schiefer und Marmor. Letzterer wird um **Pírgos** herum abgebaut, seit langem ein Zentrum für Marmorbildhauerei, mit einer **Kunstakademie** und unzähligen privaten Ateliers. Schieferplatten sind geometrisch an den Fassaden der viereckigen, reich verzierten **Taubenschlägen** (*Peristeriones*) angeordnet, für die Tínos berühmt ist. Über 600 gibt es auf der Insel; sie beherbergen weiße Tauben, die nicht nur als Düngemittellieferanten, sondern auch zur Bereicherung des Speiseplans gehalten werden. Die Korbflechterei, eine weitere tinische Tradition, stirbt zwar langsam aus, aber in **Vólax** kann man noch Korbmachern bei der Arbeit zuschauen.

Tínos-Stadt

Den Hafen der Stadt **Tínos** ❶ beherrscht die gewaltige Kirche ***Panagía Evangelístria**. Viele Pilger machen sich nach Ankunft der Fähren sofort auf

den Weg bergauf. Einige rutschen auf Knien nach oben und beten dabei; andere tragen Ikonen, Kreuze oder riesige Andachtskerzen. Die Kirche ist ein riesiger, neuer, beinahe protziger Komplex. Im Hauptgebäude wird die Marien-Ikone, die der heilige Lukas gemalt haben soll, fast völlig von den unzähligen Votivgaben verdeckt, die zum Zeichen des Dankes geopfert wurden. Die Kapelle Evressis, der Fundort der Ikone (*Evressis* = „Entdeckung"), liegt im Unterbau. Hier sprudelt auch das „Heilige Wasser", das angeblich bei der Grundsteinlegung entsprang, aus einem Hahn. Zum Komplex gehören außerdem **Museen** mit griechischer Malerei, den Werken ortsansässiger Bildhauer, Ikonen und liturgischen Objekten.

Die „heidnischen Stätten" der Stadt liegen außerhalb des Komplexes, so z. B. das **Archäologische Museum**. Bereits lange vor der Entdeckung der Ikone war Tínos ein Ort religiöser Verehrung: In der Antike galt der **Tempel für Poseidon und Amphitríte** als heilig und Pilger, die unterwegs nach Dílos waren, läuterten sich hier. Das Museum präsentiert Funde aus dem Tempel; Überreste des Heiligtums sind noch am Strand von **Kiónia**, 3 km nordwestlich der Stadt Tínos, sichtbar.

Oben: Über 600 dieser reich verzierten Taubenschläge soll es auf Tínos geben.

Südöstlich der Stadt gibt es bei **Ágios Fokás** und dem Feriendorf **Pórto** gute, viel besuchte Strände.

Außerhalb der Stadt, im Norden, liegt das Kloster **Kehrovouníou** aus dem 10. Jh. Hier lebte die heilige Pelagia und hier hatte sie auch ihre Vision.

Aus der Schar der Dörfer im Inselinneren erhebt sich der **Exóbourgo** ❷ (540 m), auf dem einst eine venezianische Festung stand, uneinnehmbar wirkend und deshalb nie erobert. Potentielle Invasoren gaben wohl schon nach dem ersten Blick auf den steilen Anstieg ihr Vorhaben wieder auf; hartnäckige Besucher können an der kleinen Kirche am Straßenrand parken und dem Pfad zum Gipfel folgen. Der Wind ist so stark, dass man leicht versteht, warum Tínos als Heimat des Gottes der Winde, Äolus, galt.

Karte S. 71, Info S. 106-109

Auf dem höchsten Gipfel der Insel, dem **Tsiknías** ❸ (713 m), nahe dem Dorf **Falatádos**, gibt es eine „Höhle der Winde".

Die Straße nach Norden führt durch die Mondlandschaft von **Vólax** und entlang des grünen Tals von **Kómi** zum hübschen **Loutrá** ❹ in der Bucht von **Kolimbíthra**; dort gibt es schöne **Sandstrände** und Fischtavernen.

Kardianí

Fährt man in nordwestliche Richtung zu den Marmordörfern, sind die Hügel auf der rechten Seite majestätisch karg, während die zur Linken in einem Gewirr von üppigem Blattwerk und rieselndem Wasser zum Meer hin abfallen. **Kardianí** ❺ ist ein so grünes Dorf, dass es geradezu tropisch anmutet. Aus marmornen Wasserspeiern sprudelt Quellwasser.

Im malerischen **Istérnia** ❻, gibt es ein kleines **Kunstmuseum** und das verlassene, aber reizvolle Kloster **Katapolianí**. Von hier lohnt ein Abstecher zum schönen **Sandstrand** von **Ágios Nikítas**.

Pírgos

In dem hübschen Ort **Pírgos** ❼ (s. S. 71) ist neben der Bildhauerschule und den vielen Marmor-Werkstätten der Friedhof wegen seiner Grabsteine aus dem 18. Jh. sehenswert. Man kann auch das in ein Museum umgewandelte Wohnhaus des verstorbenen Bildhauers Jannolis Halepás besichtigen.

In **Marlás** ❽ wurde früher Marmor abgebaut. In der **Pánormou-Bucht** ❾ gibt es einen hübschen Fischereihafen und einen **Strand**.

**MÍKONOS (MYKONOS)

Nichts an dieser Insel scheint zunächst ihre große Beliebtheit zu rechtfertigen. Allenfalls könnte man ihre kargen Hügel „golden" nennen statt

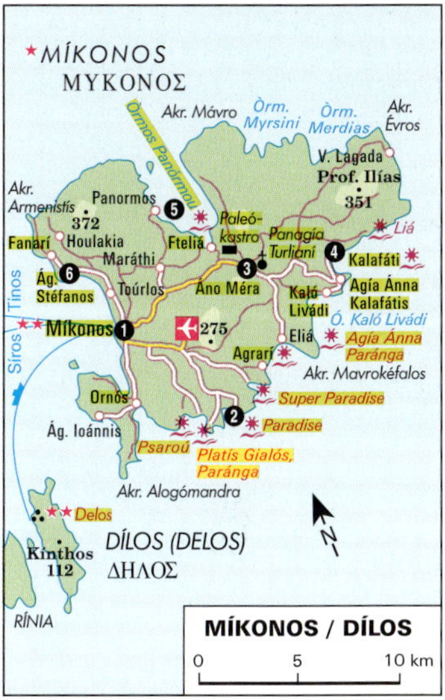

prosaischer „braun". Die Liebhaber der Insel preisen jedoch die vielen Sandstrände, das romantische Licht der Abendsonne und die pittoresken kubischen weißen Gebäude im verschlungenen Straßenlabyrinth von Míkonos-Stadt.

Míkonos ist ein großer Tummelplatz. Die gebräunten Massen schieben sich vergnügungssüchtig durch die engen Straßen des Hauptorts, lächeln Mitgliedern des anderen oder auch des eigenen Geschlechts zu (neben San Francisco und Sydney ist Míkonos einer der lebendigsten Orte der Schwulenszene) und kämpfen sich zu den Nachtklubs durch, die abends die ganze Stadt in eine gigantische Diskothek verwandeln. Man kann baden und sich sonnen, essen, trinken und einkaufen oder bis zum Morgengrauen tanzen und man ist dabei immer von hunderten von Leuten umringt.

**Míkonos-Stadt

Trotzdem ist ****Míkonos-Stadt** ❶, wo jeder Aufenthalt auf der Insel be-

ginnt und endet, der Inbegriff einer malerischen mittelalterlichen Kykladensiedlung. Die Straßen ändern immer wieder überraschend ihre Richtung, und plötzlich findet man sich in einer engen, weißen Gasse unter blühendem Wein wieder, fernab aller Touristenströme. Die Häuser sind angenehm organisch in ihrer Form, mit abgerundeten Ecken und klobigen Kuppeldächern. Oberhalb der Stadt stehen markante Windmühlen.

Übrigens hat die Stadt auch ein Maskottchen: Pétros, der zahme Pelikan mit seinem blassrosa-weißen Gefieder und gelben Schnabel, ist ein beliebtes Fotomotiv.

Im Hafen liegen zahlreiche Fähren und Kreuzfahrtschiffe. Der Fährenanleger ist nördlich der Stadt, die Ausflugsschiffe nach Dílos legen am **Karaoli-Dimitriou-Kai** am Südende des Hafens ab. Zwischen diesen beiden Polen befinden sich ein kleiner Strand, der **Mantó-Platz** mit einer Statue seiner Namenspatronin, einer reichen Einheimischen, die ihr Vermögen für den griechischen Unabhängigkeitskampf spendete, und die Promenade **Akti Kambani**, wo Menschenmassen in den Straßencafés sitzen und zusehen, wie andere Menschenmassen vorbeiziehen.

Oben: Zeit für den allabendlichen Bummel rund um das Hafenbecken (Míkonos). Rechts: Die Panagía Paraportianí, häufigstes Fotomotiv der Kykladen.

Hinter dem Dílos-Kai ragt das Viertel **Paraportianí** quasi ins Wasser hinein. In seinem Zentrum liegt die viel fotografierte, eigenartig verschachtelte Kirche **Panagía Paraportianí** aus dem 16./17. Jh., die aus vier kleineren Bauten zusammengesetzt ist. Auf Míkonos gibt es beinahe so viele Kirchen wie Touristen; viele Familien errichteten Privatkirchen für ihre Totengrüfte.

Gegenüber der Paraportianí-Kirche befindet sich ein kleines **Museum für Volkskunde**.

Auf der anderen Seite Paraportianís liegt ein Viertel, das „Klein-Venedig" (Venetia) genannt wird – wegen seiner malerischen alten Häuser, die direkt am Wasser stehen und beinahe so oft fotografiert werden wie die sechs Wind-

mühlen am anderen Ende der Alefkandra-Bucht. Dazwischen steht, unvereinbar mit ihrer orthodoxen Umgebung, die **katholische Kirche**. Die **Windmühlen** sind in Privatbesitz, aber an der Ringstraße um den Hafen gibt es eine weitere Windmühle, die auch von innen besichtigt werden kann. Die Ringstraße führt zum Fähranleger zurück, in dessen Nähe das ***Archäologische Museum** steht. Im Zentrum der Stadt befinden sich das **Schifffahrtsmuseum** und **Lenas Haus** (19. Jh.), ein mitsamt seiner Originaleinrichtung erhaltenes Wohnhaus einer Einheimischen aus der Mittelschicht.

Viele Besucher kommen vor allem nach Míkonos, um zu baden und sich zu sonnen. Das Leben an den Stränden von Míkonos ist ein riesiges Spektakel: Musik dröhnt aus den Tavernen, Jetski-Fahrer lassen ihre Wassermopeds aufheulen, Motorboote mit Parasailern tummeln sich zwischen den Schwimmern, und Liegestühle und Sonnenschirme markieren das Territorium wie Flaggen auf einer Landkarte. Der beliebteste ist der **Paradise Beach** ❷ südöstlich der Hauptstadt. Er ist Mittelpunkt einer Reihe von populären Stränden entlang der Südküste.

Näher bei Míkonos-Stadt, findet man in **Ornós** einige der führenden Luxushotels der Insel. **Psaroú** ist klein und sandig, **Platís Gialós** größer und ebenfalls sandig. **Agía Ánna Paránga** ist etwas weniger fotogen, dafür aber auch weniger voll als das pulsierende **Paránga**. Der in eine kleine Bucht eingebettete **Super Paradise Beach** war einst der „Schwulenstrand", heute zieht er ein bunt gemischtes Publikum an. Weiter östlich präsentiert **Agrarí** stolz die Grünflächen seines neuen Hotelkomplexes, dessen breiter Strand nicht so überfüllt ist.

Áno Méra

Das im Zentrum der Insel gelegene **Áno Méra** ❸ ist die „eigentliche" Stadt auf Míkonos. Sie hat (außerhalb der Saison) mehr Einwohner als Míkonos-Stadt und lebt hauptsächlich von der Landwirtschaft. Hier steht das schöne Kloster **Panagía Turlianí** aus dem

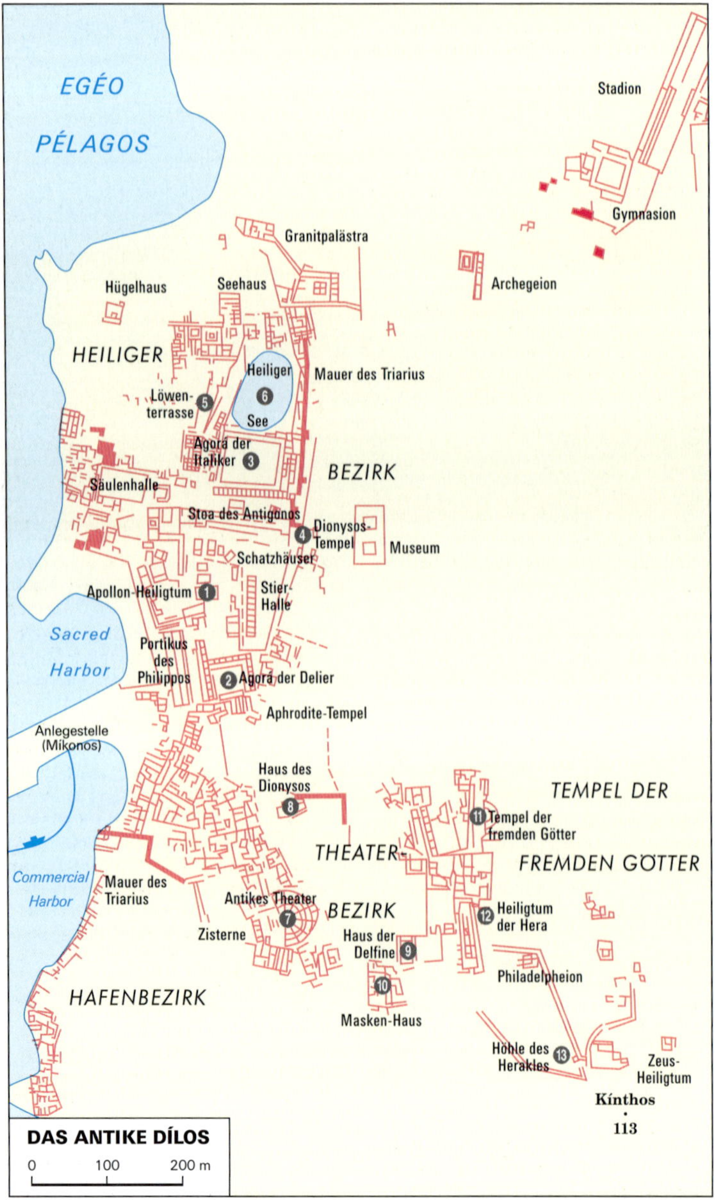
EGÉO
PÉLAGOS
Stadion
Gymnasion
Granitpalästra
Archegeion
Hügelhaus
Seehaus
HEILIGER
Heiliger
6
See
Mauer des Triarius
Löwen-
terrasse
5
Agorá der
Italiker
3
BEZIRK
Säulenhalle
Stoa des Antigonos
4
Dionysos-
Tempel
Museum
Schatzhäuser
Apollon-Heiligtum
1
Stier-
Halle
Sacred
Harbor
Portikus
des
Philippos
2
Agorá der Delier
Aphrodite-Tempel
Anlegestelle
(Mikonos)
Haus des
Dionysos
8
TEMPEL DER
11
Tempel der
fremden Götter
THEATER-
FREMDEN GÖTTER
Commercial
Harbor
Mauer des
Triarius
Antikes Theater
7
BEZIRK
12
Heiligtum
der Hera
Zisterne
Haus der
Delfine
9
10
Philadelpheion
HAFENBEZIRK
Masken-Haus
Höhle des
Herakles
13
Zeus-
Heiligtum
Kínthos
113
DAS ANTIKE DÍLOS
0
100
200 m

17. Jh. mit einem anmutigen Turm und einem **Kirchen**- sowie einem **Landwirtschaftsmuseum**. Der weite, schattenlose Stadtplatz wird von Tavernen gesäumt. Am 15. August kehrt mit dem dreitägigen Klosterfest Leben in die Stadt ein. Etwas weiter nördlich stehen noch die Überreste der venezianischen Burg **Paleókastro**.

Kalafáti / Kaló Livádi

Kalafáti ❹, östlichster Strand von Míkonos, ist weniger hektisch als seine „paradiesischen Brüder", obwohl auch hier alle Wassersportarten geboten werden. Er liegt in Sichtweite des kleinen **Agía Ánna Kalafátis**, wo die Fischer ihre Netze zum Takt der Musik aus Kalafáti am anderen **Ufer** der kleinen Landzunge flicken.

Das nahe **Kaló Livádi** wird seinem Namen („schöner Hafen") mit einem sandigen, nicht zu vollen **Strand** gerecht.

Die antiken Siedlungen von Míkonos gruppierten sich um die **Panórmou-Bucht** ❺ im Norden der Insel mit dem Strand von **Fteliá**. Dort gibt es auch Höhlen wie z. B. **Mávri Spilia**.

Die nordwestliche Küste zwischen Míkonos-Stadt und **Fanarí** ist eher wegen der schönen Sonnenuntergänge als wegen der Strände bemerkenswert. Hier gibt es viele Hotels und ein reges Nachtleben, besonders im schicken **Ágios Stéfanos** ❻.

**DÍLOS (DELOS)

Nachdem Zeus Leto geschwängert hatte, befahl seine eifersüchtige Gattin Hera der Erde, dass sie Leto nirgendwo unter der Sonne ihre Zwillinge gebären lassen dürfe. Leto wanderte in der Ägäis umher und suchte einen Platz, um ihr Haupt niederzulegen; schließlich kam Poseidon seinem Bruder Zeus zur Hilfe und schuf mit einem mächtigen Schlag seines Dreizacks die Insel Dílos, nur wenig mehr als ein Fels. Hier gebar Leto Apollon und Artemis, zwei der am meisten verehrten Gottheiten des olympischen Pantheons.

Oben: So standen die erhaltenen archaischen Löwen bis 1999 auf der Löwenterrasse auf Dílos.

Für viele Touristen gehört zu einem Urlaub auf Míkonos auch der Abstecher nach Dílos dazu; wenn man sich aber nicht für Archäologie und das Klettern um alte Ruinen herum interessiert, wird man daran wohl keine Freude haben. Die Überfahrt von Míkonos kann rau, die Sonne auf Dílos sengend sein und Ausflügler, die nur dorthin fahren, weil es eben in der Nähe ist, hört man des öfteren laut klagen. Wenn man jedoch bereit ist, Zeit und Fantasie zu investieren, kann es zu einem wunderbaren Erlebnis werden, durch die mit Mosaikfußböden geschmückten Fundamente der Häuser römischer Geschäftsleute zu schlendern oder den Aufstieg auf den Berg **Kínthos** zu den **Heiligtümern von Zeus und Athena** zu unternehmen, wo einst siegreiche Athleten gekrönt wurden und wo man

einen herrlichen Ausblick auf die umliegenden Inseln genießt.

Ab dem 9. Jh. v. Chr. existierte auf Dílos ein Apollonkult. Die Stätte war so heilig, dass selbst die Perser 492 v. Chr. auf ihrem Weg zur Eroberung Athens sie nicht anrührten. Nach den Perserkriegen wurde die Insel der Sitz des Attisch-Delischen Seebunds, einer im Grunde athenischen Allianz. Als Athen an Macht gewann, nahm es sich immer größere Freiheiten gegenüber seinen Verbündeten heraus und brachte schließlich 454 v. Chr. die Bundeskasse von Dílos fort auf seine eigene Akropolis. Außerdem erlegten die Athener Dílos einen Reinigungsprozess (Katharsis) auf, der Geburten oder Todesfälle auf der Insel untersagte. Die Kranken und Schwangeren wurden auf die Nachbarinsel Rínia gebracht.

Auf Kosten von Rhódos machten die Römer Dílos zu ihrem wichtigsten Handelshafen in der Ägäis. In den letzten drei Jahrhunderten v. Chr. siedelten Römer und Ägypter, Athener und Syrer auf der florierenden Insel und trieben Handel. Als Mithridates, der König von Pontos, die Insel 88 v. Chr. eroberte, hatte der Wohlstand jedoch ein jähes Ende. Danach geriet Dílos fast in Vergessenheit, bis französische Archäologen ab 1873 mit der Erforschung seiner Ruinen begannen.

Rechts: Ermoúpoli (Síros) – Verwaltungszentrum der Kykladen mit städtischem Flair.

Kern der delischen Stätte war der Komplex des **Apollon-Heiligtums** ❶, zu dem ursprünglich eine Wallfahrtsstraße führte. Hier, bei der heiligen Statue des Apollon, wurde einst die Bundeskasse aufbewahrt; heute ist nur noch wenig übrig von den Tempeln und den anderen Bauwerken. Flankiert wurde das Heiligtum von der **Agorá der Delier** ❷ und der **Agorá der Italiker** ❸, einem großen Rechteck, das von den wenigen Überresten einer Kolonnade eingefasst wird.

Beeindruckender sind die Ruinen des **Dionysos-Tempels** ❹, die von Ecksäulen markiert werden, welche die Reste einiger mächtiger phallischer Symbole tragen.

Geht man weiter nach Norden (vom Hafen kommend nach links), gelangt man zur berühmten **Löwenterrasse** ❺. Hier standen bis 1999 noch fünf von ursprünglich neun archaischen Löwen aus dem 7. Jh. v. Chr. Die Naxier hatten Apollon diese ersten monumentalen Tierskulpturen Griechenlands geweiht. Um sie vor weiterer Verwitterung zu schützen, hat man sie ins Museum von Dílos gebracht. Ob in situ eines Tages Kopien stehen werden, ist ungewiss. Gegenüber sieht man das unregelmäßige Rund des heute ausgetrockneten **Heiligen Sees** ❻, an dessen Ufer Leto die Zwillinge Artemis und Apollon geboren haben soll.

Auf der anderen Seite des Hafens (vom Schiff kommend rechts) liegt der „Theaterbezirk“. Hier gruppierten sich um das **Antike Theater** ❼ herum vornehme Villen und Geschäftshäuser. Am Theater befinden sich die gut erhaltenen Überreste einer **Zisterne**, die noch

immer von Bögen überspannt wird. Geht man aufwärts zum Berg Kínthos, sieht man im **Haus des Dionysos** 8, im **Haus der Delfine** 9 oder im **Masken-Haus** 10 einige der besten Mosaiken der Insel. Noch weiter bergan liegen der **Tempel der fremden Götter** 11, das **Heiligtum der Hera** 12 und nahe dem Gipfel eine dem Herakles geweihte **Höhle** 13.

SÍROS

„Aristokratin unter den Inseln" ist ein passender Beiname für Síros. Mit der verblichenen Eleganz vergangener Tage begegnet die Insel ihren Besuchern zwar mit freundlicher Toleranz, ist aber nicht auf sie angewiesen. Man spürt, dass hier das Leben unabhängig von der Saison im stets gleichen Rhythmus abläuft.

Ermoúpoli

Unter den Kykladen ist Síros zweifellos *ancien régime*. Erstens war es eine wichtige Stätte der kykladischen Kultur (3. Jtd. v. Chr.), von Archäologen auch als „Síros-Keros-Kultur" bezeichnet. Jene Epoche wird durch einige weibliche Torsi im kleinen **Archäologischen Museum** der Inselhauptstadt **Ermoúpoli** 1 dokumentiert. Zweitens war Ermoúpoli nach der Unabhängigkeit 1821 die Hauptstadt Griechenlands. Noch immer ist sie das Verwaltungszentrum der Kykladen. Zahlreiche Relikte erinnern an die Blütezeit der Stadt: das klassizistische **Rathaus**, das der bayerische Architekt Ziller nach seiner Vorstellung des Priamos-Palastes von Troja errichten ließ; das der Mailänder Scala nachempfundene **Apollon-Theater**, Griechenlands erstes Opernhaus (2000 wiedereröffnet); und Griechenlands erste Oberschule.

Síros besaß einst auch den bedeutendsten griechischen Hafen, von dem aus Schiffe in die ganze Welt fuhren. Aber mit der Eröffnung des Kanals von Korinth 1893 wurde es von Piräus abgelöst und versank in der Isolation. Dennoch hat es das Flair seines ehemaligen Internationalismus nicht völlig verloren. Anstelle der weiß getünchten kykladischen Häuschen findet man hier eher klassizistische Villen inmitten von Palmengärten. Abends sind die Cafétische auf dem breiten Platz vor dem Rathaus meist gut besetzt; hier kann man das köstliche sironische Konfekt *Lukumia* kosten.

Eine Seite des Hafens wird von der **Schiffswerft Neorion** beherrscht, die einige Jahre stillgelegt war, jetzt aber wieder in Betrieb ist. Am anderen Ende der Stadt stehen die eleganten Wohnhäuser des **Vaporia-Viertels**. Die klassizistische **Ágios-Nikólaos-Kirche** fügt sich in die Fassaden aus dem 19. Jh. ein.

Aus älterer Zeit stammt die **Kimisis-Kirche** mit einer **Ikone** des kretischen Malers Doménikos Theotokópoulos, der als **El Greco** weltberühmt werden sollte.

Vom Meer aus gesehen, zieht sich Ermoúpoli zwei mit Kirchen bestandene Hügel hinauf. Näher am Stadtzentrum liegt der Hügel **Vrondádo**, auf dem die **Anastásis-Kirche** steht, ein byzantinisches Juwel. Die katholische **St.-Georgs-Kathedrale** beherrscht den etwas zurückgesetzten Hügel **Áno Síros**, die Altstadt. Das malerische Viertel hat seinen dörflichen Charakter bewahrt. Zwei mittelalterliche Stadttore und zwei Klöster der Kapuziner und Jesuiten sind hier noch erhalten. Der katholische Glaube kam im 13. Jh. mit den Venezianern auf die Insel und ist noch immer lebendig.

Urlauber steuern im Allgemeinen die Strände der Westküste an. Von **Kíni**, einem kleinen Fischerdorf, oder **Delfíni**, Richtung Norden, aus kann man mit Káikis (Booten) die einsameren nördlichen Gebiete erreichen, die über Straßen kaum zugänglich sind, aber spektakuläre Sonnenuntergänge bieten. An den Felsen bei **Grámmata** ❷ sollen Inschriften Schiffbruch abwenden. **Kastrí** war das Zentrum der prähistorischen Besiedlung; bei Ausgrabungen wurden Funde aus dem 3. Jahrtausend gemacht.

Galissás

Südlich von Kíni liegt das Touristenzentrum **Galissás** ❸ mit einem langen **Sandstrand** und einigen touristischen Einrichtungen, darunter auch ein Campingplatz.

Fínikas

Fínikas ❹ ist vornehmer und attraktiver, entlang der Bucht mit ihrem klaren Wasser reihen sich Tavernen. Fínikas wurde nach den Phöniziern benannt, die vor langer Zeit hier landeten. Die Gegend strotzt nur so von alten, eleganten Häusern; einige Häuser in **Posidonía** (Delagrátsia) ❺ südlich von Fínikas sind Repliken mittelalterlicher Burgen. Die Strände an der Landzunge sind ruhig und bieten Ausblicke auf unbewohnte Inselchen.

Síros' Südküste

Auch an der Südküste zwischen **Mégas Gialós** und **Vári** ziehen sich Strände entlang; sie ist nicht ganz so reizvoll, aber der geschützte Hafen von **Órmos** mit seinem kleinen Strand aus weichem Sand bei **Ahládi** ❻ ist doch sehr hübsch. **Azólimnos** ❼ im Osten hat einen breiten Strand. Der Hügel hinter dem Ort ist mit Häusern und Hotels bebaut. Fährt man in diesem Teil der Insel durch das Landesinnere, sieht man viele im Schatten von Palmen versteckte Villen, z. B. um das Dorf **Hroúsa** ❽ herum. Nicht weit von hier bieten sich bei der Kirche von **Fanéromeni** herrliche Ausblicke über die Insel.

– WESTKYKLADEN –

KÉA

Kéa ist in nur drei Stunden mit der Fähre von Piräus aus zu erreichen, von Lávrion am Südzipfel Attikas sogar in einer Stunde. Da die Insel nicht an den Hauptschiffsrouten zu den Kykladen

liegt, zieht sie zwar zahlreiche griechische, aber noch kaum ausländische Touristen an. Man sollte diese liebenswerte grüne Insel unbedingt besuchen, bevor sie vom Massentourismus entdeckt wird.

In der Antike gab es auf Kéa vier unabhängige Stadtstaaten – Ioulís, Korissía, Karthéa und Poiiessa (heute Písses) –, die noch heute entweder als Ruinen oder als moderne Siedlungen existieren.

Die Fähren legen in **Korissía** (auch Livádi) ❶ an, einem geschützten natürlichen Hafen an der Westküste.

Das nördlich gelegene ehemalige Fischerdorf **Vourkári** ❷ ist heute in den Händen der Urlauber, insbesondere der Segler. Auf der Landspitze von **Agía Iríni** wurde eine antike Stadt ausgegraben, die in minoischer und mykenischer Zeit (2. Jtd. v. Chr.) bewohnt war; einige Säulentrommeln markieren noch das Fundament eines Tempels. Weiter östlich kann man in der Bucht von **Otziás** ❸ baden oder das der Schutzheiligen der Insel geweihte Kloster **Panagía Kastrianís** ❹ besuchen.

Kéa-Stadt (Ioulís)

Um sie vor Angriffen vom Meer aus zu schützen, wurde der Hauptort der Insel, **Kéa** (Ioulís) ❺, sicher im Landesinneren auf einem Hügel angelegt, von wo aus man die Insel überblicken kann. Auf dem höchsten Punkt, dem **Kástro,** befand sich einst die antike Akropolis, von der aber nur noch wenige Steine zeugen.

Andere Höhepunkte sind das **Archäologische Museum** sowie das Wahrzeichen der Insel, der steinerne **Löwe von Kéa** (Léon tis Kéas, 6. Jh. v. Chr.), etwa 1 km nördlich der Stadt. Die 6 m lange Skulptur mit ihrem gütigen Gesichtsausdruck ist in einen Felsen gehauen. Leider weiß man nichts Genaues über die Geschichte des beliebten Fotomotivs.

Südlich von Kéa führt die Straße an den alten Klosterruinen von **Agía Marína** ❻ mit einem gut erhaltenen hellenistischen Turm vorbei. Schließlich gelangt man nach **Písses** (dem antiken Poiiessa) und **Koúndouros**, Ferienorten an der Westküste. Schlechtere Stra-

ßen führen zu einem anderen schönen Strand bei **Póles** ❼ und den Überresten der vierten antiken Stadt der Insel, **Karthéa**, wo der auf Kéa geborene Lyriker Simónides im 5. Jh. v. Chr. seine Schule hatte.

KÍTHNOS

Auf Kíthnos kann man wahre kykladische Ursprünglichkeit erleben. Die Insel liegt nahe genug bei Athen, um ein paar Touristen anzulocken, aber sie gehört nicht zu den populärsten Kykladeninseln und besitzt auch keine großen Attraktionen. Vorwiegend griechische Besucher kommen hierher, Wochenendausflügler, Jachtbesitzer und Athener, die einen Wohnsitz auf der Insel haben. Es gibt zwei hübsche Dörfer, zwei angenehme Hafenstädte, antike Ruinen, etliche schöne Spazierwege und vor allem unglaublich freundliche Dorfbewohner, die noch neugierig auf ausländische Besucher sind.

Oben: Der steinerne Löwe aus dem 6. Jh. v. Chr. ist das Wahrzeichen von Kéa. Rechts: Ein Schaftransport der besonderen Art.

Mérihas

Fähren und *Flying Dolphins* legen im engen Hafen **Mérihas** ❶ an. Das ist die geschäftigste und touristischste Stadt der Insel mit einigen Supermärkten und Restaurants, Hotels und Fremdenzimmern. Von hier aus führen Straßen in zwei Richtungen: nach Nordosten Richtung Kíthnos (Hóra) oder in den Süden und das Landesinnere zur zweiten Inselstadt Driopís (auch Horió). Wenn man schnell an den Strand möchte, nimmt man die Nordost-Straße nach **Episkopí** oder weiter nach **Ágios Nikólaos**, den die Einheimischen für den besten Strand der Insel halten. Sehr hübsch ist auch die kleine Insel **Ágios Loúkas**, die mit dem Festland durch eine schöne Strandzunge, **Kolónna**, verbunden ist, wo man wunderbar baden kann. Überragt werden die Strände von den Ruinen von **Vriókastro**, der bis ins 10. Jh. v. Chr. zurückreichenden antiken Inselhauptstadt.

Karte S. 81, Info S. 106-109

Kíthnos (Hóra)

Kíthnos (Hóra) ❷ ist ein schönes weißes Kykladendörfchen im Inselinneren, das zwischen Tradition und Moderne steht: Im „Windmühlenpark" wird mit modernen Windrädern die Energie für die Insel gewonnen, während es im Ort und seiner Umgebung so ehrwürdige Kirchen gibt wie **Agía Triáda**, die älteste Kirche der Insel, **Ágios Savás** und **Sotíros** mit einer Ikonostase (Ikonenwand) aus dem 17. Jh. sowie das Kloster von **Pródromos** mit einer noch älteren, die aus dem 16. Jh. stammt.

Loutrá

Von Kíthnos (Hóra) erreicht man nach 5 km **Loutrá** ❸, das wegen seiner Thermalquellen schon in der Antike ein Hauptanziehungspunkt der Insel war. Eisensedimente – bis 1940 gab es auf Kíthnos eine Eisenmine – verleihen dem Wasser einen rötlichen Farbton. Es soll gut gegen Rheuma, Arthritis und gynäkologische Beschwerden sein. Badestrände findet man bei **Ágios Iríni** und **Ágios Sóstis**.

Von Loutrá wandert man in einer Stunde zur byzantinisch-venezianischen Festung **Kástro Orías** ❹, von der aus die Insel ab dem 10. Jh. regiert wurde.

Die Straßen im Landesinneren sind unbefestigt und für Autofahrer eine Herausforderung. Für Spaziergänger sind sie hingegen ideal. Von Kíthnos nach Driopís kann man schön wandern, an dem weißen Kapellchen von **Taxiarhis** vorbei. Ein Umweg führt zum Strand bei **Ágios Stéfanos** hinunter.

Das Gegenstück zum „Windmühlenpark" von Kíthnos sind die alten, verlassenen Windmühlen oberhalb von **Driopís** ❺. Die Stadt ist auch wegen der **Katafáki-Höhle** bekannt, die einst den Bewohnern bei Gefahr Zuflucht bot, heute aber wegen Einsturzgefahr geschlossen ist.

Besucher können sich die Volkskunst in der **Ágios-Minas-Kirche** ansehen, Keramik anschauen und kaufen und dann an den Strand nach **Léfkes** gehen oder den Bus zum beliebten Ferienort

Kanála ❻ mit seinem pittoresken Hafen nehmen. Die hiesige Kirche glänzt mit einer hochverehrten Marien-Ikone.

*SÉRIFOS

Die Insel Sérifos, deren Name „felsig" bedeutet, erscheint zunächst trocken und kahl; von der Antike bis in die 1960er Jahre gab es hier zudem Eisenerzminen – nicht gerade idealen Voraussetzungen für ein gutes Image. Dennoch steigt die Popularität von Sérifos im Tourismus ständig. Viele Besucher sind von der kleinen Insel begeistert, darunter auch viele Architekten, die alte Häuser in Sérifos (Hóra) in traumhafte Feriendomizile umgebaut haben – sie zieren regelmäßig die Seiten renommierter Architektur-Magazine.

Livádi

Der weiße Hafenort **Livádi** ❶ besitzt die wichtigsten Ferieneinrichtungen:

Oben: Mühsamer Aufstieg zum Hauptort Hóra auf Sérifos.

einen langen Sandstrand mit Schatten spendenden Tamarisken sowie die üblichen Tavernen, Läden, Hotels und Nachtklubs. Weitere schöne Strände findet man auch südlich des Ortes bei **Livadáki** und **Karávi**.

Sérifos (Hóra)

Wer gut zu Fuß ist, kann den langen Weg aus Beton und steinernen Treppen von Livádi nach **Sérifos** (Hóra) ❷ hinaufsteigen, das auf dem antiken Burgberg über über der grünen Küstenebene thront. Man kann aber auch vom Hafen aus den Bus nehmen. Gelegentlich sieht man sogar einen Esel, der sich unter dem Gewicht eines älteren Inselbewohners mühsam hinauf schleppt.

Oben auf dem Hügel, in Sérifos, öffnen sich zahlreiche enge Gassen zu Plätzen. Auf dem Hauptplatz neben dem Rathaus steht die **Evangelístria-Kirche** von 1907. Andere Gassen führen hinauf zu den Resten des mächtigen venezianischen **Kástro**, an dessen Stelle heute eine kleine Kirche – **Ágios Konstandínos** – steht. Von dort sieht

Info S. 106-109

man die Strände ★**Psilí Ámmos** und **Ágios Sostís** an der Ostküste, die man aber leichter von Livádi aus erreicht.

★Moní Taxiarhón

Zu Fuß, mit dem Fahrrad oder mit dem Auto gelangt man von Sérifos aus über das Dorf **Galaní** zum Kloster ★**Moní Taxiarhón** ❸. Allerdings besteht nur nach vorheriger Anmeldung die Chance, eingelassen zu werden. Der einzige Mönch, der noch im Kloster lebt, zeigt Besuchern manchmal die Schätze des vom 15. bis 17. Jh. entstandenen Baus, darunter illuminierte Manuskripte und Fresken von den Leiden der Verdammten in der Hölle. Ist der Mönch nicht da, muss man weiterwandern – zum unspektakulären braunen Strand von **Platís Gialós** westlich oder zur Bucht von **Sikamiá** östlich von Galaní.

Mégalo Horió

Im Südosten der Insel befindet sich **Mégalo Horió** ❹, das einstige Bergwerkszentrum. Vermutlich war hier die antike Inselhauptstadt. Von Mégalo Horió aus gelangt man zu kleinen Ferienorten: **Mégalo Livádi** und, auf der anderen Seite der Landspitze, **Koutalás**. An diesem südwestlichen Küstenstrich gibt es zwei – leider nicht zugängliche – Höhlen. In einer soll einst der Zyklop Polyphemos gewohnt haben.

★SÍFNOS

Sífnos ist ein echtes Insel-Kleinod. Seine wachsende Beliebtheit bei den Touristen ist wohlverdient, wird aber auch von jenen bedauert, die die Insel gerne „für sich" behalten hätten. Die raue Kykladen-Landschaft wird von Feldterrassen abgemildert. Es gibt einen großen Badeort, kleine mittelalterliche Dörfer, Buchten mit schönen Stränden und viele sakrale und antike Sehenswürdigkeiten.

Einst war Sífnos eine Schatzinsel im wahrsten Sinne des Wortes: Ab dem 3. Jahrtausend baute man hier Gold und Silber ab und Sífnos wurde eine der reichsten griechischen Inseln; sein Schatzhaus im Heiligtum von Delphi auf dem griechischen Festland zählte zu den prächtigsten. Der Legende nach brachten die Insulaner dort jedes Jahr dem Apollon ein goldenes Ei als Weihegeschenk dar. Als sie aber einmal nur einen vergoldeten Stein sandten, überflutete Apollon in seinem Zorn die Minen und nahm damit der Insel für immer ihren Reichtum.

Anderen traditionellen Einkommensquellen ist es besser ergangen: Keramik und gute Küche sind die beiden Wahrzeichen von Sífnos. Zwar wanderten viele der berühmten Chefköche auf den Kontinent aus, aber es gibt noch Spuren des kulinarischen Erbes. In einigen Tavernen wird die lokale Spezialität *Revithia* serviert, ein köstliches Püree aus Kichererbsen und Olivenöl, das über Nacht bei niedriger Temperatur im Backofen gegart wird und dadurch einen besonderen rauchigen Geschmack er-

hält. Den speziellen *Revithia*-Topf findet man in den Keramikläden der Insel. Die Kamine vieler Häuser sind mit einem keramischen Ornament, der *Koutsonara*, verziert.

Kamáres

Kamáres ❶, Haupthafen der Insel, ist eine recht neue Stadt. Sie entstand bei dem Versuch, die Minen zu reaktivieren. Die erste Anlegestelle wurde erst 1907 gebaut. Es gibt einen Sandstrand und eine Reihe von Hotels und Bungalows, die von der auf einem Hügel über dem Wasser gelegenen **Kirche Agía Marína** überblickt werden. Südlich der Stadt kann man an der ehemaligen Eisenhütte vorbei zur Höhle von **Mávris Spiliás** wandern.

Die Straße landeinwärts nach Apollonía passiert Olivenhaine, aus deren Früchten das angeblich beste Öl der Kykladen gewonnen wird. Sie führt auch am **Konvent Theodorous tu Mongú** („die Stummen") vorbei; die schweigsamen Geschöpfe waren Nonnen aus reichen Familien, die hier ihre Liebhaber empfangen haben sollen.

Oben: Die Panagía Hrisopigí birgt eine Ikone, die Sífnos schon zweimal vor Unglück bewahrt haben soll. Rechts: Seepferdchen sind in der Ägäis häufig.

Apollonía

Apollonía ❷, seit 1836 Hauptstadt der Insel, ist eines der beiden Dörfer, die nach den Zwillingsgöttern Apollon und Artemis benannt sind. Apollonías **Volkskundemuseum** wirkt mit seinem verstaubten Ramsch, den verblichenen Fotos und den abgenutzten landwirtschaftlichen Geräten wie eine Mansarde aus Großmutters Zeiten. An der Stätte eines alten Apollon-Tempels steht die Kirche **Panagía Ouraniophóra** („die Trägerin des Himmels"), wo alljährlich am 2. Februar das „verrückte Fest" (*Lolopanagirio*) gefeiert wird.

Artemón

Artemón ❸ ist sehr gepflegt. Läden und Restaurants weisen auf die zuneh-

Info S. 106-109

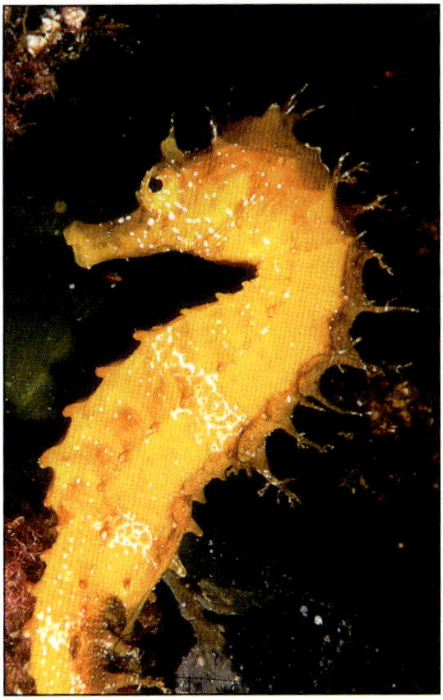

mende Präsenz der Touristen hin, trotzdem ist Artemón lange nicht so frequentiert wie sein „Zwillingsdorf“ Apollonía. Über Steintreppen gelangt man hinunter zur Kirche **Panagía Pouláti**, die auf eine Bucht blickt.

*Kástro

Von Apollonía aus kann man den höchsten Punkt der Insel erklimmen. Ein Pfad führt nach **Ágios Andréas** und den Überresten einer befestigten prähistorischen Siedlung in fast uneinnehmbarer Lage. Auch Reste antiker Wachtürme sind hier noch zu sehen. Von hier kann man zum Gipfel des **Profítis Ilías** ❹ (678 m) weitergehen. Oben steht eine byzantinische **Kirche** aus dem 8. Jh., die älteste der Insel. Der Spaziergang dauert eine gute Stunde.

Ein etwas leichterer Weg führt nach ***Kástro** ❺ (ca. 3 km von Apollonía), ebenfalls eine frühe Siedlung. Einer ionischen Stadt des ersten Jahrtausends v. Chr. folgte später eine Burg der Johanniter, nachdem diese die Insel von den Venezianern zurückerobert hatten. Einzelne Ruinen sind über die malerische Stadt mit ihren weißen Häusern verstreut, in der es ein kleines **Archäologisches Museum** gibt. **Panagía Eleussa** („Unsere Liebe Frau Voller Gnaden“) war einst die Hauptkirche der Insel. Ihre jüngste Renovierung datiert aus dem Jahr 1635.

Auf einem Felsvorsprung sitzt das weiße Kirchlein **Elia Martiras**. Von dort führen Stufen zu einer schönen Badebucht hinunter.

Exámbela

Südlich von Apollonía ist die erste Stadt an der Hauptstraße **Exámbela** ❻, schon lange ein Treffpunkt für Künstler und Musiker. Wegen seiner regen Cafészene tauften es die Türken *Aksam Belâ* („Ärger am Abend“), woraus der jetzige Ortsname entstand.

Folgt man der Straße weiter, stößt man auf das Kloster **Kíria Vrisiánis** oder einfach *Vrísis*. Sein Name bedeutet „Brunnen“, und das Wasser hier soll das beste der Insel sein. Der Konvent wurde im 17. Jh. von dem reichen sif-

Info S. 106-109

niotischen Kaufmann Vassilis Logothetis gestiftet und besitzt eine wundervolle Ikonostase sowie ein **Museum für kirchliche Kunst**.

*Hrisopigí

Das bedeutendste **Kloster** auf Sífnos liegt bei **Fáros**, einem hübschen kleinen Fischerhafen: ***Hrisopigí** ❼ erhebt sich wie eine weiße Markierung auf einer Landspitze. Es wurde 1650 an der Stelle erbaut, wo Fischer eine Ikone im Meer fanden. Und Unsere Liebe Frau von Hrisopigí hat seitdem die Insel schon zweimal vor einem Unglück errettet: 1675 vor der Pest und 1928 vor einer Heuschreckenplage. Das Innere der Kirche, in der eine antike Säule verbaut ist, birgt eine geschnitzte Ikonostase mit zahlreichen Votivgaben, darunter eine große, von der Decke hängende Schiffslampe. Das Taufbecken steht vor der Kirche, genau auf der Spitze der Landzunge, so als solle der Täufling mit der Gischt der sich brechenden Wellen getauft werden.

Badelustige können von Hrisopigí zum **Apokoftó-Strand** hinuntergehen.

Platís Gialós

Platís Gialós ❽ ist der modernste und meistbesuchte Ferienort auf Sífnos. Unter den antiken Überresten des Ortes befindet sich auch ein Friedhof aus der Bronzezeit. Der wunderbare **Sandstrand** von Platís Gialós gilt als der längste der Kykladen, ist aber im Sommer überlaufen. Wer Einsamkeit sucht, kann ruhigere, etwas schwerer zugängliche Strände wie z. B. **Fikiáda** zu Fuß oder mit dem Wassertaxi erreichen.

Vathí

Das Wassertaxi war früher die einzige Möglichkeit, zu dem geschützten natürlichen Hafen **Vathí** ❾ zu gelangen. Aber seit der Fertigstellung der Straßenverbindung ist der Ort nicht mehr so isoliert und damit auch nicht mehr so friedlich. Das weiße Kloster **Taxiárhis**

Oben: Das römische Theater in Mílos.

bietet Übernachtungsmöglichkeiten an. Und die traditionelle Töpferei, die einst nur mit dem Boot erreicht werden konnte, hat nun auch einen Verkaufsstand in Vahtí eingerichtet.

Herónissos

Die Strände an der Westküste sind nur zu Fuß oder vom Wasser aus zugänglich. Vom Strand bei **Vliháda** führt ein Fußweg hoch nach **Mávro Horió**, genannt das „schwarze Dorf", weil es einst von Piraten niedergebrannt worden war. Auf der Nordseite der Insel gibt es zwei weitere beliebte Strände: **Vourlídia** und den Fischereihafen **Herónissos** ⑩, der auch wegen seiner traditionellen Töpferwaren, der alten Kirche **Ágios Geórgios** und dem runden Fundament eines antiken Turms bekannt ist.

KÍMOLOS

Kímolos ist vom größeren Mílos nur durch eine schmale Meerenge getrennt. Früher hingen die Inseln zusammen, bis das Land zwischen ihnen vom Meer „verschluckt" wurde. Kímolos ist die gebirgigste Kykladeninsel. Der Name *kímolos* bedeutet „Kalk"; Kalk war früher das wichtigste Exportgut der trockenen, weißen Insel.

Die kleine und nur wenig besuchte Insel, die ein beliebtes Piratenversteck war, bietet heute Ruhe suchenden Zuflucht. Spuren zeugen von der antiken Siedlung, die einst auf dem verschwundenen Isthmus bei **Ellinikó** ❶ an der Südküste der Insel existierte; dort befindet sich eine antike **Nekropole**, deren Gräber bis in mykenische Zeit zurückreichen. Gegenüber, auf dem kleinen Eiland **Ágios Andréas**, gibt es Überreste der antiken mykenischen Stadt. Von größerem Interesse für jeden, der von Kímolos (Hóra) aus in der heißen Sonne hierher gelaufen ist, ist der schöne **Strand**. Unter Wasser kann man weitere Mauerreste erkennen.

Die Káikis legen in **Psáthi** ❷ an. Von dort aus kann man die 2 km nach **Kímolos** (Hóra) ❸ mit seinen weißen, kubischen Häusern, die sich auf einem Hügel verteilen, hinauflaufen. Auf dem Gipfel steht eine spätmittelalterliche Burg, die den zwei Stadtvierteln innerhalb ihrer Mauern die Namen verlieh: In **Messa Kástro**, der inneren Burg, sind die Häuser Wand an Wand gebaut und formen so eine Verteidigungsmauer mit vier Eingangstoren. Der andere Teil ist **Exo Kástro**, die „äußere Burg". Außerhalb der Stadt thront auf der höchsten Erhebung der Insel eine weitere Burg, die venezianische Ruine **Paleókastro** mit der **Hristós-Kirche**, der ältesten Kirche der Insel aus dem 16. Jh.

Prássa ❹ im Norden ist das Bergwerkszentrum von Kímolos. Der Mineralgehalt unterstützt die heilende Wirkung der Radon-Quellen, die besonders Rheumatiker schätzen.

**MÍLOS

Mílos ist eine der Vulkaninseln der Ägäis. Eruptionen in längst vergangener Zeit haben ihr reiche Mineralvorkommen beschert, die seit Menschengedenken ausgebeutet werden. Das Einzige, was heute noch an den Vulkan erinnert, ist die Form der Insel. Der Hafen von Adámas, einer der größten in der Ägäis, ist der ehemalige Krater; er ist so groß, dass in ihm die Flotten der Alliierten während des Krimkriegs und während des Ersten Weltkriegs Schutz fanden.

Von der vulkanischen Vergangenheit zeugen auch noch einige Thermalquellen. Der Vulkan muss jedoch schon vor sehr langer Zeit erloschen sein, denn Mílos war die Heimat einer der ältesten Zivilisationen der Ägäis, die bis 3500 v. Chr. zurückgeht.

Adámas

Adámas ❺, der Haupthafen der Insel, verfügt über die meisten touristischen Einrichtungen auf Mílos – und es werden immer mehr. Die Insel besitzt einen neuen Airport und der Hafen soll zu einem Jachthafen umgestaltet werden. Wenn sich diese Entwicklung fortsetzt, wird Mílos sicher eine der populärsten griechischen Inseln, denn hier gibt es auch Strände für jedermanns Geschmack. Am ruhigsten ist das Wasser an den langen **Sandstränden** um die Bucht von Adámas herum, etwa bei **Ahivadolímni**. Die Kirche **Agía Triáda** in Adámas besitzt einige kretische Ikonen. In einer Grotte befindet sich das öffentliche Bad der Stadt, wo man auch das hiesige Mineralwasser kosten kann.

Pláka

Die Hauptstadt von Mílos liegt in sicherer Entfernung zum Meer – wenn auch die Eroberer heutzutage eher Touristen als Piraten sind. Das hervorstechende Merkmal von **Pláka ❻** ist die strenge weiße Kykladen-Architektur. Das **Archäologische Museum** enthält antike Funde aus Filakopí und Mélos. Jüngere Exponate sind im ansprechenden **Volkskundemuseum** zu sehen, das eine Wohnung aus dem 19. Jh. nachstellt. Am Rand eines Steilhangs steht die Kirche **Panagía Korfiatissa** aus dem 19. Jh. mit einigen älteren Ikonen. Beherrscht wird die Stadt vom venezianischen **Kástro**, von dem sich ein herrlicher Ausblick bietet. Auf dem Weg nach oben sollte man bei der schönen alten Kirche **Thalassítras** („vom Meer") anhalten.

Der Name von **Tripití**, Plákas Vorstadt, heißt übersetzt etwa „mit Löchern perforiert", was sich wohl auf seine **Katakomben** bezieht, eine der besterhaltenen frühchristlichen Stätten Griechenlands (2. / 3. Jh.). Nur ein kleiner Bereich ist öffentlich zugänglich, aber man erhält dennoch einen guten Eindruck von den unterirdischen Gängen mit ihren gewölbten Grabnischen in der Wand.

Von den Katakomben führt ein schöner Spaziergang zu der Ausgrabungsstätte **Mélos** am Hang oberhalb von Klíma. Besonders markant ist das an den Hang geschmiegte **römische Theater**; gelegentlich finden hier Aufführungen statt. Man sieht auch Überreste eines Tempels.

Weltberühmt ist die **Venus von Mílo** aus dem 1. Jh. v. Chr.: Ein Bauer entdeckte die Statue 1820 auf seinem Land; heute ist sie ein Prunkstück des Pariser Louvre. In Mélos erinnert nur noch eine Tafel am Fundort an die sensationelle Entdeckung; eine Kopie der Venus steht im Archäologischen Museum von Pláka. **Klíma** war der Hafen des antiken Mélos; auch heute noch ist es ein Fischerhafen.

Unbedingt einen Besuch wert sind die fantastischen Felsformationen an der Inselküste. Von der Straße aus kann man die großartige kleine Bucht von **Mandrákia** an der Nordküste erreichen oder die Mondlandschaft von ***Sarakí-**

Rechts: Im Hafen von Náousa, Páros.

Karte S. 89, Info S. 106-109

niko ❼ mit ihren bizarren Bimssteinformationen. **Papafrángas** ist eine interessante Höhle, ein Wasserarm ragt tief in einen Felsenkorridor mit kleinen Grotten hinein.

Spärliche Überreste einer antiken Stadt, die bis in mykenische Zeit bewohnt war, wurden bei **Filakopí** ❽ entdeckt; von deren einst prächtigen Villen ist jedoch nicht viel übrig, dafür gibt es aber nette kleine Sandbuchten.

An Filakopí vorbei gelangt man zu dem sehr populären Touristenort **Apollónia** ❾. Sein Hafen und seine guten Strände liegen genau gegenüber von Kímolos.

Im mittleren Teil der Insel befindet sich **Zefiría** ❿ oder Hóra, das lange Zeit Hauptort der Insel war und heute ein stilles Dorf ist. An der Südküste gibt es auch beliebte Sandstrände; besonders schön sind **Paleohóri** und **Agía Kiriakí**. Ein landschaftlicher Glanzpunkt ist eine Art Felsenburg, die sich bei ***Kléftiko** ⓫ im Südwesten der Insel aus der Bucht erhebt und von natürlichen Bögen aus Stein durchbrochen ist.

– ZENTRALKYKLADEN –

*PÁROS

Das große, fruchtbare Páros wirkt durch den idyllischen Charakter seines agrarischen Inlands sanft und gemütlich. Wenn man aber im Juli oder August hier ankommt, ist die ländliche Idylle nur eine kurze Illusion. Die guten Strände, der kykladische Charme und vor allem die Tatsache, dass die Insel von allen wichtigen Fährlinien angelaufen wird, ziehen Feriengäste massenhaft an. Wem die hektische Szenerie – vollgestopfte Busse, ausgebuchte Hotelkomplexe – missfällt, der kann landeinwärts „flüchten“, wo die traditionellen Dörfer noch Ruhe und Frieden ausstrahlen.

Schon in der Antike war die Insel wegen ihrer Landwirtschaft und ihres Marmors berühmt. Seit der frühen kykladischen Epoche wuchs ihr Wohlstand beständig. An der Höhe des jährlichen Beitrags für den Attisch-Delischen Seebund im 5. Jh. v. Chr. lässt sich erkennen, dass Páros bereits damals sehr

reich war. Als die Römer auf die Insel kamen, galt ihr Interesse vor allem dem weißen Marmor. Aber die Bedeutung der Insel nahm allmählich ab; wegen Übergriffen von Seeräubern war sie sogar eine Zeit lang entvölkert.

**Parikía

Ankunftsort der meisten Besucher ist ****Parikía ❶**, das an der Stätte des antiken Páros erbaut wurde. Das geschäftige Hafenviertel wird von einer alten **Kreuzfahrerburg** geschützt, die Ruinen antiker Tempel birgt.

Das wichtigste Gebäude Parikías aber ist die große Kirche ***Ekatontapilianí**, einer der bedeutendsten byzantinischen Bauten auf den griechischen Inseln überhaupt. Sie soll im 4. Jh. von der Mutter Kaiser Konstantins, der heiligen Helena, gestiftet worden sein, als sie bei einem Sturm hier angetrieben wurde. Kaiser Justinian vollendete den Bau ein Jahrhundert später. Seitdem wurde die Kirche mehrfach umgestaltet. Obwohl der Name der Kirche „die Hunderttürige" bedeutet, besitzt sie angeblich nur 99; der Überlieferung zufolge wird Konstantinopel an Griechenland zurückfallen, wenn die 100. Tür gefunden wird. Es ist ein großartiger Bau mit riesigen Innenräumen und prächtigen Kronleuchtern. Das Blattgold glänzt mit wahrhaft byzantinischer Opulenz im Kerzenlicht. Der älteste Teil des Gebäudes ist die Taufkapelle am Eingang. Dort befindet sich auch ein **Kirchenmuseum**.

Das **Archäologische Museum** nahe der Ekatontapiliani besitzt schöne Kykladen-Idole. Im neuen **Mitropolis Site Museum** vor der Kathedrale sind die Ausgrabungen einer mykenischen Siedlung aus dem 14. Jh. und Gräber aus geometrischer Zeit zu sehen.

Rechts: Badevergnügen am Strand von Kolimbíthres im Norden von Páros.

*Náousa

Von Parikía aus fahren Busse nach ***Náousa ❷**, dem zweiten Inselhafen – der Inbegriff eines kykladischen Fischerdorfs. Allerdings ist der Ort von einem Ring touristischer Einrichtungen umgeben, der bei weitem größer ist als das Dorf selbst. Eine alte venezianische Festung ragt bis in den Hafen hinein, wo Boote auf Badegäste warten, um sie nach **Monastíri, Santa Maria**, **Kolimbíthres** mit seinen bizarren Felsformationen oder nach **Lagéri** zu bringen. (Geht man bei Lagéri den Strand ein Stück hinunter, kann man nackt baden.) In der Stadt werden vor den Tavernen Tintenfische, die zuvor auf einem Stein weichgeklopft wurden, wie Girlanden zum Trocknen aufgehängt.

Léfkes

Die andere wichtige Buslinie führt quer über die Insel über **Maráthi ❸**, wo man noch die Marmorbrüche besuchen kann, die vom 3. Jahrtausend v. Chr. bis ins 15. Jh. n. Chr. in Betrieb waren, zu dem reizenden Dorf **Léfkes ❹**

Karte S. 90, Info S. 106-109

mit seinen verwinkelten Gassen und schönen Ausblicken über die Hügel. Hier gibt es ein winziges **Volkskundemuseum** sowie eine Töpferei. Ein alter byzantinischer Pfad führt von Léfkes nach **Pródromos** hinunter. Ein einziges Dach verbindet hier zwei Kirchen und um ins Dorf zu gelangen, muss man unter ihm hindurchgehen.

Márpissa

Márpissa ❺, wohl das schönste der Dörfer im Landesinneren, markiert zugleich den Beginn eines stark frequentierten Küstenstreifens, der bis nach Driós reicht. Nahe Márpissas erhebt sich der Hügel Kéfalos, auf dessen Kuppe die Ruinen einer venezianischen Burg sowie das weiße Kloster **Ágios Andónios** aus dem 16. Jh. stehen. **Píso Livádi** ist der Fährhafen der Stadt. Der Strand von Píso Livádi heißt **Logarás**.

Driós

Driós ❻ ist ein „grünes" Dorf mit einem schmalen weißen Strand. Von hier aus kann man zur **Kalpakis-Höhle** laufen, einer Tropfsteinhöhle, die Steinzeitmenschen als Unterkunft diente. Hervorragend windsurfen kann man bei **Hrisí Aktí** (Golden Beach) ❼.

Nahe der Straße von Parikía nach Alikí im Inselsüden liegen zwei Sehenswürdigkeiten. Im Schmetterlingstal **Petaloúdes** ❽, einer grünen Quelloase, wimmelt es im Hochsommer von Schmetterlingen. Zwischen dem Flughafen und Alikí stellt das **Museum Benetos Skiadas** eine Art griechisches Legoland dar. Herr Skiadas hat hier über 80 markante Gebäude und archäologische Stätten der Kykladen als Miniaturen nachgebaut und zahlreiche Schiffsmodelle geschaffen.

ANDÍPAROS

Von **Poúnda** aus kann man mit der kleinen Fähre für einen Tagesausflug nach **Andíparos** übersetzen, das viel ruhiger ist als sein größerer Nachbar und schöne Strände besitzt. Im Sommer ist es allerdings auch hier voll. Die große Höhle **Spíleo Stalaktitón** ❾ auf

Info S. 106-109

dem Hügel **Ágios Ioánnis** bietet eindrucksvolle Stalagtiten- und Stalagmitenformationen. Sie wurde zur Zeit Alexander des Großen entdeckt.

**NÁXOS

Die grüne Insel Náxos bietet lange Sandstrände, Bergwanderwege, antike Stätten und zahlreiche venezianische Wachtürme (*pírgi*). Die Lieblingsinsel des englischen Romantikers Lord Byron zieht mehr und mehr ausländische Touristen an. Aufgrund ihrer Größe findet man aber immer noch ruhige, idyllische Orte.

Als größte Kykladeninsel hat Náxos in der Geschichte des Archipels schon früh eine bedeutende Rolle als Handels- und Verwaltungszentrum gespielt.

Der Mythos von Náxos ist die Geschichte der Ariadne: Ariadne hatte dem athenischen Prinzen Theseus geholfen, den Weg durch das Labyrinth von Knossós (Kreta) zu finden, um den Minotaurus zu töten. Als Theseus sich auf den Heimweg machte, nahm er Ariadne mit. Unterwegs legten sie auf Náxos an, wo Theseus Ariadne zurückließ. Ariadne beklagte ihr Schicksal, bis der Gott Dionysos sie fand und zur Frau nahm.

Oben: Die Portára, riesiges Steintor einer antiken Tempelruine, begrüßt die Gäste am Hafen von Náxos.

Obwohl der Marmor auf Náxos gröber ist als der auf Páros oder Tínos, ist er seit der Antike ein Markenzeichen der Insel (eine unvollendete Marmorstatue ist in einem Steinbruch bei Apóllon zu sehen, s. u.)

**Náxos (Hóra)

****Náxos** (Hóra) ❶ ist der Hafen der Insel. Das Wahrzeichen von Náxos, die **Portára**, die man gleich bei der Einfahrt in den Hafen sieht, ist vermutlich der Überrest eines Apollon-Tempels. Möglicherweise war der Tempel aber auch Dionysos geweiht. Die Portára ist ein riesiges, rechtwinkliges Steintor, das sich auf dem Inselchen ***Paláteia** vor der Stadt erhebt. Der Tempel wurde nie vollendet und von den Venezianern

Info S. 106-109

als Steinbruch für den Bau ihrer Festung missbraucht.

Um Eindringlinge zu verwirren, legten die Gründer der Stadt Náxos die Straßen eng und verwinkelt an; heute verwirrt dieses Labyrinth Touristen. Wenigstens kann man sich an dem Anstieg des Hügels orientieren. Die Kuppe war die Stätte der antiken Akropolis und später des venezianischen **Kástro**, in dessen Mauern ein Gepränge zur Schau gestellt wird, u. a. Wappenschilder über den Türen der Palazzi, was man in Venedig missbilligt hätte. Einer der Palazzi, der **Domus Della-Rocca-Barozzi** nahe dem Nordtor, kann im Rahmen von Führungen besichtigt werden. Auf dem Burgplatz stehen auch zwei Kirchen. Eine davon ist die katholische Kathedrale **Ipapandi** (Mariä Lichtmess) aus dem 13. Jh., restauriert im 17. Jh. Im ***Archäologischen Museum** bestechen die Objekte der kykladischen und mykenischen Kunst. Die orthodoxe Kathedrale **Mitropolis Zoodóhou Pigís** weist eine fein gearbeitete Ikonostase (Ikonenwand) auf.

Etwa 15 Minuten außerhalb der Stadt liegt das Kloster **Hrisostómou** aus dem 17. Jh., das für Gläubige wegen seiner wundertätigen Ikone von 1818, für Urlauber wegen der großartigen Aussicht interessant ist.

An der Straße nach Norden, Richtung Apóllon, steht das weiße Kloster **Faneroméni** von 1603. Schöne Strände an der Nordwestküste sind **Amíti** und **Abrám**. In der Nähe von **Apóllon** ❷ gibt es alte **Marmorbrüche**; in einem davon liegt ein 10,45 m langer ***Kuros**, die halb fertige, noch im Fels verhaftete Statue eines Knaben. Einen ähnlichen unvollendeten **Kuros** findet man bei **Mélanes**, im Zentrum der Insel.

Fährt man von der Inselhauptstadt Richtung Südosten, kommt man ins stille Dorf **Áno Sangrí**. Von dort weisen Hinweisschilder den Weg zum antiken **Demeter-Tempel**. Das erst 1949 entdeckte Heiligtum aus dem 6. Jh. v. Chr. wurde kürzlich aufwändig res-

tauriert; 2002 wurde auch ein kleines **Archäologisches Museum** auf seinem Gelände eröffnet.

Die weißen klassizistischen Häuser von **Halkí** ❸ im Inselzentrum bilden ein charakteristisches, reizvolles Stadtbild. Die ***Panagía Drosianí** kann sich rühmen, das älteste byzantinische Gebetshaus der Insel zu sein (6. Jh.).

Etwa 2 km von der Stadt entfernt stehen die Ruinen der Festung **Ápano Kástro**, welche die Venezianer wie üblich auf einer früheren antiken Stätte errichteten.

Östlich von hier liegt das hübsche **Apírados** ❹, dessen Spitzname *Marmarinas* „aus Marmor gemacht" bedeutet. Hier gibt es ein **Archäologisches Museum**; die Kirche **Ágios Kiriakí** enthält byzantinische Fresken. Von hier führt eine lange, kurvenreiche Straße zum Strand von **Moutsoúna**, von wo aus es eine noch längere, schlechte Straße zu einem weiteren guten Strand, **Psilí Ámmos**, gibt.

Filóti ❺ ist das größte Dorf in dieser Gegend. Südlich des Ortes erhebt sich der höchste Berg der Insel, der **Zás** oder

Info S. 106-109

Zeus, der in der Antike als Driós bekannt war. Wanderer können über seine Hänge den 1004 m hohen Gipfel erklimmen oder den Pfaden zu einigen der antiken Türme an seinem Fuß folgen. Bemerkenswert gut erhalten ist der hellenistische, über 2000 Jahre alte **Chimaron-Turm**.

Südlich von Náxos versammeln sich die Strandliebhaber. **Agía Ánna** ❻ ist oft überfüllt, aber auch weiter an der Küste entlang findet man viele weiße Sandstrände. Zwei der besten sind **Mikrí Vígla** und **Kastráki**.

– KLEINE OSTKYKLADEN –

ERIMONÍSSIA

Zwischen Náxos und Amorgós liegt verstreut eine Gruppe kleiner, unspektakulärer Inseln (*Erimoníssia* = „einsame Inseln“), die für Ruhe suchende Urlauber genau das Richtige sind. Auf **Iráklia** ❶, der größten von ihnen, gibt

Oben: Getreide dreschen mit bewährten, aber nicht immer willigen Helfern.

es zwei Orte: **Ágios Geórgios**, die bewohnte Gegend um den Hafen herum, und das alte, verschlafene **Iráklia** (Hóra), dass man vom Hafen aus nach etwa einer Stunde Fußmarsch (bergauf) erreicht. **Livádi** bietet einen herrlichen weißen Sandstrand. Sehenswert ist die Tropfsteinhöhle **Ai Giannis**. Außerdem wurden hier Spuren bronzezeitlicher Besiedlung entdeckt.

Ruinen aus späterer Zeit charakterisieren die Hóra der Insel **Shinoússa** ❷: der Hauptort **Shinoússa** besitzt eine mittelalterliche Burg. Spuren einer Festung finden sich auch im kleinen **Messariá** an einer Bucht. Das nahe **Psilí Ámmos** hat einen Badestrand erster Güte, der aber nicht einfach zu erreichen ist. Leichter zugänglich und daher etwas voller ist der graue Sandstrand von **Tsigoúri**.

Obwohl **Kéros** ❸ relativ groß ist, ist es unbewohnt und es gibt keinen regelmäßigen Fährverkehr. In den Grabstätten bei **Daskalió** fanden Archäologen zwei wertvolle, über 4500 Jahre alte Kykladen-Idole (heute im Nationalmuseum in Athen).

Karte S. 95, Info S. 106-109

Von den zwei Koufoníssi-Inseln wird die kleinere, **Káto Koufoníssi** ❹, hauptsächlich von Ziegen bewohnt. **Áno Koufoníssi** ❺, die Hauptinsel, ist mit einer Fischereiflotte und einem Hotel die geschäftigste der „einsamen Inseln". Der *Meltemi* weht hier besonders stark, aber das hält die Touristen nicht davon ab, die schönen Strände in der **Harakópou-Bucht** zu besuchen.

Die isolierteste der „einsamen Inseln", **Donoúsa** ❻, liegt im Osten von Náxos. Die erste Siedlung hier datiert aus minoischer Zeit; da es aber selbst heute noch Versorgungsengpässe gibt, ist es wenig verwunderlich, dass die Insel einst wieder aufgegeben wurde. Die derzeitigen Bewohner stammen aus Amorgós. Für Touristen gibt es nur ein paar Zimmer, drei Tavernen und ein kleines Geschäft im Hauptort **Donoúsa**. Sogar Trinkwasser muss importiert werden: Die einzige Süßwasserquelle der Insel befindet sich unter einem schattigen Baum im Dorf **Mersíni**. Von **Papás**, dem höchsten Punkt der Insel aus (383 m), können Spaziergänger am Strand von **Kéndros** ein versunkenes Schiff aus dem Zweiten Weltkrieg ausmachen. Boote vom Hafen bringen Besucher zur Höhle von **Fokiospiliá**; entspannen kann man sich an den Stränden von **Livádi** und **Kéndros**.

*AMORGÓS

Das im äußersten Osten der Kykladen gelegene, langgestreckte und gebirgige Amorgós mit seiner abweisenden Steilküste diente von der Römerzeit bis zur Militärjunta oft als Verbannungsort. Aber die Insel erlebte auch bessere Zeiten; in der Antike gab es hier drei blühende Städte, und heute lockt die Insel mit ihren schönen Strandbuchten und ihrem berühmten Kloster viele Touristen an.

Bedeutendster Hafen der Insel ist **Katápola** ❶, schon seit den Tagen der oberhalb des modernen Orts liegenden antiken Stadt **Minóa** (gegründet im 4. Jh. v. Chr.) als Hafen genutzt. Heute ist nur noch wenig von der antiken Stätte übrig, aber von oben bietet sich ein schöner Ausblick auf den geschäftigen Hafen.

Südlich von Katápola liegt das Dorf **Léfkes** ❷ und in seiner Nähe die mit Fresken verzierte Kirche **Ágios Geórgios Valsamítis**. Sie wurde über einer Quelle erbaut, deren Wasser vor allem bei Lepra heilende Wirkung haben soll.

Die südliche Inselhälfte ist als **Káto Meria** bekannt; von dem Dorf **Vroútsis** aus kann man nach Norden zu den **Ruinen von Arkesíni** ❸ bei Kastrí, einer der drei antiken Inselstädte, wandern. Das moderne Arkesíni befindet sich heute weiter südlich. Bei **Agía Triáda** gibt es eine hellenistische Turmruine aus der Zeit um 200 v. Chr.

*Amorgós (Hóra)

Im Norden von Katápola befindet sich ***Amorgós** (Hóra) ❹, der Hauptort der Insel, um einen mächtigen, hochragenden Felsen herum, auf dem imposant das venezianische **Kástro** aus dem 13. Jh. thront. Weiter unten bildet der Fels teilweise die Innenwand der Kirche **Keras Leousas**. Das **Archäologische Museum** befindet sich im Herrensitz der Familie Gavras aus dem 16. Jh. Als Souvenirs werden in Amorgós Schattenspielfiguren verkauft, die deutlich den Einfluss Kleinasiens widerspiegeln.

Rechts: Das Kloster Hozoviótissa auf Amorgós ist für seine spektakuläre Lage berühmt.

**Hozoviótissa

Unterhalb von Amorgós liegen die feinen kleinen Kiesbuchten von **Agía Ánna**. Der Hauptweg vom Ort hinunter führt zum Wahrzeichen der Insel, dem weißen ****Kloster Hozoviótissa** ❺, das am Fuß einer braunen Steilwand, wie ein den Fels stützender Sockel, erbaut wurde. Das Kloster wurde um 800 n. Chr. gegründet, um eine wundertätige, vom hl. Lukas gemalte Marien-Ikone aus dem palästinensischen Kloster Chosiva aufzunehmen. 1080 wurde es vom byzantinischen Kaiser Alexis Comnenos erneut geweiht. Seit seinen Anfängen in einer Höhle in der Steilwand ist der Bau vor allem vertikal gewachsen und besitzt heute Dutzende von Räumen und Kapellen. Im Kloster leben noch einige Mönche, die Besucher durch die Räumlichkeiten und zu den Aussichtspunkten 320 m über dem Meer führen.

*Egiáli

Auf dem Weg nach Norden zum zweiten Inselhafen Egiáli sieht man vor der Küste die Insel **Nikouriá** ❻, Stätte einer antiken Siedlung, später eine Leprakolonie. ***Egiáli** ❼ war die dritte antike Stadt der Insel; das heutige Egiáli besteht aus vier Teilen: **Órmos** mit dem Hafen am Meer, darüber die alten Dörfer **Potamós**, **Tholaria** und **Langáda**. Die Bucht **Órmos Egiális** hat den besten **Sandstrand** der Insel.

Das nördlich gelegene **Tholária** ❽ befindet sich nahe des antiken Egiáli; unweit des Dorfs soll es römische Gräber geben. Vom hochgelegenen **Lan-**

 Info S. 106-109

gáda können Wanderer den **Kríkelo**, den mit 822 m höchsten Berg der Insel mit schöner Aussicht besteigen, oder aber zwei alte Kirchen aufsuchen: Der große Festplatz der byzantinischen **Panagía Epanokori** wird am 15. August von zahlreichen Gläubigen besucht; näher zur Küste hin liegt das Kloster **Ágios Ioánnis Theológos** mit Gebäudeteilen, die bis ins 5. Jh. zurückgehen.

– SÜDKYKLADEN –

*FOLÉGANDROS

Der Name Folégandros rührt möglicherweise von dem phönizischen Wort für „felsig" her, ein Adjektiv, das die kleine Insel mit ihren Steilwänden hinreichend beschreibt. Es leben nur wenige Menschen auf Folégandros; im Mittelalter war die Insel zeitweise ganz entvölkert. Die heutigen Bewohner sind Nachfahren von Zuwanderern aus Kreta und Venedig. Heute zieht die Insel im Sommer sehr viele Besucher an; einige davon suchen Zuflucht vor dem Touristenrummel auf Íos.

*Folégandros (Hóra)

Karavostásis ❶ ist der Inselhafen. Die nächste annehmbare Badestelle befindet sich am rauen Sandstrand der **Lustria-Bucht**, wo auch der Campingplatz von Folégandros liegt.

Vom Hafen aus führt eine Straße auf die Felsen nach ***Folégandros** (Hóra) ❷, einem Kykladendorf wie aus dem Bilderbuch. Sein ältester Teil, das ***Kástro**, wurde von den venezianischen Herrschern im 13. Jahrhundert erbaut. Die Häuser sind dort dicht an dicht gebaut, so dass ihre Außenmauern einen Verteidigungsring mit überdachten Torwegen bilden, die in die Stadt führen.

Beherrscht wird das Dorf aber nicht von der Burg, sondern von der **Panagía**, einer wuchtigen, mit einer weißen Kuppel versehenen Kirche oberhalb der alten Stadtmauern. Kernstück dieser Kirche ist eine Marien-Ikone, die der Legende nach dreimal bei Piratenüberfällen gestohlen wurde, aber jedesmal wieder an die Ufer ihrer Heimatinsel angeschwemmt wurde.

Unweit der Kirche kann man mit einem Führer die Stalaktiten von **Hrisospiliá**, der „goldenen Höhle“, erkunden. Die Höhle erhielt ihren Namen, als sich die Dorfbewohner mit ihrem Goldschatz vor plündernden Angreifern hierher flüchteten. Die Invasoren entdeckten das Versteck, verstopften die Ausgänge und setzten die Höhle in Brand. Zurück blieb nur eine Lache aus geschmolzenem Gold.

Áno Meriá

Das zweite Inseldorf, **Áno Meriá** ❸, ist eine an der Straße aufgereihte Häuserkette. Immerhin besitzt es ein **Volkskundemuseum**. Am 27. Juli wird das Fest von Ágios Pandeleímon gefeiert.

Zwischen Folégandros und Áno Meriá liegt der beste und damit unvermeidlich vollste Strand der Insel, **Angáli**. Weiter nördlich, bei **Ágios Nikólaos**, kann man auch nackt baden. Káikis verkehren zu diesen beiden Stränden sowie nach **Ágios Geórgios**, einem großen, etwas windigen Strand an der Nordspitze von Folégandros.

Oben: Gialós, der windgeschützte Hafen von Íos, ist bei Seglern beliebt.

SÍKINOS

Síkinos ist eine ruhige, lauschige Insel, bis jetzt noch ohne Massentourismus. Schiffe legen in **Aloprónia** ❹ an. Von dort geht es bergauf zu dem dreiteiligen Hauptort, in dem fast alle Inselbewohner leben: **Síkinos** (Hóra) ❺, bestehend aus Horió, Kástro und Vuni. Es ist ein schönes Dorf; besonders hübsch ist das Viertel ***Kástro**, wo stattliche alte Häuser den Hauptplatz mit der Kirche **Pantánassa** umringen. Einige der Gebäude sind verfallen; ein fein gemeißeltes steinernes Tor ist heute kein Hauseingang mehr, sondern rahmt nur noch eine Landschaft mit Berg und Himmel ein. Eines der alten Häuser beherbergt ein **Volkskundemuseum**. Gekrönt wird das Ganze von dem festungsartigen Kloster **Zoodóhou Pigís**, das an die Zeiten gemahnt, als das wichtigste Gotteshaus einer Insel zugleich als Zufluchtsort diente.

Info S. 106-109

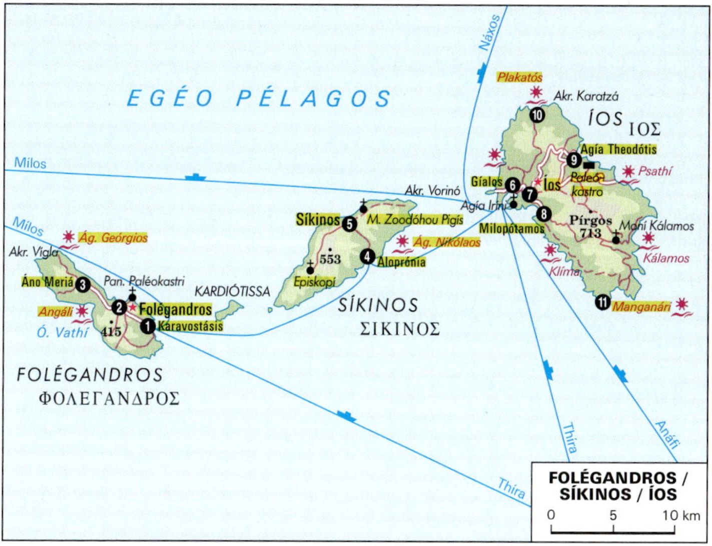

Südlich liegen bei **Episkopí** Überreste eines römischen Tempels, der im 17. Jh. in ein Kloster umgewandelt wurde. Wanderer können Strände wie **Ágios Georgiós**, **Ágios Nikólaos** und **Ágios Pandeleimonas** oder Höhlen, beispielsweise die „schwarze Höhle“, **Drakofido**, besuchen.

ÍOS

Von Natur aus karg und schön, in bester Tradition der Kykladen, macht sich auf Íos heutzutage der Tourismus in seiner extremsten Form bemerkbar. Auf dem Tummelplatz für Leute unter 25, bekannt für Camping, Strandpartys und bis zum frühen Morgen geöffnete Diskos, kann es für alle, denen dieses Umfeld nicht behagt, ungemütlich werden. Wer aber vor allem baden, Leute treffen und Partys feiern will, ist hier genau richtig.

*Íos (Hóra)

„Klein-Malta“ lautet der Spitzname der Jachtbesitzer für den Hafen **Gialós** ❻, weil er wie Maltas Hafen windgeschützt ist. Von Gialós führen Steinstufen hinauf nach ***Íos** (Hóra) ❼, der einzigen „richtigen“ Stadt der Insel mit vielen Touristeneinrichtungen zwischen pittoresken kykladischen Mauern. Die zwei weißen byzantinischen Kirchen haben charakteristische blaue Kuppeln. Als weiteres Wahrzeichen thront ein Dutzend **Windmühlen** über dem Ort. Für kulturell Interessierte gibt es ein **Archäologisches Museum** und das **Odysseus-Elytis-Amphitheater**, wo unter sommerlichem Sternenhimmel Aufführungen stattfinden.

Milopótamos

Beliebtester Strand ist der reizvolle breite Sandstreifen bei **Milopótamos** ❽, ein Treffpunkt „wilder“ Camper (es gibt hier auch zwei Campingplätze), an dem öfter Partys stattfinden.

Agía Theodótis

Von Íos aus fahren Busse an die Ostküste und an den Strand von **Agía**

Theodótis ❾, wo es Tavernen und Hotels gibt und am 8. September das letzte traditionelle Kirchenfest auf der Insel stattfindet. In der Nähe stehen die Ruinen eines römischen Aquädukts, aber das auffallendste Baudenkmal ist die venezianische Festung (oder vielmehr ihre Überreste) an der Stätte von **Paleókastro**, dem mittelalterlichen Hauptort der Insel. Weiter südlich in der Bucht von **Psáthis** mit ihrem schönen und beliebten Strand gibt es Ruinen eines antiken Tempels.

Zu den Stränden an der Nordküste gehört auch **Plakatós** ❿. Nahe des Strandes befindet sich das vermeintliche Grab des Dichters Homer, dessen Mutter von Íos stammen soll. Im Mai wird dem Dichter zu Ehren ein Fest gefeiert.

An der Südspitze der Insel liegt der Strand von **Manganári** ⓫ mit seiner ständig wachsenden Feriengemeinde und FKK-Abschnitt. Am einfachsten erreicht man ihn von Gialós aus mit dem Káiki.

Rechts: Hotelanlage in Oía (Thíra) – ein architektonisches Gesamtkunstwerk.

**THÍRA (SANTORIN)

In der Antike nannte man Thíra (Santorin), die beliebteste aller griechischen Inseln, *Kalliste* („die Schönste"). Die einzige völlig vulkanische Kykladeninsel wurde durch eine Reihe von Ausbrüchen aus dem Meer aufgeworfen und versank auch teilweise wieder darin. Santorin umrahmen Strände mit schwarzem Sand und roten Steilwänden, die das Licht der berühmten Sonnenuntergänge einfangen. Im Inselinneren gedeihen auf vulkanischer Erde schmackhaftes Obst und Gemüse sowie ein berühmter Weißwein. Ihn kann man in mehreren Weinkellereien der Insel verkosten. Leuchtend blau-weiße Häuser und Kuppelkirchen setzen charakteristische Farbkleckse in die Landschaft.

Ein weiterer früher Name der Insel war *Strongyle* („die Runde") und an der Anordnung der heutigen Inseln um den einstigen Krater herum kann man die Kreisform noch erkennen. **Thíra** selbst, das kleine **Thirasía** ❶ (kaum bewohnt, mit ein paar Tavernen und nur einem Hotel) und **Asproníssi** ❷, die „weiße Insel", markieren den Kraterrand. Aus der Caldera zwischen diesen Inseln erheben sich schwarz **Paleá Kaiméni** ❸, das bei einer Eruption 197 n. Chr. aus dem Meer aufgeworfen wurde, und ***Néa**, das „neue" **Kaiméni** ❹, das im 18. Jh. entstand. Auf Néa Kaiméni befindet sich heute der Krater. Aus seiner Erde entweichen schwefelhaltige Dämpfe, und Besucher baden im übelriechenden, aber gesunden Schlamm der heißen Quellen. Nach Vulkanausbrüchen in der Antike versanken Teile von Thíra – so kam vielleicht die Legende von der versunkenen Insel Atlantis auf. 1956 erschütterte ein verheerendes Erdbeben die Insel. Die Hauptstadt Fíra und das Fischerdorf Oía waren besonders betroffen. Die Gebäude in diesen Orten sind heute größtenteils moderne Konstruktionen.

Im **Kongresszentrum Nomikos** nahe der Seilbahnstation werden einige

Originale und viele Kopien minoischer Wandmalereien aus Akrotíri gezeigt.

Das **Prähistorische Museum** gegenüber dem Busbahnhof präsentiert zahlreiche neue Funde aus der kykladischen und minoischen Zeit.

**Firá (Thíra)

Haupthafen der Insel ist **Athiniós** ❺, von wo aus ein Bus in die hochgelegene Hauptstadt ****Firá** (Thíra) ❻ fährt. Einige Schiffe legen aber auch in **Skála Firá** an und ermöglichen so den Besuchern den Aufstieg entweder auf traditionelle Weise zu Fuß oder mit dem Esel oder – schneller und moderner – mit der Kabinenbahn, die der reiche Reeder Evangelos Nomikos gestiftet hat. Als Hauptstadt einer stark von Touristen frequentierten Insel ist Firá voller Läden und Lokale, Bars und Diskotheken.

Das **Archäologische Museum** präsentiert Funde der beiden wichtigsten archäologischen Stätten Thíras, der minoischen Siedlung Akrotíri und der archaischen Stadt Théra, aus der eine schöne Sammlung von therischen Vasen aus dem 7. und 6. Jh. v. Chr. stammt. In einem alten Herrenhaus residiert das **Megaron-Gyzi-Museum** mit Exponaten zur Geschichte des Ortes.

*Imerovígli

***Imerovígli** ❼ liegt nördlich von Firá nahe der Stätte der mittelalterlichen Hauptstadt **Skáros**, an die heute fast nur noch Ruinen erinnern. Die einst die Stadt beherrschende Burg diente vorwiegend als Ausguck und zur Verteidigung gegen eindringende Piraten. Hier befindet sich auch **Ágios Stéfanos**, die älteste Kirche der Insel. In Imerovígli gibt es außerdem das noch aktive **Kloster Nikólaou**, aber die Hauptattraktion sind die großartigen Ausblicke auf die Caldera des Vulkans.

**Oía

Das am anderen, nördlichen Ende der Insel liegende Dorf ****Oía** (Ía) ❽ ist erst in viel jüngerer Zeit Opfer der Naturgewalten geworden: Beim Erdbeben

Info S. 106-109

von 1956 wurde es durch einen Felsrutsch begraben. Zum Teil in Ruinen, zum Teil wiederaufgebaut, ist die Stadt allein schon wegen ihrer Lage auf dem Rand der Caldera ein lohnendes Ausflugsziel. Spätnachmittags wimmelt es von Touristen, die hier mit ihren Kameras den berühmten santorinischen ***Sonnenuntergang** einfangen wollen. Die in das weiche Gestein gegrabenen Höhlenwohnungen dienen heute als exklusive Feriendomizile. Vor dem Horizont heben sich die Kuppeln der restaurierten Kirche **Zoodóhou Pigís** und die Flügel der aufgegeben Windmühlen ab, die man nach dem Südwestwind *Garbis*, der sie einst antrieb, **Garbini-Windmühlen** nennt. Eine lange, in die Steilwand gehauene Treppe führt hinab zum Meeresufer, wo man sich nach einem Bad im blauen Wasser auf roten Felsen sonnen kann.

Messariá und Pírgos

Die ältesten, traditionellsten Dörfer befinden sich in der Inselmitte. **Messariá** ❾ ist das Zentrum des Weinanbaus; eine ganze Palette von Weißweinen wird hier produziert.

Pírgos und **Emborió** haben bei den Erdbeben des 20. Jh. nur geringen Schaden erlitten. Besonders **Pírgos** ❿ hat noch seinen mittelalterlichen Charakter bewahrt. Sein venezianisches **Kástro** steht am Fuß des höchsten Berges der Insel, des **Profítis Ilías** (566 m), auf dessen Gipfel das gleichnamige **Kloster** von 1712 thront. Der noch aktive Klosterkomplex beherbergt ein **Museum** mit Exponaten zum traditionellen Handwerk, z. B. Nachbauten einer Schusterwerkstatt und einer Schreinerei sowie das Innere eines thirischen Hauses einschließlich Web- und Stickereiarbeiten. Das Museum ist jedoch nur unregelmäßig geöffnet.

Rechts: Erkundungsgänge in einer versunkenen minoischen Stadt – die Ausgrabungsstätte Akrotíri.

Zwischen Pírgos und Kamári liegt **Méssa Goniá**. Die dortige **Panagía Episkopí** veranstaltet im Sommer ein riesiges Fest.

Kamári und Périssa

In Kamári und Périssa befinden sich die beiden beliebtesten schwarzen Sandstrände an der Ostküste. Sehr voll ist meist **Kamári** ⓫; in **Périssa** ⓬ gibt es einen Campingplatz und es ist weniger verbaut.

Ebenfalls an der Ostküste, etwa in der Mitte zwischen den Stränden, stehen die Ruinen des ***Antiken Thíra** ⓭, das im 9. Jh. v. Chr. gegründet und im 19. Jh. von deutschen Archäologen aus der Vulkanasche ausgegraben wurde. Höhepunkte sind das antike **Theater** und die überwältigenden Ausblicke von dem etwa 300 m hohen Felsen.

In der Nähe von Emborió befinden sich Überreste der antiken Siedlung **Elefsina**. **Emborió** ⓮ selbst war Sitz der byzantinischen Kirche Agía Iríni. Allerdings wurde die alte Kirche durch ein modernes Gebäude ersetzt.

Im Süden der Insel befindet sich der etwas weniger frequentierte **Vliháda-Strand** ⓯, wo sich auffällige rote Felsen vom dunklen Sand abheben.

**Akrotíri

Die Badeplätze **White Beach** und ***Red Beach** ⓰ auf dem südlichen Ausläufer Santorins liegen in der Nähe der bedeutendsten archäologischen Stätte der Insel, ****Akrotíri** ⓱. Die Ausgrabung dieser minoischen Stadt dauert noch immer an. Dabei sind bereits einige der faszinierendsten Zeugnisse der minoischen Zivilisation gefunden worden, so die großartigen Fresken, die heute im Archäologischen Nationalmuseum in Athen zu bewundern sind. Akrotíri wurde erst 1967 entdeckt. Der Archäologieprofessor Spirídon Marinátos, der sich mit minoischen Stätten auf Kreta beschäftigte, wollte

Karte S. 102, Info S. 106-109

herausfinden, was die Zerstörungen auf der Insel, die den Untergang der minoischen Zivilisation ausgelöst hatten, verursacht haben könnte. Er stellte fest, dass es eine Naturkatastrophe gewesen sein musste, folgte Hinweisen auf minoischen Vasen, die auf Santorin entdeckt worden waren, und begann dort mit Ausgrabungen. Zuerst schien seine Arbeit keine Früchte zu tragen; erst als sein Team in fünf Metern Tiefe angelangt war, brach es in Räume ein, die gefüllt waren mit Vorratsgefäßen, Überbleibseln einer blühenden Zivilisation um 1500 v. Chr. Die Einwohner des „griechischen Pompeji" wussten wohl von der bevorstehenden Katastrophe, denn es wurden keine Überreste von Menschen oder Wertgegenstände gefunden, nur Fresken, Keramiken und Einrichtungsstücke.

ANÁFI

Abgelegen und wild, jedenfalls nach kykladischen Maßstäben, ist Anáfi ein Zufluchtsort für Individualurlauber, die kein großes touristisches Angebot brauchen. Anáfis schöne Strände entschädigen dafür. Der Sage nach schuf Apollon die Insel, um Jason und den Argonauten während eines Sturms Zuflucht zu geben; aus Dank für diese Unterstützung baute Jason dem Gott einen Tempel. Spuren des Apollon-Kults sollen in einigen dörflichen Ritualen noch überliefert sein. Die Reste des Tempels werden überragt von dem Kloster **Panagía Kalamiótissa** ⓲, das auf der Halbinsel liegt, welche die südöstliche Spitze der Insel bildet. Ein Grund dafür, dass von dem Tempel so wenig übrig blieb, ist, dass man Teile davon als Baumaterial für das nahe Kloster **Zoodóhou Pigís** verwendete.

Anáfi (Hóra)

Im Hafen **Ágios Nikólaou** ⓳ legen die nur spärlich verkehrenden Fähren an, unweit des reizenden Strands von **Klisídi**. Vom Hafen kann man nach **Anáfi** (Hóra) ⓴ hinaufgehen, das in einem Becken zwischen den Bergen liegt, überragt von der Ruine eines venezianischen **Kástro**.

EOT-Büro für alle Kykladen: Dodekanissou 10, Síros, Tel. 22810 86725, Fax 22810 82375.

FÄHREN: Die Verbindungen innerhalb der Kykladengruppen (Nord-, West-, Zentral-, Südkykladen) sind gut; Verbindungen zwischen den Gruppen häufig mit Umsteigen. Umsteigehäfen: Santorin, Ios, Síros, Páros. Viele der Inseln werden nicht nur von **Piräus** aus angelaufen, sondern auch ab **Rafína** (per Flughafenbus zu erreichen) und **Lávrio** (vom Flughafen per Taxi, Linienbusse ab Athen). Am besten gleich nach Ankunft im Athener Flughafen bei der Tourist-Info in der Ankunftshalle einen Schiffsfahrplan holen.

ÁNDROS

ANREISE: Fährverbindung mit Rafína (30 km östl. v. Athen); keine Direktverbindung mit Piräus (nur via Tínos). Die meisten Schiffe legen in Gávrio an, Flying Dolphins 1-2x tägl. in Batsí.

BATSÍ

Oti Kalo, Batsí, Tel. 22820 41465, Hafenblick. **Sirocco**, Tel. 22820 41023.

Wassertaxis: Info bei Greek Sun Holidays, Batsí (Tel. 22820 41198, Fax 22820 41239); auch Organisation von **Ausflügen** und **Wanderungen**.

PALEÓPOLI

I Oraia Paleópoli, Tel. 22820 41539. Einfach und gut.

ÁNDROS-STADT

Ta Delfinia, Tel. 22820 24179, gute Taverne am Nimborió-Strand.

Museum für moderne Kunst, Juni-Sept. 10-14, 18-20 Uhr (außer Di, So); Okt-Mai Sa-Mo 10-14 Uhr. **Archäologisches Museum**, Di-So 8.30-15 Uhr.

Segelschule am Ende des Strands von Nimborió. **Wassersportzentrum**, Batsí, Tel. 22820 41247. **Wanderungen**: Herr Valmas, Hotel Egli, Ándros-Stadt, Tel. 22820 22303, Fax 22820 22159.

ÓRMOS KÓRTHIOU

To Bintzi, empfehlenswerte Taverne in Órmos (am Ende des Strands).

TÍNOS

TÍNOS-STADT

Tourist-Information, an der breiten Wallfahrtsstraße, Tel. 22830 22234, **Touristenpolizei**, Tel. 22830 23670.

O Peristerionas, Fr. Paximadi 9, Tel. 22830 23425. Gut, zentral, ruhig. **Galera**, Tel. 22830 25551. Eine der besten Fischtavernen im Hafen.

Gemäldegalerie, **Kirchen- und Skulpturenmuseum** (in der Panagía Evangelístria), Tel. 22830 22256, tägl. 8-20 Uhr. **Archäolog. Museum**, Tel. 22830 22670, Di-So 8.30-15 Uhr.

PÓRTO

Taverna Gialos, Pórto, Tel. 22830 25630. Am Strand.

KARDIANÍ

To Periboli, Kardianí, Tel. 22830 31072.

PÍRGOS

Tzodertzis, Tel. 22830 31477, 22830 31207. Beste Fischtaverne am Meer.

Kunstmuseum/Haus v. Jannolis Halepás, Tel. 22830 31262, **Ausstellung d. Kunstakademie**, tägl. 10.30-14, 18-19.30.

MÍKONOS

MÍKONOS-STADT

Touristenpolizei, Tel. 22890 22482; **Hotelier's Union**, Tel. 22890 24760; **Union of Rooms to Rent**, Tel. 22890 24860; alle am Hafen. **Mykonos Accomodation Center**, Enopleon Dinameon 10 (neben Seefahrtsmuseum), Tel. 22290 23160, Fax 22890 24137, www.mykonos-accomodation.com.

Karte S. 102

FLUG: **Flughafen** 2 km südöstl. von Míkonos-Stadt; häufig Flüge nach Athen, im Sommer mehrmals wö. nach Rhódos, Santorin und Iráklio/Kreta. *SCHIFF*: Manche Fähren legen noch im ortsnahen alten Hafen beim Archäolog. Museum an, die meisten aber im Neuen Hafen, etwa 1,5 km vom Ort entfernt in Richtung Ágios Stéfanos.

Philippi, Kalodera, Tel. 22890 22295, Fax 22890 23382. Elegantes Gartenlokal hinter dem Philippi Hotel. **Sun Set** (Iliovasilema), Scarpa, Tel. 22890 27948. Kein tolles Essen, dafür traumhafte Aussicht. **Alefkandra**, an der kath. Kirche, Tel. 22890 22450. Groß, geschäftig, gut. **O Kipos**, hinter dem Freiluftkino, Garten, ruhig. **Nicolas**, Agía Ánna Paránga, Tel. 22890 23566. Strandtaverne, auch Zimmer (Tel. 22890 25762).

Archäologisches Museum, Tel. 22890 22325, Di-So 8.30-15 Uhr. **Seefahrtsmuseum**, 10.30-13 und 18.30-21 Uhr. **Volkskunstmuseum**, Mo-Sa 17.30-20.30, So 18.30-20.30. **Lenas Haus**, tgl. 10.30-13, Mo-Sa auch 18-21, So auch 19-21 Uhr.

Mykonos Diving Center am Psaroú-Strand, Tel./ Fax 22890 24808.

ÁNO MÉRA

Taverna Vangelis, Platía Anomeras, Tel. 22890 71577. Gute stimmungsvolle Taverne.

KALAFÁTI / KALÓ LIVÁDI

Kalo Livadi Beach, Tel. 22890 71298. Schickeres Publikum, Fisch, indonesische Gerichte.

In Kalafáti gibt es eine **Windsurf-Schule** (Fanatic Board Center) und eine Filiale des **Greek Diving Center**, erreichbar über das Aphrodite Beach Hotel, Tel. 22890 71368, Fax 22890 71525.

DÍLOS

Antike Stätten und **Museum**, Di-So 8.30-15 Uhr, Tel. 22890 22259.

Ausflugsboote von Míkonos und Páros. Rückfahrtszeiten beachten, auf Dílos keine Hotels oder Versorgungseinrichtung.

SÍROS

ERMOÚPOLI

EOT-Büro (für alle Kykladen), Dodekanissou 10, Tel. 22810 86725, Fax 22810 82375, www.gnto.gr. **Galissas Tours**, Tel. 22810 42801, Fax 22810 42802. Vermittlung von Unterkünften, Auto- und Motorradverleih.

Flughafen südl. von Ermoúpoli. **Olympic Airways**: Tel. 22810 87025 (Flughafen), Tel. 22810 22634.

Taverna Folia, Diakou 6, Vrodado, Tel. 22810 23715. Schöner Blick, gute Küche.

GALISSÁS

Aisthima, Tel. 22810 42862. Der Aufstieg lohnt sich.

FÍNIKAS

To Doublino, Fínikas, Tel. 22810 42696. Spezialität: Gegrillte Kalamari. **Hroussa**, Fínikas, Tel. 22810 61813. Einfach, aber gut.

AZÓLIMNOS

Batis, Azólimnos, Tel. 22810 61545. Ausgezeichnete Küche.

KÉA

KORISSÍA

Infobüro am Fähranleger, Tel. 22280 31256. **Touristenpolizei**, Tel. 22280 21100.

Astéria, Korissía, Taverne unter Bäumen am Strand.

KÉA-STADT

To Stéki, am Ortsausgang von Kéa (Ioulís).

Archäologisches Museum, Kéa, Tel. 22280 22079, Mo geschl., Di-So 8.30-15 Uhr.

KÍTHNOS

MÉRIHAS

Kleines **Informationsbüro** in Mérihas.

Ostria, Mérihas, Tel. 22810 32263. **To Kantouni**, Tel. 22810 32220.

LOUTRÁ

O Koutsikos, Loutrá, Tel. 22810 31185.

SÉRIFOS

LIVÁDI

Coralli Holidays, Tel. 22810 51488, Fax 22810 51073. Auto- und Fahrradverleih, Auskunft über Wassertaxis.

O Mokkas, Tel. 22810 51242. Das beste Lokal für Fisch auf der Insel. **Perseus**, Tel. 22810 51273. Sehr gute Taverne. **Margerita's**, am Ende des Strands, ausgezeichnet.

Museum für Volkskunst, tägl. 18-20, Sa, So auch 10-12 Uhr. **Archäologisches Museum**, Di-So 9-14 Uhr.

SÍFNOS

KAMÁRES

In **Kamáres** gegenüber dem Hafen, Tel. 22840 31977. Filiale in **Apollonía** (Hauptplatz).

APOLLONÍA

Tourist-Info am Hauptplatz.

Volkskundemuseum, tägl. 9-13 und 18.30-22.30 Uhr, Sa vormittags geschlossen.

ARTEMÓN

To Liotrivi, Manganas, Tel. 22840 31246. Hervorragende regionale Spezialitäten.

PLATÍS GIALÓS

Hrisopigi, Platís Gialós, Tel. 22840 71295. Sehr gute Strandtaverne. **Sophia**, Tel. 22840 31890. Am Ortsausgang, gehobenes Publikum, vernünftige Preise. **Phoni**, Tel. 22840 71308. Beliebter Treff am Meer.

VATHÍ

I Okeanida, Vathí, Tel. 22840 31191.

MÍLOS

ADÁMAS

Tourist-Info der Gemeinde, Tel. 22870 22445. **Chronis Tours**, Adámas, Tel. 22870 22226, Fax 22870 22900, hotelchr@otenet.gr. **Hafenbehörde**, Tel. 22870 23360.

Flughafen bei Zefiría, mehrmals täglich Flüge nach Athen. **Olympic Airways**: Tel. 22870 22380.

PLÁKA

Archäologisches Mus., Tel. 22870 21620, Di-So 8.30-15 Uhr. **Volkskundemuseum**, Tel. 22870 21292. **Katakomben**, Tel. 22870 21625, Mo, Di, Do-Sa 8.30-14 Uhr.

PÁROS

PARIKÍA

Parikía: Tel. 22840 51220. In **Náousa** am Hauptplatz: Tel. 22840 52158.

FLUG: **Flughafen** bei Alikí; Flüge nach Athen. ***SCHIFF:*** Páros ist das Zentrum des kykladischen **Fährverkehrs**.

To Tamarisko, Seitengasse der Lochagou G. Gravari, ab 19 Uhr, Romantik unter Weinranken, gehobene mediterrane Küche. **Porphyra**, neben antikem Friedhof. Hervorragendes Fischrestaurant.

Archäologisches Mus., Tel. 22840 21231, Di-So 8.30-14.30 Uhr. **Museum Benetos Skiadas**, bei Alikí, Mai-Sept. tgl. 10-14 Uhr. **Petaloúdes**, Juni-Sept. tgl. 9-20 Uhr.

NÁOUSA

Pervolaria, am Flussbett, ab 19 Uhr, uriges Gartenrestaurant.
TAUCHEN: **Diving Club Santa Maria**, Tel. 69443 85307, Fax 22840 51937.

LÉFKES

Skoderpios-Volkskundemus., Tel. 22840 91129, tägl. 10-13, 17-20 Uhr.

NÁXOS

NÁXOS (HÓRA)

Zimmervermittlung in zwei Kiosken auf dem Fähranleger. **Naxos Tourist Center**, Tel. 22850 25201, Fax 22850 25200, an der Uferstraße, für Schiffsauskünfte und Gepäckaufbewahrung, auch Zimmervermittlung.
FLUG: Flughafen 4 km südl. von Náxos-Stadt; Flüge nach Athen.
Palatia, exzellente Taverne unterhalb des antiken Tempeltors, frischer Fisch. **Popi's Grill**, Familientaverne an der Uferpromenade, Lamm vom Spieß.
Archäologisches Museum, Di-Sa 8.45-15, So/Feiertage 9.30-14.30 Uhr.

AMORGÓS

KATÁPOLA

Mistis Tours in Katápola, Tel. 22850 71409, Fax 22850 71003.

AMORGÓS (HÓRA)

Archäologisches Museum, Tel. 22850 71289.

FOLÉGANDROS

FOLÉGANDROS (HÓRA)

Gemeindeverwaltung Tel./Fax 22860 41285.
Kritikós, schöne Taverne, gute griechische Gerichte.

ÁNO MERIÁ

Volkskundemuseum, Áno Meriá, Tel. 22860 41069, tägl. 16-19 Uhr.

SÍKINOS

Gemeindeverwaltung Tel./Fax 22860 51238.

ÍOS

ÍOS (HÓRA)

Hafenbehörde, Tel. 22860 91264. **Reisebüro Plakiotis**, Tel. 22860 91381, Fax 22860 91118.
Pithari, sehr gute Taverne. **Polydoros**, Taverne am Koumbára-Strand (westlich der Stadt), Tel. 22860 91132.

MILOPÓTAMOS

Meltemi Water Sports, Milopotámos, Tel. 22860 91680.

THÍRA / SANTORIN

Hafenbehörde, Tel. 22860 22239.

FLUG: **Flughafen** (Tel. 22860 31525) bei Monólithos; Flüge nach Athen, Kreta, Rhódos, auch Charter. **Olympic Airways**, Tel. 22860 22793.

FIRÁ (THÍRA)

Archäologisches Museum, Tel. 22860 22217.

OÍA

1800, an der Kraterrandgasse, bestes Restaurant der Insel, Tel. 22860 71485

AKROTÍRI

Ausgrabung, Tel. 22860 81366; Di-So 8.30-15 Uhr, im Sommer länger.

ANÁFI

Tourist-Info im Rathaus, Tel. 22860 61266.

NÖRDLICHE SPORADEN

SKIÁTHOS
SKÓPELOS
ALÓNNISOS
ÉVIA (EUBÖA)
SKÍROS

Sporaden bedeutet „verstreut“, und lange Zeit wurde diese Bezeichnung nicht nur für die hier beschriebenen Inseln der nordwestlichen Ägäis benutzt, sondern auch für den Dodekanes. Auf Skiáthos, Skópelos, Alónnisos und Skíros hielt der Tourismus relativ spät Einzug. Von Athen durch das vorgelagerte Évia (Euböa) abgeschnitten, lagen die Sporaden abseits der Hauptrouten der „Inselhüpfer“. Ende der 1960er Jahre wurde Skiáthos von griechischen und deutschen Touristen „entdeckt“. Heute sind vor allem Skiáthos und Skópelos beliebte Ferienziele. Das am weitesten vom Festland entfernte Alónnisos hat einen eigenen Archipel winziger Inseln, um die herum sich der erste Meeresnationalpark Griechenlands befindet, wo besonders Mönchsrobben ungestört leben und sich fortpflanzen können.

Trotz ihrer geografischen Nähe zu diesen drei Inseln gehören Évia und Skíros zu einem anderen Verwaltungsbezirk. Besonders Évia ist eine Welt für sich. Die zweitgrößte Insel Griechenlands liegt so nahe am Festland, dass sich eigentlich gar kein „Inselgefühl“ einstellt. Griechische Touristen drängen sich in den wenigen Badeorten, aber große Teile Évias sind immer noch sehr ländlich. Wanderer können hier die Ruhe und Ursprünglichkeit genießen und alte Ruinen erforschen.

Vorherige Seiten: Der Koukounariés-Strand in Skiáthos, gesäumt von einem Pinienwald. Links: Warten auf den nächsten Flirt?

Die Nördlichen Sporaden sind wesentlich grüner als die anderen griechischen Inseln. Ausgedehnte Pinienwälder, Felsenküsten und herrliche Strände warten darauf, entdeckt zu werden.

*SKIÁTHOS

Skiáthos ist für seine großartigen Strände bekannt; es ist daher die Sporadeninsel, die am stärksten vom Tourismus geprägt ist. Pensionen und Hotels säumen die engen Gassen des Hauptortes, der auch ein buntes Nachtleben bietet, und die 66 Strände sind im Sommer von Badelustigen, Wassersportlern und Ausflugsbooten bevölkert.

*Skiáthos-Stadt

Der schön gelegene Hauptort Skiáthos entstand erst, nachdem die Insel 1830 Teil von Griechenland geworden war und die Bewohner ihren alten Wohnort Kástro an der Nordspitze verließen und ***Skiáthos** (Hóra) ❶ um die Hafenbucht herum erbauten. Das augenfälligste Bauwerk des neuen Ortes gab es schon damals: Die **Festung** auf der **Halbinsel Bourtzi** wurde von der venezianischen Ghizzi-Familie erbaut, die hier 1207 die Herrschaft übernahm.

Vor dem griechischen Unabhängigkeitskrieg wanderte Skiáthos zwischen byzantinischen, venezianischen und türkischen Herrschern hin und her. Heute sind in der Festungsruine ein Lokal und ein Freilufttheater untergebracht (im Sommer Aufführungen). Am felsigen Ufer kann man baden.

Halbinsel Kalamáki

Die Hauptstraße der Insel führt südlich und westlich der Stadt an vielen Stränden vorbei. Der Sandstrand **Megáli Ámmos** liegt am nächsten zur Stadt und ist daher überfüllt, aber hier beginnt eine Strandzeile, die sich die Küste hinunter bis zur **Kalamáki-Halbinsel** erstreckt, einer mit Ferienhäusern und Hotels übersäten Landzunge mit herrlichen Ausblicken. **Kanapítsa** ist der größte – und am dichtesten bebaute – Strand hier; wer Ruhe sucht, gehe nach **Vromólimnos** oder **Agrirolimnos** auf der Westseite der Halbinsel.

Oben: Die Stadt Skiáthos ist in den Sommermonaten fest in der Hand von Touristen.

*Koukounariés

Die Strände von **Plataniás** und **Troúllos** (letzterer mit Blick auf die „Mäuseinsel") sind attraktiv, aber viele ziehen ***Koukounariés** ❷ vor, die Perle unter Skiáthos' Stränden. Der helle **Sandstrand** wird von Pinien gesäumt, die bis an den **Strofília-See** reichen. Fußwege führen zu weiteren Stränden. Das Gebiet ist ein Refugium für Reiher und Zugvögel. Vom Parkplatz führt ein Weg zum **Banana Beach**, einem Nacktbadestrand. Ein Fußmarsch (ca. 20 Min.) endet an einem weiteren schönen Strand, **Mandráki**.

Nordküste von Skiáthos

In Troúllos zweigt von der Hauptstraße eine schöne Straße nach **Asselínos** ❸ mit seinem windigem Sandstrand ab. Von hier bietet sich ein Abstecher zum **Kounístra-Kloster** an. Es wurde an dem Ort erbaut, wo im 17. Jh. eine wundertätige Ikone der hl. Jungfrau gefunden wurde, die seither Schutzheilige der Insel ist.

Karte S. 117, Info S. 122-123

Im Norden steht das einzige noch aktive Kloster der Insel, **Evangelístria** ❹. Hier wurde 1807 zum ersten Mal die griechische Flagge gehisst. Das **Museum** des Klosters stellt Ikonen und andere geweihte Objekte aus.

Am besten lässt sich der Inselnorden mit dem Boot erkunden. Auf diese Weise gelangt man zur mittelalterlichen, 1829 aufgegebenen toten Stadt ***Kástro** ❺, hoch über dem Meer, deren 12 Kirchen gerade restauriert werden. Vom hellen, nur per Boot erreichbaren Kieselstrand ***Lalária** ❻ aus kann man zu den Meeresgrotten **Skotiní** und **Galaziá Spiliá** schwimmen.

Boote fahren von Skiáthos-Stadt zu der kleinen vorgelagerten Insel **Tsoungriá**, die mit **Ágios Flóros** einen feinsandigen Strand aufweist.

SKÓPELOS

Die ruhige Zufriedenheit, die Skópelos heutzutage vor allem in der Nebensaison ausstrahlt, erinnert kaum noch an die Bedeutung, die die Insel bis weit ins 19. Jh. genoss. 1845, bei der ersten Volkszählung des neuen griechischen Staates, war Skópelos-Stadt nach Nauplia und Athen die drittgrößte Stadt Griechenlands. Ihren Reichtum verdankte sie der Schifffahrt. Die englische Schifffahrtsgesellschaft Lloyd's hatte ein Kontor im Hafen. Auch heute gibt es hier noch viele Büros, die ihre Dienste anbieten – das große Geschäft ist jedoch inzwischen der Fremdenverkehr.

Das landschaftlich reizvolle, baumreiche und landwirtschaftlich fruchtbare Skópelos rühmt sich seiner regionalen Produkte. Aus den Mandeln der Insel wird eine Süßigkeit hergestellt. Eine andere Spezialität sind die weißen Pflaumen, die es sonst nirgendwo in Griechenland gibt.

*Skópelos-Stadt

***Skópelos-Stadt** ❼ ist ein hübscher, einladender Ort mit viel Flair, bei Künstlern und Touristen gleichermaßen beliebt. Überragt wird die Inselhauptstadt von den Ruinen eines venezianischen **Kástro**. Diese Festung, ein Relikt der Ghizzi-Familie, diente der Insel während des Unabhängigkeitskrieges als uneinnehmbares Bollwerk. Etliche Kirchen erheben sich auf dem Festungshügel, von dem sich ein schöner Blick über die grauen und roten Dächer der Stadt bietet; die älteste ist die aus dem 9. Jh. stammende **Ágios Athanásios**, die auf der Stätte eines antiken Tempels erbaut wurde. Die Stadt soll insgesamt 123 Kirchen besitzen; besonders sticht die **Panagía Elefthería** ins Auge, deren Außenmauern mit leuchtenden Keramikfliesen verziert sind. Die **Hrísto-Kirche** besitzt eine bemerkenswerte Bilderwand. Einen Besuch lohnt das kleine **Museum für Volkskunst**, das Stickereien, Trachten und traditionelle Möbel zeigt.

Östlich von Skópelos-Stadt befinden sich sehenswerte Klöster, die auf einer Tageswanderung erkundet werden können. Vom **Moní Evangelismoú** (erbaut 1712) bietet sich ein schöner Ausblick; das Kloster beherbergt eine Marien-Ikone aus dem 10. Jh. Das älteste Kloster der Insel, **Metamórfosis** aus dem 16. Jh., ist heute verlassen. Die Nonnen des **Prodómou-Klosters** (1721) verkaufen Handarbeiten. Die Ikonostase ihrer Kirche weist Tierschnitzereien auf, attraktiv ist der blumengeschmückte Innenhof.

Die **Stáfilos-Bucht** ❽ im Südosten der Insel bietet einen schönen großen **Strand**. Sie ist nach dem kretischen Prinzen Staphylos, Sohn von Ariadne und Theseus – oder, wie eine andere Legende besagt, von Ariadne und Dionysos – benannt, welcher der Überlieferung nach der erste Bewohner der Insel Skópelos war. Die Ausgrabungen im so genannten Staphylos-Grab nahe der Bucht brachten Goldschmuck und Streitäxte ans Licht. Die Funde sind im Archäologischen Museum in Vólos (Thessalien) zu besichtigen.

Zwischen Stáfilos und Agnóndas befindet sich die Felsklippe, wo der hl. Regínos einen Drachen in den Tod lockte – der Legende nach war der Heilige ein Priester, dessen Predigten so langweilig waren, dass der Drache von selbst hinuntersprang. Aber wie immer es wirklich gewesen sein mag, wegen seines landschaftlichen Reizes ist **Drakontoshisma** sehenswert. Regínos, heute der Schutzheilige der Insel, starb 362 n. Chr. den Märtyrertod; sein Sarkophag befindet sich im Hof des **Ágios-Rigínou-Klosters** in der Nähe von Skópelos-Stadt.

Agnóndas ❾ dient als „Ersatzhafen", wenn die Schiffe bei stürmischem Wetter nicht im Hafen von Skópelos-Stadt einlaufen können. Der kleine **Limonária-Strand** westlich von Agnóndas ist für seinen weichen, weißen Sand bekannt.

Fährt man weiter an der Südküste entlang nach Nordwesten, gelangt man nach **Panórmos**, einer herrlichen Bucht mit tiefblauem Wasser, die von einem schmalen hellen Sandstrand umschlossen ist, der in einen schattigen Pinienhain übergeht. Bei **Miliá** weicht der Sand einem grauen Kieselstrand.

Oben: Mit Steinplatten gedeckte Dächer – ein Merkmal der Architektur auf Skópelos (Panagía ston Pírgo, Skópelos-Stadt).

Paleó (Epáno) Klíma ❿ wurde nach einem Erdbeben 1965 weitgehend verlassen. Es ist ein guter Ausgangspunkt für Wanderungen durch den Nordteil der Insel. So kann man etwa zum von Mandelbäumen umstandenen Inseldorf ***Glóssa** laufen, das auf einer Anhöhe erbaut wurde. Wie in vielen alten griechischen Dörfern gibt es auch hier ein Gewirr von Gassen, in denen der Ortsunkundige oft einige Zeit herumirren muss, ehe er zum verborgenen Ortskern findet. Ein großer Teil des Dorfs stammt aus der Zeit der Türkenherrschaft. Von Glóssa aus führt ein einstündiger Spaziergang zur Kirche **Ágios Ioánnis** an der Westküste, die auf einem Felsen über brausenden Wellen thront. Ein weiteres Wanderziel im Westen ist **Loutráki**, Skópelos' zweiter Hafen, wo Fähren (u. a. von Skíathos) an einem relativ ruhigen, eher bescheidenen Strand anlegen.

ALÓNNISOS

Alónnisos wurde bei dem Erdbeben von 1965 schwer zerstört, das Dorf **Alónnisos** (Hóra) fast ausgelöscht. Viele der alten Weinstöcke der Insel waren schon zuvor verkümmert. Aber die „vergessene Insel" erlebte einen neuen Aufschwung, als im Jahr 1992 um Alónnisos der erste Meerespark Griechenlands entstand. Heute kommen zahlreiche Touristen hierher, um den Lebensraum der Mönchsrobbe (*Monachus monachus*) und anderer Meeresfauna und -flora (darunter auch Delfine) zu besuchen oder um zu wandern und die Ruhe zu genießen. Auch die Obstgärten und Weinberge der inzwischen wieder grünen Insel haben sich erholt.

Östlich und nördlich von Alónnisos liegen weitere Inseln und Inselchen,

Info S. 122-123

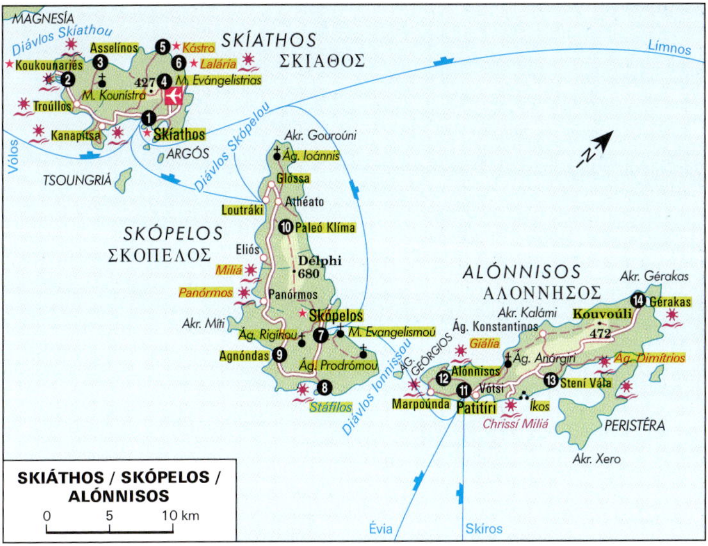

darunter **Pipéri** mit seinem Naturreservat und seiner Mönchsrobbenkolonie sowie das unberührte, einst klösterliche **Kirá Panagía**, das immer noch zur Mönchsrepublik des Berges Athos gehört und wo vor **Ágios Pétros** ein versunkenes byzantinisches Schiff liegt. Alónnisos' Nachbarinsel ist **Peristéra** mit seinen Olivenhainen. Ein weiterer Nachbar ist **Giúra**, Heimat einer speziellen Bergziegenrasse (Bezoarziege). Auf der Insel gibt es auch bemerkenswerte Kalksteinhöhlen, in denen der Sage nach Kyklopen gelebt haben sollen. Auf der Vulkaninsel **Psathoúra** steht ein Leuchtturm. Außerdem befindet sich vor der Insel eine versunkene Stadt. Mit einer solchen kann aber auch Alónnisos aufwarten: **Íkos**, Hauptort der Insel im 5. Jh. v. Chr., versank ebenfalls im Wasser und ist in der Nähe von Kokkinó Kástro noch immer zu sehen. Die hiesige Region war sogar noch früher besiedelt. 1970 wurden hier bei Ausgrabungen einige der ältesten Spuren menschlichen Lebens in der gesamten Ägäis entdeckt – sie gehen bis auf die Zeit um 100 000 v. Chr. zurück.

Patitíri

Alónnisos' Haupthafen **Patitíri** ⓫ wirkt modern – er erlangte seine Bedeutung erst, als sich in Folge des Erdbebens von 1965 die meisten Inselbewohner hier ansiedelten. Heute ist er ein betriebsamer Ort mit einem Jachthafen, einem kleinen **Mönchsrobbenmuseum**, einem **Volkskundemuseum** und einer **Akademie für Homöopathie**.

Im Gegensatz zu Patitíri wirkt **Alónnisos** (Hóra) ⓬ verlassen, obwohl Sommerurlauber, Tavernen- und Ladenbesitzer unentwegt daran arbeiten, die alten Häuser vor dem Verfall zu retten. Ihre Mauern sollen bis auf die byzantinische Zeit zurückgehen. Von dem alten Inselhauptort bietet sich ein grandioser Rundblick.

Hauptattraktion von Alónnisos sind neben den Mönchsrobben seine Strände und die guten Wandermöglichkeiten. Von Patitíri ist es nicht weit nach **Marpoúnda** und **Vithisma**, den Stränden an der Südküste; die Alónnisos nächstgelegenen Strände befinden sich in **Vrisitsa** und **Giália** an der Südwestküste.

Weitere beliebte Strände liegen an der Südostküste, in Sichtweite der nahen Insel Peristéra (wo es ebenfalls schöne Strände gibt): der von Bäumen gesäumte einzige Sandstrand von Alónnisos, **Hrisí Miliá**, **Kokkinó Kástro**, **Kalamákia** und **Ágios Dimítrios**. In der Nähe des letzteren stehen antike Ruinen, darunter ein byzantinischer Springbrunnen. Je weiter man nach Norden kommt, desto einsamer wird die Insel. Im Fischerdorf **Stení Vála** ⓭ zeigt die *Griechische Gesellschaft für Studium und Schutz der Mönchsrobben* ein Video über die Meeressäuger. Um **Gérakas** ⓮ gibt es einige Strände. Wanderer können den höchsten Berg der Insel erklimmen, den **Kouvoúli** (472 m), um die Aussicht zu genießen.

ÉVIA (EUBÖA)

Jede Insel erhebt den Anspruch, einzigartig zu sein – Évias Besonderheit ist, dass es bei einem flüchtigen Blick auf die Landkarte gar nicht wie eine Insel wirkt. Die mit 175 km Länge nach Kreta zweitgrößte griechische Insel erstreckt sich so nah am Festland, dass ihre Hauptstadt Halkída quasi eine Grätsche über den schmalen Evrípou-Kanal macht, d. h. mit einem Bein auf dem Festland, mit dem anderen auf der Insel steht. Der Tourismus beschränkt sich auf wenige Badeorte und ist hauptsächlich griechisch geprägt – Athen ist nur 80 Autokilometer entfernt.

Große Teile der Insel sind gebirgig und noch unberührt. In den Dörfern betreiben die Bauern wie seit Jahrhunderten Viehwirtschaft – der antike Name der Insel, *Euböa*, bedeutet „kuhreich".

Halkída ❶ ist eine große, moderne Stadt, erstreckt sich dank zweier Brücken – die erste wurde bereits 411 v. Chr. erbaut – zu beiden Seiten des ***Evrípou-Kanals**, der hier nur 30 Meter breit ist. Die Richtungen seiner Strömungen wechseln häufig und unvorhersehbar, ein Phänomen, das seit der Antike das Interesse von Wissenschaftlern weckt und auch der Schifffahrt Proble-

Oben: Die Mönchsrobben werden durch den Meeres-Nationalpark bei Alónnisos vor dem Aussterben geschützt.

 Info S. 122-123

me bereitete. Der Sage nach war Aristoteles, weil er die Strömungen nicht erklären konnte, so verzweifelt, dass er sich 322 v. Chr. in den Kanal stürzte.

Seit der Antike ständig bewohnt, finden sich in Halkída Zeugnisse vieler Zivilisationen. **Ágia Paraskeví** ist die Schutzheilige der Stadt. Die zwischen dem 5. und 8. Jh. n. Chr. erbaute Basilika, die ihr geweiht ist, wurde unter den Kreuzrittern im gotischen Stil umgebaut. Die langen Jahre türkischer Herrschaft von 1470 bis 1830 spiegeln sich in der **Moschee** (vormals venezianische Kirche San Marco) mit ihrem schönen Springbrunnen – sie beherbergt heute eine Sammlung byzantinischer Fragmente – und einem Aquädukt im **Kástro**, dem alten venezianisch-türkischen Viertel, wider. In dem einzigen noch vorhandenen Teil der alten Festung ist ein **Volkskundemuseum** untergebracht. Die Türken erbauten auch die **Karababa-Festung**, die auf dem Festland von Halkída steht.

Neben dem türkischen Viertel gab es hier früher auch ein jüdisches. Erhalten sind eine **Synagoge**, die nach dem Brand einer älteren im 19. Jh. erbaut wurde, und der **Jüdische Friedhof**.

Erétria

In der Antike waren Halkída und **Erétria** ❷ mächtige Stadtstaaten, die häufig um die fruchtbare Ebene zwischen beiden Städten kämpften. Am Ende trug Halkída den Sieg davon; es ist heute Inselhauptstadt, während Erétria eher als archäologische Stätte bedeutend ist. Beachtenswert sind Theater, Mosaikenhaus, Westtor und Apollontempel, die teils verstreut liegen in dem im 19. Jh. für ionische Flüchtlinge gegründeten Küstenort. Die interessantesten Funde werden in Halkídas **Archäologischem Museum** aufbewahrt; es ist besser als das **Museum** in Erétria.

Dírfis

Der **Dírfis** ❸, höchster Berg Évias und im Winter schneebedeckt, erhebt sich 1743 m hoch in der breiten Mitte der Insel. In **Steni** beginnt der Wanderweg zum Gipfel.

Kími

Zum stillen Küstenort **Kími** ❹ im Osten gelangt man nur über die weitläufig um die Berge herumführende Straße. Der Ort liegt inmitten grüner Bäume und Felder 250 m über dem Meer. Angeblich kommen aus Kími die besten Feigen der Welt. Hier gibt es ein **Volkskundemuseum** und ein neoklassizistisches Haus. Kímis Strand und Hafen ist **Paraliá Kímis**, der Hauptfährhafen für Schiffe nach Skíros; von dort legen im Sommer auch Fähren zu den anderen Sporaden ab. Am **Sandstrand** von Paraliá Kímis kann man gut baden.

Káristos

Die inoffizielle Hauptstadt des Inselsüdens, **Káristos** ❺, hat eine Fährverbindung zum Festland nach Rafína (20 km östlich von Athen), von wo aus sie leichter zu erreichen ist als über die Straße von Halkída. Káristos war in der Antike ein bedeutender Stadtstaat und ist heute einer der Orte der Insel, der auch ausländische Besucher anlockt. Im 14. Jh. schufen sich die Venezianer hier eine Art Küstensitz mit der **Bourtzi-Festung,** die zum Teil mit Steinblöcken aus dem antiken Apollon-Tempel erbaut wurde, der an einem Ende des langen **Badestrandes** der Stadt steht. Über der Stadt thront das **Kastell Rosso**, das im 11. Jh. von den Byzantinern errichtet und später von Venezianern, Franken, Türken und anderen Herrschern bewohnt wurde. Die Burg galt als so unbezwingbar, dass nur 30 Männer nötig waren, um sie zu verteidigen.

Vom **Míli** (2 km von Káristos) kann man zum **Óhi** wandern, dem mit 1398 m zweithöchsten Berg der Insel. Der Aufstieg dauert ca. 4 Std. und führt an **Marmorbrüchen** vorbei, wo noch immer Säulen aus grünweißem *Cipollino*-Marmor liegen, der nach dem italienischen Wort für „Zwiebel" benannt ist. Neben dem herrlichen Rundblick gibt es eine weitere Attraktion: das **Drakóspito** oder „Drachenhaus", ein ohne Mörtel aus riesigen Blöcken unbehaue-

Oben: Manchmal trifft man auf Skíros noch Männer in der traditionellen Tracht.

Karte S. 119, Info S. 122-123

nen Steins errichteter Bau. Möglicherweise war dies eine religiöse Kultstätte. (Ein ähnliches Haus steht in der Nähe von **Stíra**, ca. 30 km weiter nördlich.)

Évias Nordwesten

Der Nordwesten der Insel ist sehr grün. **Prokópi** ❻ ist ein viel besuchtes Dorf, wegen seiner Landschaft – es liegt in einer bewaldeten Bergschlucht – und wegen seiner Pilgerkirche **Ágios Ioánnis o Róssos**, wohin die Reliquien des hl. Johannes des Russen nach dem erzwungenen Exodus der Griechen aus Kleinasien 1924 gebracht wurden. Interessant ist auch das **Noel-Baker-Anwesen** in der Ortsmitte. Die englische Familie, die das Land seit dem 19. Jh. besaß, unternahm große Anstrengungen, um die Lebensbedingungen für die Bewohner zu verbessern. Trotzdem waren die Einheimischen erzürnt, dass fremdländische „Feudalherren" griechischen Boden besaßen. Der Protest dauerte bis in die 1980er Jahre an. Das Haus beherbergt eine Töpfer-Schule. Von Prokópi führt eine Straße in nordöstliche Richtung zu den Stränden von **Píliou, Vlahiás** und **Sarakíniko**.

Viele empfinden das Fischerdorf **Límni** ❼ als hübschesten Ort auf Évia; die Strände sind sehr schön und das Meer ist besonders klar. Límni ist der Legende nach der Ort, wo Zeus und Hera heirateten und ihre Flitterwochen verbrachten. Ungefähr 8 km entfernt liegt Évias ältestes noch von Mönchen bewohntes Kloster, **Galatáki**, dessen Kirche qualitätvolle alte Fresken hat.

In einem Hafenbecken nahe der Nordspitze Évias liegt **Édipsos** ❽, der größte Kurort Griechenlands. Die hiesigen Thermalquellen heilen angeblich jedes Zipperlein. Wer lieber in Salzwasser badet, kann in **Ília** oder dem hübschen kleinen **Roviés**, weiter südlich, schwimmen oder sich nach Norden über die bewaldete Lihás-Halbinsel zu den schönen Stränden **Ágios Geórgios** und **Gregolimano** begeben.

Auch an der Nordküste kann man gut schwimmen, z. B. in **Pefkí**. Südwestlich von Pefkí liegt **Oreí** ❾, wo an der Uferstraße ein **Marmorstier** aus dem 4. Jh. v. Chr. ausgestellt ist, der im Meer gefunden wurde. In dem landeinwärts zwischen Hügeln gelegenen **Istiéa** ❿ wird noch Landwirtschaft betrieben – schon Homer beschrieb es als „weinreich". Ein venezianisches **Kástro** ziert die Ortsmitte. Nahe **Artemísio** ⓫, weiter östlich, wurden aus einem Schiffswrack zwei der berühmtesten Statuen geborgen (heute im Archäologischen Nationalmuseum): Der Schreitende Gott und der sich an den Rücken seines Pferdes klammernde junge Reiter.

SKÍROS

Da Skíros etwas abseits liegt, ist es eine der weniger bekannten und besuchten Inseln. So konnte es sich seinen Charakter bewahren. Wegen ihrer Lage war die Insel seit alters her prädestiniert, entweder als Militärstützpunkt oder als Piratenversteck zu dienen; Piraten wurden schon 470 v. Chr. von hier vertrieben, als Kimon von Athen die Insel in Besitz nahm, Seeräuber kehrten aber während des Mittelalters immer wieder zurück. Die Insel war außerdem Verbannungsort für jene, die den byzantinischen Hof beleidigt hatten. 1821 wurde sie Zufluchtsort für die Freiheitskämpfer des Unabhängigkeitskriegs.

In den letzten Dekaden haben die Inselbewohner etwas gegen ihre Abgeschiedenheit unternommen und einen Fährverkehr zwischen Skíros und Kími auf Évia eingerichtet. „Die Gesegnete" ist ein Beiname der Insel, den sie ihren Quellen und den ergiebigen Regenfällen verdankt, die für die Fruchtbarkeit des mit Pinien bedeckten Nordteils sorgen. Ein anderes Geschenk der Natur ist der buntscheckige Marmor, der in römischer Zeit auf der Insel gebrochen wurde. Im trockeneren Südteil grasen die *Pikermies*, für Skíros typische Ponys.

Linariá ❶, der Hafenort der Insel, ist relativ neu; er entstand erst nach 1860. Skíros' wichtigste Ansiedlung ist das auf einem Hügel gelegene ***Skíros** (Hóra) ❷, das von den Überresten eines **Kástro** gekrönt wird. Glanzpunkt des Kástro ist das **Ágios-Geórgios-Kloster**, das die byzantinischen Kaiser Nikeforas Fokas und Johannes Tsimiskis 962 n. Chr. gründeten. Die mächtigen Festungsmauern stammen aus byzantinischer und venezianischer Zeit.Auch im **Faltaits-Museum** kann man sich über die Traditionen der Insel informieren. Hier sind für Skíros typische Töpferwaren und Stickereien ausgestellt.

Unterhalb von Skíros liegen die Strände **Magaziá** und **Mólos**, wo sich das Nachtleben der Insel konzentriert. **Órmos Ahíli** ❸ hat einen Jachthafen.

Ganz im Norden der Insel, nahe **Markési** ❹, locken gute Strände. **Atsítsa** ❺ ist ein charmantes Dorf; etwas südlicher, bei **Ágios Fókas** ❻, gibt es noch einen schönen Strand. Mit dem Boot erreicht man die beiden interessanten Meeresgrotten **Pendekáli** und **Geránia** ❼ sowie das **Kap Lithári** ❽ im Süden mit seinem hohen Leuchtturm.

ANREISE zu den Nördlichen Sporaden: Stündlich fahren Busse von Athen nach **Ágios Konstandínos** (2,5 Std.) und **Vólos** (5 Std.); von dort Fähren und Flying Dolphins zu den Sporaden. Auch von Thessaloníki aus gibt es regelmäßige Fährverbindungen mit den Sporaden. Zwischen Skiáthos, Skópelos und Alónnisos verkehren regelmäßig Schiffe. Von Skiáthos gibt es auch eine (seltene) Verbindung nach Kími (Évia). Fähren von Kími nach Skíros fahren regelmäßig.

SKIÁTHOS

SKIÁTHOS-STADT

Städtische **Tourist-Information** in einem Kiosk am Fähranleger, Juni-Okt. tgl. 9-13 und 18.30-22.30 Uhr.

FLUG: Der Flughafen (Tel. 24270 22200) liegt ca. 2 km nordöstl. von Skiáthos-Stadt. Charterflüge und Flüge nach Athen. ***SCHIFF:*** Siehe oben; außerdem Verbindungen mit den Kykladen und Kreta. Infos über Rundfahrten von Skiáthos nach Alónnisos und Skópelos bei der Hafenbehörde, Tel. 24270 22017.

Limanakia, hinter dem Hafen von Skiathos, hat gutes, auf den Geschmack der Urlauber ausgerichtetes Essen, ebenso **Asprolithos**. Im Hafen findet man in der Ouzeri **Aigaion** Lokalkolorit und gutes Essen. Richtig griechisch geht es im **O Kiros** zu: viele Einheimische und liebevoll zubereitetes Essen.

Die Stadt Skiáthos ist stolz auf ihren Sohn Aléxandros Papadiamántis (1851-1911), einen der großen Schriftsteller des modernen Griechenland. Da sein Werk jedoch kaum in andere Sprachen übersetzt wurde, ignorieren leider die meisten Ausländer das reizende kleine **Papadiamántis-Haus** (heute ein Museum). Tgl. 9.30-13 und 17-19.30 Uhr.

KANAPÍTSA

Die Taverne **O Stathis** gilt als die beste in Kanapítsa.

Karte S. 121

SKÓPELOS

SKÓPELOS-STADT

Tourist-Information, am Hafen von Skópelos neben dem Rathaus, Tel. 24240 23220, **Thalpos Travel**, am Hafen, Tel. 24240 22947, Fax 24240 23057 (auch Vermittlung von Ferienhäusern), **Hafenbehörde** Tel. 24240 22180.

SCHIFF: Siehe oben. ***BUS / TAXI:*** Busse und Taxis fahren am Hafen von Skópelos ab.

Die beiden am Fähranleger stehenden Tavernen, **Klimataria** und **Molos**, sollen die ältesten der Stadt sein, sehr beliebt. **O Platanos**, bes. im Sommer sehr schön. **Kipos tou Kalou**, gemütliche Taverne mit hübschem Garten.

Volkskundemuseum, Tel. 24240 23494.

AGNÓNDAS

Pavlos, Agnóndas, bekannt für leckere Meeresfrüchte.

LOUTRÁKI

I Oraia Ellas, Loutráki, einfach, aber gut, am Meer.

ALÓNNISOS

Alónnisos Travel, Tel. 24240 65188, Fax 24240 65511. **Touristenpolizei**, Tel. 24240 65205.

SCHIFF: Fährverbindungen mit den Nachbarinseln und Evía (Kími). **Hafenbehörde**, Tel. 24240 65595.

PATITÍRI

To Kamáki, Patitíri, I. Dolópon, Sehr gute Meeresfrüchte.

ÉVIA (EUBÖA)

ANREISE: Euböa ist durch zwei Brücken bei **Halkída** mit dem Festland verbunden. Linienbusse vom Athener Busbahnhof Liossion (1,5 Std.). Von **Kími** (3,5 Busstunden von Athen), gibt es Fähren und Flying Dolphins nach **Skíros**. **Busbahnhof** in Halkída: Tel. 22210 22640. **Bahnhof** in Halkída, Tel. 22210 22386, Züge nach Athen.

HALKÍDA

Volkskundemuseum, Halkída, Venizelou 13, Di-So 8.30-15 Uhr. **Archäologisches Museum**, Di-So 8.30-15 Uhr.

ERÉTRIA

Archäologische Stätte (und Museum), Erétria, Tel. 22210 62206, Di-So 8.30-15 Uhr.

KÁRISTOS

BUS: **Busbahnhof**, Tel. 22240 22453. ***SCHIFF:*** Verbindungen mit Rafína und den Kykladen. **Hafenbehörde**: Tel. 22240 22227.

Archäologisches Mus., Káristos, Kriezotou, Tel. 22240 22472, Di-So 8.30-15 Uhr. Funde aus örtlichen Ausgrabungen.

ÉDIPSOS

Hafenbehörde von Édipsos: Tel. 22260 22464.

SKÍROS

Stadtverwaltung von Skíros, Tel. 22220 91206.

FLUG: **Olympic Airways**: Tel. 22220 91600. **Flughafen** bei Markési, Tel. 22220 91625. ***SCHIFF:*** Fähren nach Vólos, Thessaloníki und zu den Kykladen. **Hafenbehörde**: Tel. 22220 93475. **Skíros Shipping Company** (Schiffe nach Kími), Tel. 22220 91789, Fax 22220 91791.

Archäolog. Stätte u. Museum, Skíros, Tel. 22220 91327. Stätte tägl. 8.30-21 Uhr; Museum Di-So 8.30-15 Uhr. Funde aus Skíros' ältester Siedlung, dem aus der Kupferzeit stammenden **Palmari** an der Nordküste. Ausgestellt ist auch ein typisch skirisches Haus mit gekachelten Wänden und Puppen, die die einheimische Tracht tragen.

2290
CAT

DIE THRAKISCHEN INSELN

THÁSOS
SAMOTHRÁKI

Die beiden Inseln im Thrakischen Meer, Thásos und Samothráki, haben in Bezug auf Natur, Kultur und Geschichte mehr mit dem nordostgriechischen Festland gemein als mit den anderen, weiter südlich in der Ägäis gelegenen Inseln. Pinienwälder, Berge und sogar kalte Winter mit Schnee sind typisch für die beiden „Außenseiter", und die Badesaison ist viel kürzer als etwa auf Rhódos oder Kreta.

Die beiden Eilande liegen ziemlich weit ab von den Piräus-Fährrouten zu den touristischen Hauptinseln; am besten erreicht man sie vom makedonischen (Kavála) bzw. thrakischen Festland (Alexandroúpoli) oder mit dem Flugzeug von Thessaloníki.

Für Urlauber gibt es hier viel zu entdecken – von Bergwäldern bis hin zu antiken Ruinen und guten Stränden.

*THÁSOS

Das grüne Thásos, „eine jener Wonnen unter den Inseln" (Lawrence Durrell), verdankt seine üppige Vegetation dem nördlich geprägten Klima. Es gibt hier sogar verschneite Winter, was die Spitzdächer der Häuser erklärt. Zahlreiche Quellen, viel Grün und weidendes Vieh bestimmen das Bild der Insel. Die Küstenstraße legt sich wie ein Band um das gebirgige Zentrum.

Links: Im Marmorsteinbruch bei Thásos-Stadt (Liménas).

In der Mythologie war Thásos ein Verwandter der Jungfrau Europa, der bei der Suche nach seiner von Zeus entführten Schwester die Insel fand.

Siedler aus Páros gründeten im 7. Jh. v. Chr. eine Siedlung. Später litt Thásos unter den Persern, die die Insel auf ihrem Weg nach Athen (490 und 480 v. Chr.) passierten. Andere fremdländische Herrscher waren die Russen, die Thásos im späten 18. Jh. für vier Jahre regierten, und kurze Zeit später die Ägypter: Mehmet Ali, der 19. Vizekönig von Ägypten, verbrachte hier einen Teil seiner Kindheit und liebte die Insel so sehr, dass der Sultan sie ihm 1813 schenkte. Thásos erlangte eine starke Autonomie, denn der Vizekönig senkte die Steuern und verlieh der Insel Privilegien. Die ägyptische Herrschaft dauerte bis 1902.

*Thásos-Stadt

Der Hafenort ***Thásos** (Liménas) ❶ wurde an der Stätte des antiken Thásos erbaut und ist reich an Ruinen und Funden. Einige werden im exzellenten **Archälogischen Museum** präsentiert.

Vom 7. bis 5. Jh. v. Chr. war der Hafen mit Mauern aus heimischem Marmor befestigt: Von der Antike bis in die Neuzeit war Thásos ein Zentrum des

Marmorexports. Dem Schutzgott der Insel ist das Heiligtum des Herakles, das **Herakleion**, gewidmet, der bereits zur Zeit der Phönizier verehrt wurde. Später kamen die Römer und bauten eine **Agorá**, die noch erhalten ist (nördlich des Stadtzentrums). Im antiken **Dionysos-Theater** finden im Sommer Aufführungen statt. Ein weiterer Höhepunkt sind die Überreste der antiken **Akropólis** mit dem **Heiligtum des Apóllon Pythios**, das später in eine italienische Festung umgebaut wurde.

Makrí Ámmos ist der städtische Strand, an dem man neuerdings Eintritt bezahlen muss. Allerdings ist der ganze Küstenstreifen westlich von Makrí Ámmos mit per Bus erreichbaren Stränden wie **Glifáda** übersät.

Fährt man von Thásos-Stadt ins Inselinnere, erreicht man ***Panaghía** ❷ und **Potamiá** ❸, schöne Bergdörfer mit hölzernen Balkonen und Spitzdächern, deren Baustil an Epirus und Makedonien auf dem Festland erinnert. Die gewölbten Eingänge sind typisch für die Inselarchitektur. Das **Museum Vágis** in Potamiá ist dem bekannten Bildhauer Polýgnotos Vágis (1894-1965) gewidmet, der aus dem Ort stammt.

Rechts: Zu Füßen der Bergdörfer Potamiá und Panaghía erstreckt sich der schöne Sandstrand Hrisí Amoudía (Thásos).

Beide Dörfer schmiegen sich in die Pinienwälder an der Flanke des Berges **Ipsário** (1203 m); mehrere Wanderwege führen auf den Gipfel. Ausdauernde Wanderer können weiter bis **Kástro** ❹ laufen, ein halb verlassenes Dorf mit Spuren byzantinischer Besiedlung, das man auch auf der Straße vom Badeort Limenária (siehe unten) aus erreicht.

In der früheren Inselhauptstadt **Theológos** ❺ (Anfahrt via Potós) stand einst das genuesische Kastell **Kourokástro**; aus dem frühen 19. Jh. sind noch einige Herrenhäuser erhalten. In der Nähe gibt es Routen für Felskletterer. An der Ostküste von Thásos zieht sich zwischen **Skála Panaghía** und dem Urlauberort **Skála Potamiá** ein herrlicher Sandstrand hin, ***Hrisí Amoudía** ❻ („Goldstrand"). Weiter südlich befindet sich bei **Kínira** ❼ ein FKK-Strand.

Im Südosten flankieren zwei reizende Strände die Halbinsel ***Alikí** ❽, die in der Antike ein Zentrum des Marmorexports vom Berg Ipsário war, wovon noch Reste zeugen: von einem antiken Marmorbruch bis hin zu den Ruinen eines Tempels. Nudisten frequentieren den steinigen Strand bei **Arhangélou** unter dem gleichnamigen Kloster.

Westküste von Thásos

Potós und **Limenária** ❾ sind die Hauptbadeorte im Südwesten: Besonders Limenária ist wegen seiner Strände beliebt. Zu Ostern tanzen die Dorfbewohner in ihren traditionellen Trachten. Über dem Dorf thront der „kleine Palast" Palatáki, der um 1900 als Büro für die deutsche Zeche Spiedel erbaut wurde. Das nahe **Psilí Ámmos** ist einer der besten Sandstrände der Insel.

Entlang der Nordwestküste findet man feinsandige Strände, teils von Kie-

 Info S. 129

fern beschattet. Die meisten „Skálas" hier – Dörfer am Meer mit Hafen – wurden im 20. Jh. gegründet und gehören zu älteren, in Schutzlage weiter landeinwärts errichteten Inseldörfern wie dem malerischen **Mariés** ⑩, in dessen Kirche schöne Fresken zu besichtigen sind, **Rahóni** oder **Prínos**.

Bei **Skála Prínos**, dem Hafen für die Fähren aus Kavála, sieht man im Meer eine Ölplattform. Von Prínos einen Abstecher wert ist, 5 km landeinwärts, das schöne alte Bergdorf ***Kazaviti** (auch Ano-Prínos genannt; Anfahrt via Prínos und Mikro Horio).

SAMOTHRÁKI

Samothráki ist Kunstkennern durch den Torso der geflügelten *Nike von Samothráki* bekannt, einer der berühmtesten Statuen des klassischen Griechenland, ausgestellt im Pariser Louvre. Wie ihre Pose nahe legt, war die Statue der Siegesgöttin einst die Galionsfigur eines marmornen Schiffbugs. Demetrios Poliorketes, der auch den Koloss von Rhódos in Auftrag gab, ließ sie als Teil eines Dankesopfers an die Götter für seinen Sieg über Ptolemaios II. 305 v. Chr. herstellen.

Paleópoli

In der antiken Welt war Samothráki ein wichtiges religiöses Zentrum. Die zerklüftete Gebirgsinsel, die nicht einmal einen natürlichen Hafen hat, war Basis des Kults der Kabiren, phrygischen oder phönizischen Göttern (*Kabiren* bedeutet „die Mächtigen"), deren Riten noch vor der Zeit des klassischen Griechenland entstanden und sich bis zum Verbot durch die christlichen Byzantiner im 4. Jh. n. Chr. hielten. Zeugnis von der großen Macht des Kults legt die ausgedehnte antike Stadt **Paleópoli** ❶, 7 km östlich des Hafens, ab, wo noch andauernde Ausgrabungen mehr und mehr Elemente des Heiligtums der Großen Götter freilegen. Hier wurde 1863 auch die Nike gefunden.

Das ***Heiligtum der Großen Götter** war den Gottheiten der Unterwelt geweiht. Wie bei den Eleusinischen Mysterien weiß man nur wenig über den

Kult, obwohl selbst Nicht-Eingeweihte bei den Riten zuschauen durften. Zu den Eingeweihten oder *Saoi* (Geretteten) gehörten z. B. Philipp von Makedonien und Herodot. Noch immer ist unklar, welche Götter verehrt wurden. Auf jeden Fall waren es Fruchtbarkeitsgötter mit einer den großen Göttinnen Kleinasiens verwandten Muttergottheit. Später wurden die Kabiren in die griechische und römische Mythologie übernommen. Dass die Fruchtbarkeitsgötter die Wünsche der Sterblichen erfüllten, bezeugt das **Arsinoeion**, die Ruine des mit einem Durchmesser von 20 m größten Rundbaus des antiken Griechenland. Die ägyptische Königin Arsinoë ließ es ca. 280 v. Chr. errichten, um den Göttern für die Geburt ihres Kindes zu danken. Von größerer Bedeutung für die Initiationsriten waren das **Anaktorion** (Haus der Herren, 6. Jh. v. Chr.) und das **Hieron** (3. Jh. v. Chr.), von dem fünf dorische Säulen wieder errichtet wurden.

Oben rechts: Nur wenige Säulen sind vom Heiligtum der Großen Götter geblieben.

Kamariótisa und Samothráki-Stadt

Der Hafenort von Samothráki, **Kamariótisa** ❷, hat eine ausgedehnte Uferpromenade und einen felsigen Strand. Er verfügt über die meisten Hotelbetten und Tavernen. Viele Inselbewohner leben landeinwärts in der idyllischen Inselhauptstadt **Samothráki** (Hóra) ❸ mit verwinkelten Gassen, rustikalen Häusern und einem Basar. Über dem Ort ragt die Ruine einer genuesischen Burg auf. Von hier können Wanderer in einigen Stunden den **Fengári**, den „Mondberg", erklimmen, den mit 1611 m höchsten Berg der Ägäis. Von Kamariótisa erreicht man mit dem Boot den Strand von **Pahiá Ámmos** ❹ sowie den Wasserfall **Kremastá Nerá** an der Südküste.

Thérma

An der Nordküste liegt das für seine Schwefelquellen bekannte **Thérma** ❺. Bei ⋆**Gréa Váthra**, östlich von Thérma, verlocken kleine Wasserfälle und Teiche zu einem Bad in Süßwasser.

THÁSOS

THÁSOS-STADT

Thásos Tourist Association, Tel. 25930 22289. **Touristenpolizei**, Tel. 25930 23111. **Hafenbehörde** in Thásos-Stadt, Tel. 25930 22106.

SCHIFF: Täglich Fähren nach Kavála (von Thásos-Stadt und Prínos aus) und Keramotí (von Thásos-Stadt aus). Einmal täglich Tragflügelboot nach Samothráki (ab Thásos-Stadt).
AUTOVERLEIH: **SmartRent**, Fax 25930 53105, E-Mail: smartytha.forthnet.gr

Mouses, Fischtaverne und Ouzeri in einem historischen Haus mit schönem Garten.
Symi, Fischtaverne, in der außerhalb der Hauptsaison nur vom Inhaber selbst gefangener Fisch serviert wird.
Virginia, hinter dem alten Hafen, Fisch und Meeresfrüchte, dazu schöner Blick aufs Meer.
Café-Bar Karnagio, am Ende des alten Hafen, unmittelbar neben einem kleinen Strand, schöne Terrasse.

Archäologisches Museum, 18 Meg. Alexandrou (Thásos-Stadt), Tel. 25930 22180.

VERANSTALTUNGEN: Ein **Festival des antiken Dramas** findet jeden Sommer im antiken Theater von Thásos statt. Auskünfte/Programm bei der Touristeninformation.

ALIKÍ

Glaros, Alikí, Taverne mit grandioser Aussicht, überwiegend Fischgerichte.

KAZAVÍTI

O Andreas, Kazavíti, Familiäre Taverne auf dem malerischen Hauptplatz des schönen Bergdorfes; viele leckere, auch vegetarische Gerichte.

SAMOTHRÁKI

Touristenpolizei, Samothráki (Hóra), Tel. 25510 41203. **Niki Tours**, Tel. 25510 41465, Fax 25510 41304, kann mit Unterkunft und Transportmitteln helfen. **Hafenbehörde**, Tel. 25510 41305.

SCHIFF: Der Hafen Kamariótisa hat täglich Fährverbindung mit Alexandroúpoli (2 Stunden); regelmäßiger Fährverkehr auch nach Kavála und Límnos. Tragflügelboot nach Thásos.
AUTOVERLEIH: **Pavlos Rent**, Kamariótisa, Tel. 0976137888, auch Motorroller und Fahrräder.

KAMARIÓTISA

Klimataria, besonders für frischen Fisch zu empfehlen, alle Gerichte hausgemacht.
Agrogiali, an der Straße nach Lakoma (ausgeschildert), Fleisch vom Holzkohlegrill und Fisch.

Archäologische Stätte und **Museum** (Heiligtum der Großen Götter), Tel. 25510 41474, Di-So 9-14 Uhr. Das Museum beherbergt Funde der seit 1948 laufenden Ausgrabungen.

SAMOTHRÁKI-STADT

Exochiko Kentro Sotiros, Samothráki-Stadt, Taverne in einem üppigen Garten an einer kleinen Schlucht, exzellente Ziegenfleischgerichte, geräuchertes Auberginenpüree.
Paradissos, im Bergdorf Prof. Ilías, einfaches Grillrestaurant mit herrlicher Aussicht, guter Retsina vom Fass.

THÉRMA

Das schwefelhaltige Wasser der **Bäder in Thérma** soll bei Arthritis und auch bei gynäkologischen Beschwerden helfen. Es gibt ein kleines Thermalbad. Auskünfte im Rathaus von Samothráki, Tel. 25510 41218, Fax 25510 41204.

DIE NORDOSTÄGÄISCHEN INSELN

LÍMNOS
LÉSVOS
HÍOS
IKARÍA
SÁMOS

Groß und bewaldet, der Türkei näher als Griechenland, sind die Inseln der nordöstlichen Ägäis eine Welt für sich, und sie eignen sich kaum für einen kurzen Zwischenstopp: Fährverbindungen zwischen ihnen gibt es regelmäßig, aber selten, und jede Insel ist groß genug, um selbst einen rastlosen Reisenden eine Woche lang zu beschäftigen. Außerdem bieten sich Schiffsausflüge an zu der einst griechischen Westtürkei und deren antiken Ausgrabungen von Weltrang – wie z. B. Milet oder Ephesos.

Trotz Tourismus haben die Inseln ihren Charakter und ihre Traditionen bewahrt. Die Nähe zur türkischen Küste hat die Entwicklung der Nordostägäis vom 15. bis zum 20. Jh nachhaltig geprägt; generell hatten die hiesigen Inseln ein weniger feindseliges Verhältnis zu ihren osmanischen Herrschern als viele der anderen ägäischen Inseln. Die Sultane bevorzugten besonders Híos, das sie mit dem ihnen wichtigen Mastix-Harz versorgte. Diese Insel gehört erst seit 1912 zu Griechenland. Nur wenige Jahre später – 1923 – wurde sie nach der Ausweisung der griechischen Bevölkerung aus dem türkischen Anatolien von einem Flüchtlingsstrom überrollt. Das Erbe dieser bewegten Vergangenheit ist ein orientalisches Flair, das man noch heute in den engen, basarartigen Straßen von Mitilíni oder Híos-Stadt findet. Aus der Nähe zur Türkei resultiert auch die Militärpräsenz – Wanderer können sich unvermittelt mit dem Stacheldrahtzaun einer Armeeanlage konfrontiert sehen.

Vorherige Seiten: Eine byzantinische Burg thront über dem pittoresken Ort Míthimna (Mólivos), Lésvos. Links: Im Kloster Megalí Panagías (16. Jh.) auf Sámos.

Alle Inseln bieten schöne Badestrände. Als Folge des Tourismus haben sich besonders auf Lésvos und Sámos florierende Ferienorte mit Jachthäfen und aktivem Nachtleben entwickelt. Wer Ruhe sucht, kann auf der winzigen Insel Psará oder an den wenig besuchten Stränden des grünen Ikaría einen gemütlichen Inselurlaub verbringen.

LÍMNOS

Límnos gehört zum Verwaltungsbezirk der Nordostägäischen Inseln, hat jedoch mit ihren „Schwestern" wenig gemeinsam. Die sanften Hügeln bilden eine freundliche, wenn auch nicht sehr spektakuläre Landschaft. Traditionell werden auf fruchtbaren Ebenen Weizen und auch Baumwolle angebaut sowie ein Wein von ausgeprägtem Charakter.

Auf Límnos errichtete der Schmiedegott Hephaistos, nachdem ihn sein Vater Zeus vom Olymp herabgeschleudert hatte, seine Schmiede. Als seine Gemahlin Aphrodite eine Affäre mit Ares

begann, berichteten die lemnischen Frauen Hephaistos von dem Verrat. Zur Strafe verlieh ihnen Aphrodite einen so strengen Körpergeruch, dass sich ihre Männer von ihnen abwandten. Erzürnt machten die zurückgewiesenen Gattinnen ihre Männer betrunken und warfen sie vom Kap Petrassos, nahe des Dorfs Androni, ins Meer. Zum Glück landeten bald Jason und die Argonauten auf der Suche nach dem goldenen Vlies auf der Insel, fanden sie voll lediger Frauen und sorgten wieder für Nachwuchs.

Durch die Eruptionen des Vulkans Moschylos entstand der schwefelhaltige Boden, der seit der Antike seiner Heilkraft wegen geschätzt wird. Die heilige Erde wurde an einem bestimmten Tag des Jahres von einer Priesterin ausgegraben; später im Christentum geschah dies jeweils am 6. August (Christi Verklärung) durch einen Priester. Das Heilerde-Vorkommen liegt nahe der alten byzantinischen Stadt Kotsinas, deren Name möglicherweise eine Abwandlung des Wortes *kokkinos* (rot) ist und sich auf die Farbe der Erde bezieht.

Rechts: Die Katze führt vor, wie man im Sommer die heiße Mittagszeit übersteht.

*Mírina

Die auf einem Felsen stehende Ruine des **Paleókastro** (12. Jh.) überragt den Hafen der Inselhauptstadt ***Mírina** ❶ (auch Hóra oder Kástro). Die elegante Strandpromenade **Romeikós Gialós** („griechischer Strand") zieren von Häusern aus dem 19. Jh. Der Strand bekam den Namen, um ihn vom weiter unten liegenden **Tourkikós Gialós**, dem „türkischen Strand" im früheren osmanischen Viertel, zu unterscheiden. Am Romeikos Gialós stehen das **Archäologische Museum** und der **Erzbischöfliche Palast** (mit Kirchenmuseum).

Südliches Límnos

Einer der schönsten Strände der Insel befindet sich bei **Thános** ❷, einige Kilometer südöstlich von Mírina. Der Ort **Kondiás** ❸, weiter östlich, ist eines der traditionellsten lemnischen Dörfer. **Néa Koútali** ❹ wurde erst 1926 besiedelt,

nachdem im Zuge des Exodus aus Kleinasien auch die Bewohner der Insel Koútali ihre Heimat hatten verlassen müssen. Sein Strand ist der schönste in der **Bucht von Moúdrou**, einem der größten Naturhäfen des Mittelmeers. Hier begann der englisch-französische Angriff, der mit der Niederlage bei Gallipoli (1914-1916) endete. In **Moúdrous** ❺ erinnern noch immer starke Militärpräsenz sowie ein Commonwealth-Soldatenfriedhof an diese Zeit.

***Polióhni** ❻ an der Ostküste ist die älteste Siedlung von Límnos aus dem 4. Jtsd. v. Chr. Sie ist sogar noch älter als Troja auf dem gegenüberliegenden türkischen Festland. Wie in Troja gab es auch hier verschiedene Phasen der Besiedlung, die bis 100 v. Chr. nachweisbar ist. Bei Ausgrabungen im 20. Jh. fand man Goldschmuck – ähnlich dem von Schliemann in Troja entdeckten „Schatz des Priamos". Im nahen **Kamínia** ist eine antike Stele in eine Wand der **Ágios-Alexándros-Kirche** eingebaut, die eine Inschrift trägt, die zwar mit griechischen Buchstaben, aber in einer unbekannten Sprache verfasst ist.

Nördliches Límnos

Spuren einer antiken Siedlung finden sich bei **Pláka** ❼ an der Nordostspitze der Insel. Die Überlieferung besagt, dass Agamemnon hier das erste Leuchtfeuer als Signal der Beendigung des Trojanischen Kriegs anzünden ließ. An einem klaren Tag und bei Windstille erkennt man vor der Küste ein versunkenes Dorf, angeblich Homers **Hrisí**.

Am nordöstlichen Strand liegen zwei weitere bedeutende Ausgrabungsstätten: Das **Kabiren-Heiligtum (Kabírion)** ❽, wo wie auf Samothráki geheimnisvollen Gottheiten gehuldigt wurde, und, auf der anderen Seite der Bucht, **Iféstia** (Hephaistia) ❾, vom 8. Jh. n. Chr. bis zum 11. Jh. n. Chr. wichtigste Stadt auf Límnos. Als ihr Hafen verschlammte, wurde das Inselzentrum nach Kotsinas verlegt. Überreste des Tempels der Großen Göttin sowie des antiken Theaters sind noch sichtbar.

Die Festung **Kókkino** ❿ wurde im 14. Jh. von Venezianern erbaut. Westlich von hier, gegenüber der unbewohnten Insel Sergítsi, liegt **Gomáti** ⓫, ei-

Info S. 156-157

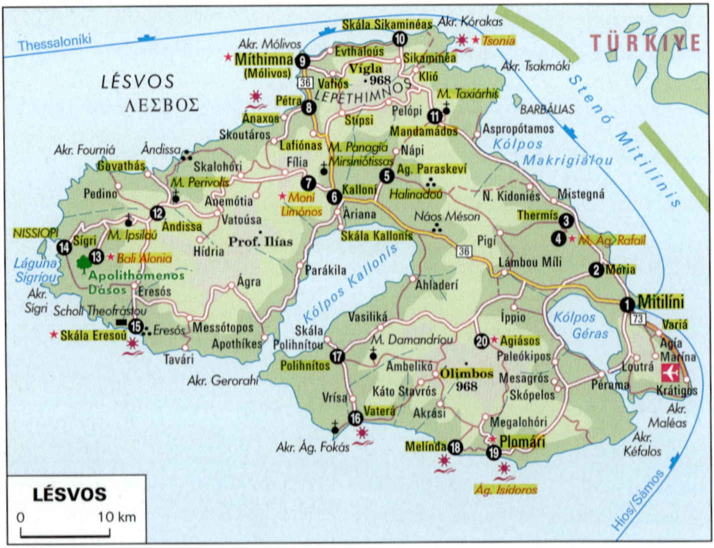

ner der schönsten Sandstrände von Límnos. Oberhalb des Strandes stehen auf einem Fels die Häuser des malerischen Dorfes **Katálakko** ⓬.

Liebhaber kleinerer Inseln können von Mírina eine Fähre nach **Ágios Efstrátios** ⓭ nehmen, das zum Großteil zur „Heiligen Gemeinschaft des Heiligen Berges Athos", der autonomen Mönchsrepublik auf der Chalkidike, gehört. Die seit dem 17. Jh. bewohnte Insel diente als Exil für politische Gefangene, unter ihnen der Dichter Jánnis Rítsos und der Komponist Mikis Theodorakis. Aufgrund des Erdbebens von 1968 leben die Einheimischen vorwiegend in schlichten Betonhäusern.

*LÉSVOS (LÉSBOS, MITILÍNI)

Lésvos ist nach Kreta und Évia die drittgrößte griechische Insel. Den Inselnamen *Lesbos* spricht man in Griechenland *Lésvos* aus – ohne damit Assoziationen an lesbische Frauen zu verbinden. Häufig wird die Insel auch – wie ihre Hauptstadt – Mitilíni genannt.

Die „Insel der Oliven" ist ein Griechenland en miniature mit riesigen Olivenhainen und bewaldeten Bergen, die nur zur Fuß oder auf Eseln zugänglich sind, Fischerdörfern, Salzlagunen, Kiesbuchten und einigen wenigen Sandstränden, mittelalterlichen Festungen, einem versteinerten Wald – dem einzigen Europas – und sogar einem eigenen Olymp.

Die einheimische Dichterin Sappho (ca. 615-562 v. Chr.) war berühmt für ihre Verehrung von Frauen und die Gründung einer Frauenakademie in den Hainen ihrer Heimatstadt Eresós, aber sie war auch verheiratet und hatte eine Tochter. Sie soll sogar aus unerwiderter Liebe zu einem Mann Selbstmord begangen haben. Noch vor Sapphos Zeit trieb – laut Homer – das Haupt des Orpheus an die Strände von Lésvos, nachdem der Dichter von den wütenden Mänaden zerfetzt worden war. Der Kopf sang noch und bezauberte die Bestien mit seiner Musik, bis die Götter dem Gesang ein Ende setzten.

Rechts: Der Olivenanbau prägt die Landschaft von Lésvos.

Karte S. 134, Info S. 156-157

Die künstlerische Tradition hat bis ins 20. Jh. überdauert. Der Autor Stratís Mirivíllis (1892-1969) schrieb Romane über die Fischerdörfer der Insel. Der naive Maler Theófilos Hatzimihaílis (1868-1934) wurde nach einer Ausstellung seiner Werke im Louvre 1934 „griechischer Rousseau" genannt. Entdeckt wurde er von dem als Tériade bekannten Lesvier Stratís Eleftheriádis, der sich in Paris als Verleger von Kunstbüchern von Picasso, Chagall, Matisse und anderen einen Namen machte. In **Variá**, südlich von Mitilíni, zeigt das ***Tériade-Museum** eine einzigartige Sammlung von Farblithografien und Kunstbüchern dieser und anderer berühmter Maler. Hier sind im ehemaligen ***Wohnhaus von Theofilos Hatzimihailis** 80 seiner Werke ausgestellt.

Auf Lésvos stehen mehr Olivenbäume als auf jeder anderen griechischen Insel – mehr als 10 Millionen schimmern silbergrün an den Abhängen. Das lesvische Olivenöl gilt als das beste Griechenlands; jährlich werden ca. 30 000 Tonnen hergestellt. Das zweite flüssige Exportgut der Insel ist der Anisbranntwein Ouzo; in und um Plomári gibt es bekannte Destillerien.

Mitilíni

Der Hauptort der Insel, **Mitilíni** ❶, ist eine geschäftige Hafenstadt, die eingerahmt wird von hübschen alten Villen und den Ruinen des größten mittelalterlichen **Kástro** Griechenlands, dessen Bau unter dem byzantinischen Kaiser Justinian im 6. Jh. begonnen wurde. Im Sommer finden hier Konzerte statt.

Wie auch das um einiges größere Rom besitzt Mitilíni sieben Hügel. Dass die Siedlung schon in der Antike existierte, bezeugen die auf einem der Hügel gelegenen Ruinen des **Antiken Theaters** (3. Jh. v. Chr.), eines der größten Griechenlands und berühmt wegen seiner ausgezeichneten Akustik.

Heute wird die Uferlinie von den Kuppeln der **Therapón-Kirche** be-

herrscht. Die aus der Ferne imposant wirkende Kirche ist so in das Straßengewirr eingebettet, dass man sie als Fußgänger in der Stadt erst sieht, wenn man direkt vor ihr steht. Auch sie wurde an einem historischen Ort erbaut: Ursprünglich stand hier ein Tempel, später eine frühchristliche Kirche; der heutige Bau stammt aus dem 20. Jh. Ein kleines **Byzantinisches Museum** im Vorhof stellt Ikonen und andere Kirchenschätze aus. Weiter in die Altstadt und zur ehemaligen Moschee **Jeni Dsami** führt die geschäftige Haupteinkaufsstraße **Odós Ermoú**.

Ganz in der Nähe des Fähranlegers birgt eine vornehme Villa einen Teil der Sammlungen des ***Archäologischen Museums**. Die Hauptausstellung hat seit 1999 in einem Neubau an der Straße Odós 8 Noemvríou Platz gefunden. An deren Verlängerung, der Odós Mikrás Asías, steht die **Städtische Pinakothek**.

Mitilíni liegt auf der südwestlichen Halbinsel. Busse fahren zu den Stränden an deren Spitze und zum internationalen Flughafen.

Info S. 156-157

In **Mória** ❷, nördlich der Stadt, erinnern Überreste eines römischen Aquädukts an eine 26 km lange Wasserleitung mit Doppel-Rundbogen.

Die Mineralquellen in **Thermís** ❸ erlebten unter den Römern ihre Blüte, obwohl sie bereits im 1. Jh. v. Chr. genutzt wurden und Funde von hiesigen Siedlungen aus der Steinzeit datieren. In der hellenistischen Zeit wurde das Gebiet mit Artemis assoziiert – für starke Frauen hatte man auf Lésvos etwas übrig. Ihr Tempel wurde nach dem Aufkommen des Christentums verlassen.

Das südwestlich gelegene Kloster ***Ágios Rafaíl** ❹ beherbergt die Gebeine der wundertätigen Heiligen Rafaíl, Nikólaos und Iríni. Es ist ein bedeutendes Pilgerziel.

Die schnellste Strecke von Mitilíni nach Míthimna führt quer über die Insel, vorbei am flachen Golf von Kallonís, der in Salzlagunen ausläuft, neben denen Pferde weiden. Die einst auf Lésvos lebenden Wildpferde wurden von Zuchtpferden abgelöst, die man bei alljährlichen Rennen während des drei Tage dauernden **Stierfestes** (am 2. Sonntag nach dem orthodoxen Osterfest) in **Agía Paraskeví** ❺ bewundern kann. Zu dem seit 1774 gefeierten, von heidnischen Untertönen nicht ganz freien Fest gehört eine Prozession mit einem geschmückten Bullen.

Einen Besuch wert sind die Ruinen der frühchristlichen Basilika (6. Jh.) von **Halinadoú**, südöstlich von Agía Paraskeví.

Eine Delikatesse am **Golf von Kallonís** sind Meeresfrüchte und Sardinen. Ideal für Vogelbeobachter sowie Familien mit Kindern sind die flachen Gewässer des lebhaften Badeorts **Skála Kallonís** – ursprünglich der Hafen der Handelsstadt **Kalloní** ❻. Das Nonnenkloster **Mirsiniótissas** aus dem 15. Jh. beeindruckt durch seinen wunderschönen Blumengarten im Innenhof (2,5 km nördlich von Kalloní). Weiter westlich steht das 1527 erbaute ***Kloster Limónos** ❼. Es ist ein wichtiges religiöses

Oben: In der Altstadt Mitilínis. Rechts: Im Kloster Limónos ist der Zutritt für Frauen verboten.

Karte S. 136, Info S. 156-157

Zentrum, aber seine freskengeschmückte Kirche ist für Frauen unzugänglich. Nur das kleine Museum dürfen sie betreten.

Pétra

Südlich von Míthimna zieht sich der Ferienort **Pétra** ❽ am dunklen Sand- / Kiesstrand entlang. Sein Wahrzeichen, die Kirche **Panagía Glikofoúsa** („Madonna des süßen Lächelns"), thront inmitten der Stadt auf einem Felsen (griech. *pétra*), auf dem einst eine Burg stand. Man erreicht sie über 114 in den Fels gehauene Stufen. Am Tag der Auferstehung Marias, dem 15. August, rutschen die Gläubigen auf Knien hinauf. Am Fuß dieses Felsenturms liegt die von außen weniger spektakuläre Kirche ***Ágios Nikólaos** mit schönen Fresken aus dem 16. Jh., die allerdings in jämmerlichem Zustand sind.

An einem Balkon über Pétras Hauptplatz hängt das Schild der landwirtschaftlichen **Frauenkooperative**. Sie entstand 1983 aufgrund der Unzufriedenheit der Frauen über die mangelnde Vertretung ihrer Interessen in der Gemeinde. Die Kooperative verhilft ihnen zu zusätzlichem Einkommen durch die Vermietung von Zimmern und den Verkauf selbst gemachter Produkte.

Wenn man Landleben schnuppern möchte, bietet sich ein Spaziergang südwärts, den Hang hinauf, an – zum Dorf **Lafiónas** mit seiner wunderbaren Aussicht auf Pétra und Míthimna. Der Esel ist hier noch das Haupttransportmittel und man trifft kaum andere Touristen. Wandert man dagegen westwärts entlang der Küste, gelangt man zu einigen schönen Stränden: dem beschaulichen **Avláki**, dem wegen seinem guten Sandstrand rasch wachsenden Ferienort **Ánaxos** und dem ruhigeren **Ambélia**.

*Míthimna (Mólivos)

An der Nordspitze der Insel erhebt sich ausgesprochen malerisch eine mittelalterliche Burg über dem touristischen Hauptort von Lésvos, ***Míthimna** (Mólivos) ❾, der im Sommer viele Touristen anzieht. Míthimna hat einen netten, von Tavernen gesäumten **Hafen**

und eine vorbildlich erhaltene historische Bausubstanz mit Natursteinhäusern (Vermietung von Privatzimmern und Studios) und verträumten, verwinkelten Treppengässchen. Es macht Spaß, durch die Hauptladengasse streifen, beschattet von duftenden Glyzinenranken. Arabische Inschriften auf einigen der steinernen Wandbrunnen erinnern an die türkische Herrschaft. Weiterhin bietet sich ein Besuch des kleinen **Kunstmuseums** mit Arbeiten lokaler Künstler und des **Archäologischen Museums** an. Vom teilrestaurierten genuesischen **Kástro** hat man eine schöne Aussicht auf den Kiesel-Stadtstrand und die nahe türkische Küste.

Eine längere Wanderung (4 Std.) von Míthimna nach Osten führt über **Evthaloús** mit seiner kleinen überkuppelten Thermalquelle, vorbei an den ocker gestreiften Klippen des kieseligen **Golden Beach** (Taverne mit Aussicht) und weiter über eine Erdstraße, zu dem hübschen Fischerdorf **Skála Sikaminéas** ⑩, dessen Hafen von einer kleinen Kapelle auf einem Felsen beschützt wird (Stratís Mirivíllis hat sie in dem Roman *Die Madonna der Seejungfrauen* verewigt). Die Tische der Hafenlokale bilden gleichsam eine einzige große Taverne unter Maulbeerbäumen und Weinranken, denn der kleine Hafen ist täglich Ziel von Ausflugsbooten aus Míthimna (Wanderer sollten am besten Rückfahrtickets für diese Boote bereits am Vortag in Míthimna erwerben; kein Linienbusverkehr!). Oben am Berghang markiert das pittoreske alte Dorf **Sikaminéa** den Verlauf der kurvenreichen Bergstraße nach Míthimna.

Oben: Versteinerte Bäume– eine besondere Attraktion auf Lésvos. Rechts: Am Strand von Vaterá bei windigem Frühlingswetter.

Hier, im Norden der Insel, erstreckt sich der Gebirgszug **Lepéthimnos**, ein gutes Wandergebiet. Ein Weg führt vom Bergdorf **Vafiós** mit seinen einladenden Ausflugstavernen zur Bergkuppe **Profítis Ílias** (937 m), von der aus man zum Hauptgipfel **Vígla** (968 m) und weiter hinunter nach Evthaloús marschieren kann – eine lange und in der Sommerhitze sehr anstrengende Tour. Bequemer wandert man von Vafiós in 2,5 Std. auf einer Erdstraße zum Imkerdorf **Stípsi** (Tavernen, Honigverkauf).

Im Osten, in **Klio**, lohnt ein Abstecher (6 km, Piste) zur sandigen Badebucht ***Tsonia** (Tamarisken, Taverne, Bungalows). Weiter südlich liegt **Mandamádos** ⑪ mit dem Kloster **Taxiárhis Mihaílis**. Es ist dem Schutzpatron der Insel, dem Erzengel Michael, gewidmet. Sein besonderer Schatz ist eine wundertätige Ikone aus angeblich blutgetränktem Lehm von der Stelle, an der Piraten Mönche erschlagen hatten.

Im Westen von Lésvos

Eine Asphaltstraße führt westwärts, vorbei an dem **Kloster Perivólis** (17. Jh.; schöne Fresken) nach **Ándissa** ⑫ mit seinem schattigen Dorfplatz und seinen untouristischen Tavernen. Das Bergdorf liegt 6 km vom Meer und der verfallenen antiken Burg **Archéa**

Karte S. 136, Info S. 156-157

Ándissa entfernt, die man auf einem Fahrweg von dem Küstendorf **Gavathás** aus erreicht.

Weiter westlich, auf dem erloschenen Vulkan Ordimnos, thront malerisch das Kloster **Ipsilóu**, das 1101 im Namen des Evangelisten Johannes gegründet wurde. Hier können Besucher auch einige Stücke versteinerten Holzes sehen, Teile des ***Versteinerten Waldes** von Lésvos. Dieses Gebiet, ein nationales Naturdenkmal, ist übersät mit versteinerten Stämmen von Koniferen, die vor 4 Millionen Jahren hier standen. Schichten vulkanischer Asche haben Rinde, Blätter und die Jahresringe der Bäume konserviert.

Die größten fossilen Baumstämme sind in ***Bali Alonia** ⓭ zu sehen (im Naturpark **Apolithómenos Dásos**) und auf der küstennahen Insel **Nissiópi**, wo ein Teil des *Petrified Forest* unter Wasser liegt (Boote ab Sigri). **Sígri** ⓮ ist ein schönes Fischerdorf mit türkischem **Kastell**, **Naturgeschichtsmuseum** mit **Geopark**, Tavernen und Badebuchten.

Das Glanzlicht der Gegend ist ***Skála Eresoú** ⓯ mit seinem angenehmen, 3 km langen **Sandstrand**, Restaurants und Cafés am Wasser und preiswerten Zimmern. Da die Dichterin Sappho hier, im antiken *Eresós*, geboren wurde, ist der Ort heute auch, aber keineswegs ausschließlich, ein Anziehungspunkt für lesbische Frauen. In der Antike zierte Sapphos Porträt sogar die Münzen von Eresós.

Der Süden von Lésvos

Am Südende der Insel finden Badegäste in **Vaterá** ⓰ den mit 11 km längsten **Sandstrand** von Lésvos, an dessen einem Ende die alte christliche Basilika **Ágios Fokás** mit der Ruine eines Dionysos-Tempels im Inneren steht. Etwa 8 km nördlich von Vaterá befindet sich der Ort **Polhinítos** ⓱ mit seinen Thermalquellen.

Die steile Küste im Osten ist imposant. Mit dem Auto gelangt man in den ruhigen Ort **Melínda** ⓲, in dem es einfache Unterkünfte und einen schönen Strand gibt. Die staubige, landschaftlich reizvolle Straße nach Plomári verläuft in großer Höhe.

*Plomári

***Plomári** ⓳, die zweitgrößte Stadt der Insel, ist besonders ursprünglich geblieben. Ihre Ouzo-Brennereien, vor allem die *Barbagiánnis-Destillerie*, machten sie berühmt. Am Meer liegt ein hübscher, von Touristenlokalen gesäumter Platz; etwas außerhalb der Stadt befindet sich ein **Ouzo-Museum**.

Östlich von Plomári liegt der kieselige und sandige Strand **Ágios Isídoros**. Er gilt als der beste der Südküste und ist dementsprechend frequentiert.

Im Landesinneren dieses Teils der Insel erhebt sich der 968 m hohe Ólimbos. An seinen Hängen liegt ***Agiásos** ⓴, ein viel besuchtes „typisches" Bergdorf mit einer schönen Wallfahrtskirche. Am 15. August, dem Marienfest, pilgern Tausende von Gläubigen zu der Kirche. Von Agiásos führt ein Wanderweg (3 Std.) auf den **Ólimbos** und ein anderer an den Ruinen der antiken Stadt **Paleókastro** vorbei nach Plomári (Tageswanderung).

Rechts: Die Schädel der ermordeten Mönche im Kloster Néa Moní auf Híos erinnern an das türkische Massaker an der híotischen Bevölkerung von 1822.

HÍOS (CHÍOS)

Híos ist eine wunderbare Insel. Schon immer hatte sie eine ganz eigene Atmosphäre. Das „hiotische Leben" war sprichwörtlich gut, ein „hiotisches Lachen" beschrieb eine Person mit sonnigem Gemüt. Die Hioten hatten allen Grund zum Glücklichsein: Sie besaßen eine Heimat mit natürlichen Häfen, einsamen Kies- und langen Sandstränden, Bergen und Wäldern.

Auch die Genueser lernten die Schönheit der Insel schätzen, als sie 1346 hier ankamen. Während ihr Handelsunternehmen *Maona* den Geschäftsverkehr der Insel regulierte, bauten sie sich südlich der Stadt Híos, in der Ebene Kámbos, Villen. Die Türken, die 1566 die Herrschaft übernahmen, waren ebenfalls von Híos begeistert. Es war die Lieblingsinsel der Sultane und erhielt besondere Privilegien und einen so hohen Grad von Autonomie, dass der Lebensstandard höher war als im restlichen Griechenland.

Ein hiotisches Gut, das alle Bewohner schätzten, war und ist der im Süden der Insel üppig wachsende Mastix; die im Vergleich zu Pistazienbäumen niedrigeren Sträucher sondern ein klebriges Harz ab, aus dem im Mittelalter zahlreiche Produkte hergestellt wurden, von Heilmitteln bis zu Kosmetika und Räucherstoffen. Besonders im Harem der Sultane war Mastix beliebt. Híos produziert noch heute Zahnpasta und Kaugummi aus Mastixharz. Die Mastix-Unterart *Pistachia Lentisicus Var. Chia* wächst nur auf Híos und zwar nur im Südteil, wo die 21 kleinen, mittelalterlichen Städte, deren Wirtschaft sich um die Mastixkultivierung und -produktion dreht, *Mastichochoría* genannt werden.

Heutzutage wird zusätzlich zu den traditionellen Erzeugnissen auch eine besondere „Süßigkeit" aus Mastix her-

gestellt: eine dickflüssige, weiße Paste, von der ein Löffel voll in ein Glas Wasser taucht wird. Während man an dem leicht aromatisierten Wasser nippt, isst man langsam das klebrige Konfekt, das sich auf dem Löffel gebildet hat.

1821 beschloss die Insel, sich aus dem Unabhängigkeitskrieg, den die griechischen Staaten gegen die Türkei entfachten, herauszuhalten, doch die glücklichen Tage von Híos waren gezählt: 1822 landete die Flotte der Nachbarinsel Sámos auf Híos, rief die Revolution aus und zwang die Hioten, sich auf ihre Seite zu schlagen. Das war ein schwerer Fehler. Die Rebellen waren schlecht ausgerüstet und vorbereitet und von der zentralen Führung in Athen kam keine Hilfe. Wütend statuierte der zornige Sultan ein Exempel auf seiner ehemaligen Lieblingsinsel. Im Juni 1822 landete seine Flotte und löschte das gesamte Híos bis auf das Mastixland aus. Die Männer wurden getötet, Frauen und Kinder in die Sklaverei verkauft, Gebäude zerstört.

Das Ausmaß der Tragödie erregte Aufmerksamkeit im kontinentalen Europa. Victor Hugo schrieb ein Gedicht über das Gemetzel (*L'Enfant*) und Eugene Delacroix malte das berühmte Bild *Das Massaker von Chíos* (heute im Louvre), was die Emotionen für die griechische Sache entflammen ließ. Der Sultan versuchte, seinen Fehler wieder gutzumachen, indem er den verantwortlichen General exilierte und an die überlebenden Hioten appellierte, auf die Insel zurückzukehren. Aber der Wiederaufbau war ein langsamer Prozess. Ein schweres Erdbeben zerstörte 1881 viele der alten Gebäude, die von den Türken verschont worden waren. Etliche der heute noch vorhandenen Monumente mussten von Grund auf restauriert werden.

Dennoch hat sich Híos wieder regeneriert. Ein wichtiger wirtschaftlicher Faktor ist seit langem die Reederei. Vrondádos und Mármaro im Norden von Híos sowie die Insel Inoússes vor der Küste sind Sitze berühmter Reeder.

Ein bedeutender Wirtschaftszweig ist heute der Tourismus. Dank seiner Größe ist Híos aber nicht überlaufen und bis heute ein Insider-Tipp.

Wie auf vielen Inseln wurden auch hier einst die Städte zum Schutz vor plündernden Piraten ins Landesinnere verlegt. Die Orte im Mastixland etwa haben ihre mittelalterliche Anlage erhalten: mit einer Wehrmauer, gebildet von den Außenmauern der Häuser am Stadtrand, und nur wenigen sich ins Zentrum windenden Gassen. Wie schon die Piraten, so lassen sich auch die Besucher leicht täuschen und fahren vorbei. Aber wenn man erst einmal ins Ortsinnere vorgestoßen ist, trifft man in den Cafés am Dorfplatz vor der Kirche die freundlichen Dorfbewohner.

Híos-Stadt

Das geschäftige Straßengewirr mit chaotischem Verkehr in einem Teil von **Híos-Stadt** ❶ erinnert an einen großen Basar. Voll gepackte Kisten und Säcke mit Gewürzen und anderen Gütern stehen überall herum und scheinen in die Straßen zu drängen. Es gibt sogar eine **Moschee** (sie dient heute als **Byzantinisches Museum** mit zahlreichen steinernen Fragmenten im Innenhof). Die Nähe zur Türkei hat im Lauf der Geschichte zu einer orientalischen Prägung geführt. Die vielen griechischen Bewohner Smyrnas (heute Izmir), die 1923 von den Türken aus Anatolien vertrieben wurden und auf Híos Zuflucht fanden, trugen zum kosmopolitischen Flair bei, das in der Jahrmarktsatmosphäre um den Hafen herum spürbar wird, wo helle Lichter und moderne Häuserblocks dominieren.

Lange vor der osmanischen Zeit errichteten die Byzantiner die den Norden der Stadt dominierende ***Festung (Kástro)**, die von den Genuesen später weiter ausgebaut wurde. Künstler und Kunsthandwerker bevölkern die kleinen Gebäude, was die mittelalterliche Atmosphäre der ruhigen Pflasterstraßen noch verstärkt. Ein **Museum** im **Justiniani-Turm** (15. Jh.), nahe dem schweren Burgtor **Porta Maggiore**, zeigt u. a. alte Ikonen. Vom Turm bietet sich ein schöner Blick auf die Stadt.

Aufgrund der Schäden durch das Erdbeben von 1994 ist das Archäologische Museum seit langem geschlossen. Man kann statt dessen die **Bibliothek Korais** und nebenan das **Heimatmuseum** mit Objekten aus dem traditionellen hiotischen Leben besichtigen.

Rechts: Xistá-Fassaden demonstrieren den einstigen Reichtum der Mastixdörfer (Pirgí).

Der Süden von Híos: Mastichochoría, Néa Moní und Anávatos

Die Ebene im Süden von Híos mutet eher italienisch als griechisch an: In der Saison hängen die Bäume in den Hainen von **Kámbos** voller Zitronen und Mandarinen, die mittelalterlichen Häuser mit ihren verwitterten Terrakotta-Steinen erinnern an den letzten Italien-Urlaub. Leider sind nicht mehr viele übrig: Das Erdbeben von 1881 zerstörte vom Erbe der Insel sogar noch mehr als die Türken. Die übrig gebliebenen Häuser sind beliebte Fotomotive, ebenso die alten hölzernen Wasserräder.

Mit einem langen Sandstrand und flachem Wasser ist das nahe **Kárfas** ❷ einer der wichtigsten Ferienorte der Insel.

Fährt man weiter an der Küste entlang in Richtung Süden, gibt es bei **Kómi** ❸ einen attraktiven Strand und einen noch besseren bei **Emborió** ❹. Zwischen den beiden Orten haben Archäologen die Fundamente einer antiken Siedlung ausgegraben. Emboriós Strand **Mávra Vólia** ist mit Kieseln aus schwarzem Vulkangestein bedeckt. Den schönsten Strandabschnitt erreicht man über einen Fußweg. Westlich der Straße von Kómi nach Emborió steht der alte **hiotische Turm**, heutzutage eine Ruine, die schwierig zu finden ist. Eine Legende besagt, dass eine Prinzessin in ihm gewohnt habe, die sich der Wahl ihrer Verehrer durch ihren Vater widersetzte und in diesem Turm ihr Leben in Abgeschiedenheit verbrachte.

 Karte S. 142, Info S. 156-157

**Pirgí

****Pirgí** 5 ist der größte Ort im Mastixland. Hier kann man am besten die typischen Ornamente bewundern, die das Wahrzeichen der Mastichochoría sind: die *xistá*, mit schwarzem Sand aus Emborió hergestellte schwarzweiße Muster, die die Häuser zieren. Die Muster erwecken den Eindruck, als seien die Fassaden um den Hauptplatz herum gekachelt. Dazu passen die ebenfalls schwarzweißen Kiesmosaike in den Innenhöfen der Häuser. Ein weiterer Höhepunkt im Ort ist die Kirche ***Agía Apóstoli** mit ihrem reich verziertem, dekorativem Mauerwerk und Fresken aus dem 17. Jahrhundert. Sie wurde nach dem Vorbild der Kirche von Néa Moní, dem berühmtesten Kloster auf Híos, erbaut.

Eine Fahrt durch das Mastixland nach Süden führt nach **Fána**, wo nahe einem ruhigen Strand mit weißem Sand die Steine eines Tempels eine kleine Kapelle umringen, und nach ***Olímbi** 6 mit seinem alten Festungsturm im Zentrum des Dorfes.

**Mestá

Das besterhaltene Mastixdorf ist ****Mestá** 7. Es ist zwar nicht ganz so faszinierend wie Pirgí, aber die **Taxiárhis-Kirche**, Mestás älteste, besitzt dafür eine bemerkenswerte geschnitzte Ikonostase (Ikonenwand).

**Néa Moní

Westlich von Híos-Stadt stehen zwei der berühmtesten Monumente der Insel: Néa Moní und Anávatos. Das idyllisch in den Bergen gelegene Kloster ****Néa Moní** 8 (16 km westlich von Híos Stadt) gehört zu den bedeutendsten byzantinischen Schöpfungen der Welt. 1043 von dem byzantinischen Kaiser Konstantin IX. Monomachos gegründet, ist es eines der besterhaltenen Zeugnisse byzantinischer Kunst des 11. Jh., das ein neues, expressives Element in die regulierte Stilisierung der ikonographischen Konventionen brachte. Durch den Niedergang unter den Türken und das Erdbeben von 1881 erlitten die großartigen Mosaiken schwere Schäden, aber viele von ihnen sind inzwischen restauriert worden.

Von Néa Moní lohnt ein Abstecher zum Mönchskloster **Ágios Márkou**, das einen herrlichen Blick über die Insel und die türkische Küste bietet.

★Anávatos

Das an einem steilen Felshang liegende Dorf ★**Anávatos** ❾ ist ausgestorben und heute ein Mahnmal für den griechischen Unabhängigkeitskampf und die Gräueltaten der Türken. Busladungen von griechischen Besuchern kommen zum Gedenken hierher. Als die Türken 1822 den Dorfbewohnern und Nachbarn aus der Gegend, die auf den Berggipfel geflohen waren, näher kamen, stürzten sich die Frauen lieber über die Klippen, als sich den Türken zu ergeben. Die leeren, nur vom pfeifenden Wind erfüllten Häuser wirken, als wären sie gerade erst verlassen worden.

Der Norden von Híos

Vrondádos ❿ (5 km nördlich von Híos) ist ein bei Schiffseignern beliebter Wohnort, während **Kardámila** ⓫, die zweitgrößte Stadt auf Híos (21 km nördlich von Híos), das Verladezentrum der Insel ist. Die reichsten Reeder Griechenlands leben auf dem durch einen Kanal von Híos getrennten **Inoússes** ⓬, das man von Mármaro oder Híos-Stadt aus mit der Fähre erreicht. Über 60 einflussreiche Familien residieren hier. Eine Kuriosität in dieser Enklave ist der **Konvent von Evangelismoú**, den eine reiche Reedersgattin nach dem Tod ihrer Tochter bauen ließ. Der Leichnam wird in einem gläsernen Sarg zur Schau gestellt.

Wieder auf Híos, erinnert vieles an einen berühmten Sohn dieser Gegend: Der Dichter Homer wurde vermutlich in dem hiotischen Bergdorf **Pitioús** ⓭ geboren. In Vrondádos bezeichnet der Stein **Daskalópetra** den Ort, an dem der Poet unterrichtet haben soll. Wahrscheinlich war der Stein aber Teil eines antiken Tempels.

Rechts: Die Mosaiken im Kloster Néa Moní auf Híos sind eindrucksvolle Zeugnisse der byzantinischen Kunst des 11. Jahrhunderts.

Auf der anderen Seite der Berge, im Westen, liegt das früher schwer von Waldbränden heimgesuchte Dorf **Volissós** ⓮ mit seinem reizvollen Strandort **Limnia** (Skála Volissoú). Der hübsche, etwas verfallene Ort gruppiert sich auf einem Hügel um ein byzantinisches Kastell, wo eines der alten Häuser das von Homer sein soll. Tatsächlich erwiesen ist jedoch nur, dass das Dorf von dem byzantinischen General Belisar gegründet wurde.

Fährt man von Volissós etwa 10 km in Richtung Küste, gelangt man zur bedeutenden Wallfahrtskirche **Agía Markéllas**. Sie ist Markélla, der Schutzpatronin der Insel, geweiht. Jedes Jahr findet vom 22.-24. Juli das Fest der Markélla mit großer Wallfahrt und Prozession statt.

Ähnliche Erinnerungen wie mit dem „Geisterdorf" Anávatos verbinden sich mit dem Strand und dem kleinen Ort **Melánios** ⓯ an der Nordspitze der Insel, dessen Name „dunkel" bedeutet. Der Überlieferung nach flohen die Leute vor den Türken dorthin, die sie aber bereits erwarteten. Das Gemetzel war so schrecklich, dass sich das Meer vom Blut der Getöteten dunkelrot färbte.

Das nördlich gelegene Bergdorf **Ágio Gála** ist schon seit 7000 Jahren besiedelt. Sehenswert sind eine Tropfsteinhöhle und eine Kirche aus dem 13. Jh. mit schönen Fresken. Von hier aus blickt man auf **Psará**, eine kleine Insel mit einem ähnlichen Schicksal wie Anávatos und Melánios. Seine gesamte Bevölkerung wurde 1824 ausgerottet. Heute leben wieder etwa 200 Menschen auf der Insel.

Die Fahrt nach Psará mit der Fähre von Híos-Stadt aus dauert 4 Std. und da es nur wenige Verbindungen gibt, ist das hübsche Dorf auf der Insel ein idea-

ler Ort für Ruhe suchende. Auf Wanderungen kann man das Marienkloster **Kimíseos Theotókou** am Nordende der Insel, das von den Türken zerstört und später wieder aufgebaut wurde, sowie die Festung auf der Landzunge hinter dem Hauptort besichtigen. Der schöne Strand **Límnos** ist nur 20 Minuten zu Fuß entfernt.

Psará war, wie auch Inoússes, für seine Reederei bekannt. In jüngster Zeit hat das EOT einige der traditionellen Häuser auf der Insel als Touristenunterkünfte hergerichtet.

IKARÍA

Von allen nordostägäischen Inseln ist Ikaría am wenigsten touristisch frequentiert. Die bewaldete, gebirgige Insel mit ihren Stränden wird jedoch zu Unrecht etwas vernachlässigt.

Ikaría tendierte schon immer dazu, seinen eigenen Weg zu gehen: 1912 erklärte sich die Insel sogar zu einem eigenen Staat, unabhängig von Griechenland und der Türkei, mit eigener Währung und eigener Regierung. Aber nach gut vier Monaten wurde es Griechenland wieder einverleibt. Die Insel ist ein idealer Ort für Individualreisende, die gerne selbst etwas entdecken. Hier gibt es nur wenige Straßen und einige Orte erreicht man nur mit dem Jeep. Auf diejenigen, die sich hierher wagen und Ikarías versteckten Charme entdecken, warten als Belohnung die Wildheit der bewaldeten Berge (der höchste, der Ahéras, erreicht immerhin 1037 m), ein Stück „Original-Griechenland" und traumhafte Strände an der Nordküste.

Ikaría erhielt seinen Namen von Ikarus, dem Sohn des Dädalos. Dädalos war ein mythologischer Vorfahre Leonardo da Vincis und Architekt des Labyrinths des Minotaurs im Palast von Knossós auf Kreta. Als er erkannte, dass ihn König Minos niemals freilassen würde, floh er, indem er für sich und seinen Sohn Flügel aus Wachs und Federn konstruierte. Trotz der Warnung seines Vaters, nicht zu hoch zu fliegen, versuchte Ikarus, bis zur Sonne zu steigen. Der Sonnengott Apollon ließ die Flügel schmelzen und Ikarus auf die Erde herabfallen. Er stürzte nahe Ikarí-

as ins Meer und die historisch unter verschiedenen Bezeichnungen wie *Makris* („groß“) oder *Ichthioessa* („voller Fisch“) bekannte Insel übernahm seinen Namen. Heute gibt es hier sogar ein Treffen von Flugamateuren, das sich nach Ikarus nennt, obwohl es ein Geheimnis bleiben wird, warum gerade ein Flugwettbewerb – noch dazu der griechischen Luftwaffen-Akademie – nach einem der bekanntesten Bruchpiloten der Welt benannt ist.

Des Weiteren ist Ikaría wegen seiner Radonquellen berühmt; auf dem Schild, das die von der Fähre kommenden Passagiere in Ágios Kírikos auf der „Insel des Ikarus“ willkommen heißt, stand einst „Insel der Strahlung“. Ágios Kírikos liegt zwischen den beiden Städten Thérma und Thérma Lefkádas, die beide über Heilquellen verfügen; eine soll zum Beispiel gut gegen Unfruchtbarkeit sein. Wegen zu hoher Radioaktivität musste eine Quelle in Thérma allerdings geschlossen werden.

Oben: Eine Traumbucht für Verliebte bei Thérma auf Ikaría.

Agíos Kírikos

In **Ágios Kírikos** ❶, dem Hauptort der Insel, bilden ein friedlicher Platz, an dem Einheimische und Feriengäste (vor allem griechische) unter schattigen Bäumen am Wasser sitzen und Backgammon spielen, wenige enge Seitenstraßen mit ein paar Restaurants, und einige Bäckereien und Lebensmittelgeschäfte den Handelsbezirk der ruhigen Hauptstadt, in der es, so sagt man, mehr Bäume als Leute gibt. Das **Ikarus-Denkmal** und das **Archäologische Museum** sind hier die Hauptsehenswürdigkeiten.

Südküste

Ágios Kírikos liegt an der Südküste, die felsiger und weniger frequentiert als die häufiger besuchte Nordküste ist. Südwestlich des Ortes befinden sich die reizvollen Dörfer **Xilosírtis** und **Hrisóstomos**; am Strand des nahe gelegenen **Livádi** ❷ versteckten sich einst Piraten. Hinter **Plagiá** wird die Straße schlecht, aber nicht so schlecht, dass sie

Info S. 156-157

junge Leute davon abhalten würde, sich in **Manganítis** ❸ zu treffen – Lagerfeuer und nächtliche Partys sind hier die Höhepunkte des Sommers.

Östlich von Agíos Kírikos liegt der Kurort **Thérma** ❹. Eine seiner heißen Radonquellen befindet sich in einer Höhle am Hafen. Der Strand ist nicht so schön wie der bei **Fanári** ❺ weiter nordöstlich, wo sich auch der neue Flughafen befindet. Die Nordostspitze der Insel wird von dem weißen Turm (4. Jh. v. Chr.) in **Drákanos** ❻ beherrscht. Hier stehen auch die Ruinen einer antiken Stadt, dem vermeintlichen Geburtsort von Dionysos. Der Turm gehörte zu einer Festung, die von Admiral Miaoulis bei Zielübungen während des Unabhängigkeitskriegs zerstört wurde.

Die Nordküste von Ikaría

Die besten Strände Ikarías findet man an der Nordküste zwischen Évdiloas und Nás. Auf den kurvenreichen Bergstraßen machen sich die Entfernungen bemerkbar: Für die 58 km von Ágios Kírikos nach Armenistís braucht man fast zwei Stunden. Unterwegs gibt es jedoch viel zu sehen, darunter – selbst in der Hochsaison – einsame Buchten mit braunen Sandstränden, die man über steile, unbefestigte Wege erreicht.

Karavóstamo ❼ ist einer der größeren Orte, hat aber Besuchern weniger zu bieten als das pittoreske Fischerdorf **Évdilos** ❽, der zweite Fährhafen der Insel. Blickt man vom schönen **Strand** von Évdilos aus nach Westen, wird das Bild durch die Ausbauarbeiten im Hafen getrübt, aber nach Osten verstellt nichts die Aussicht auf die majestätischen grünen Berge, die eindrucksvoll steil aus dem Wasser ragen. Eine Straße führt landeinwärts nach **Dáfni** und zur byzantinischen Festung **Koskínas** ❾ (nahe dem Dorf Kosíkia) mit der Kirche **Ágios Geórgios**, beides aus dem 10. Jh.

Weinreben auf terrassenförmigen Hügeln künden von der langen Geschichte des Weinanbaus auf der Insel, auf der Dionysos gelebt haben soll. **Oinoë**, die antike Inselhauptstadt, trug den Namen Dionysias; sie existierte von der Antike bis zur byzantischen Epoche, was man an den Überresten einer by-

zantinischen Siedlung sehen kann. Heute heißt der Ort **Kámbos** ⑩, er hat einen schönen **Sandstrand**, einige Tavernen, und in seinem Museum sind archäologische Funde zu besichtigen. Weiter landeinwärts liegt bei **Pigí** das ***Kloster Theokístis** mit Fresken und einer beeindruckenden **Höhlenkapelle**, deren Dach von zwei vorspringenden Felsplatten gebildet wird.

An diesem Küstenabschnitt sind die Strände atemberaubend. **Gialiskári** ⑪ ist ein Dörfchen mit ein paar Fremdenzimmern. Die Tavernen am Meer und die wenigen Hotels hier sind schon die höchste Entwicklung des Tourismus auf der Insel. Es locken Strände wie z. B. ***Mesakti** – die Erfüllung des Traums vom Inselurlaub: weißer Sand, der sich sanft zum türkisblauen Meer senkt, dazu eine winzige Kapelle mit blauer Kuppel am einen Ende der kleinen Bucht; und am anderen Ende die an einem Hügel gelegenen Häuser, Hotels

Oben: Ein kühles Bad in der Schlucht von Nás, Ikaría. Rechts: Abendlicher Einkaufsbummel in Sámos-Stadt.

und Restaurants des „Touristenzentrums" **Armenistís** ⑫ am anderen. In den freundlichen Lokalen kann man rasten, bevor man sich schließlich auf den Weg nach ***Nás** ⑬ macht, einem weiteren hübschen Strand, über dem die Fundamente eines antiken Artemis-Tempels liegen (die Bezeichnung „Nás" leitet sich von *naós*, Tempel, ab). Hier sollen Nymphen gelebt haben.

Landeinwärts von Armenistís gelangt man zu den bewaldeten Bergen von **Rahes**, einer wilden Gegend mit reißenden Flüssen, Seen und Wasserfällen. Wanderer können einem Flusslauf folgen oder unter Wasserfällen eine erfrischende Dusche nehmen. Vom Hauptplatz des von grünen Bäumen und Hainen umgebenen pittoresken alten Dorfs **Hristós** ⑭ aus hat man einen Rundblick über die Küste. Ganz in der Nähe liegt das **Kloster Panagía Mounde** aus dem 13. Jh.

*Foúrni

Die **Foúrni-Inseln** ⑮ liegen auf halbem Weg zwischen Ikaría und Sámos. Der geschützte Hafenort der Hauptinsel ***Foúrni** war einst ein Piratennest und ist für seine köstlichen Meeresfrüchte bekannt. Es gibt hier einige einfachere Pensionen und Tavernen für Individualtouristen. Westlich hinter einem Bergrücken findet man schöne Strände in den Buchten von **Kámbi** (mit Fischtaverne) und **Hrisomiléa**.

*SÁMOS

Wein, Pinienwälder, passable Kies- und Sandstrände, Altertümer, Jachthäfen und das rege Nachtleben haben Sámos zu einer der beliebtesten Inseln der Ägäis gemacht. Sie bietet für jeden etwas: lebhafte Ferienorte wie Kokkári oder Pithagório, die antiken Ruinen von Heraéon und Bergwanderwege durch alte Dörfer und das dünn besiedelte Gebiet um den Berg Kérkis, den zweithöchsten Gipfel der Ägäis (1437 m).

 Karte S. 149, Info S. 156-157

In der Antike galt das Leben auf Sámos als so angenehm, dass der Dichter Menander darüber schrieb: „Selbst die Vögel gaben Milch." Bis auf den heutigen Tag ist das beliebteste Inselgetränk jedoch der Wein. Die Güte des samischen Weins war und ist legendär. Im 16. Jh. war die Insel eine Weile verlassen und der heutige Muskatwein ist eine Neuzüchtung; aber er ist genauso süffig wie einst, und Sámos ist das einzige Anbaugebiet Griechenlands, dessen Weine in Frankreich mit einer *appellation* belohnt wurden.

*Sámos-Stadt (Vathí)

Die lebhafte Hafenstadt ***Sámos*** ❶ verströmt dank ihrer eleganten **Hafenpromenade** urbanen Charme. Sie ist auch als Vathí bekannt, obwohl dieser Name eher die ältere, **Áno Vathí** genannte Oberstadt bezeichnet, die an ein altes Dorf erinnert. In einem Café am palmenbestandenen Hauptplatz oder im Museumscafé im Stadtpark kann man sich mit kühlen Getränken erfrischen. Glanzstück ist das ****Archäologische Museum** mit seinen Schätzen, besonders aus Heraéon an der Südküste, das zu den bedeutendsten religiösen Stätten der antiken Welt zählt. Prunkstück des Museums ist eine der größten archaischen Kuros-Statuen; sie ist über 5 m hoch. Von Sámos-Stadt bieten sich Ausflüge zur Kapelle **Agíi Paraskeví**, zum Kloster **Zoodóhou Pigís** und zur Bucht von **Posidónio**, alle drei mit Ausblick auf die türkische Küste, an.

Mitilíni

Viele Besucher fahren von Sámos-Stadt weiter in die beliebtesten Badeorte: Kokkári an der Nord- und Pithagório an der Südküste. Eine alternative Route nach Pithagório führt über **Mitilíni** ❷. Als die Türken im 16. Jh. das damals nahezu unbewohnte Sámos – die meisten Insulaner hatten mit den Genuesern die Insel verlassen – besiedeln wollten, brachten sie Griechen aus dem ganzen Land hierher. Mitilíni ist einer der Orte, die nach der alten Heimat der Siedler benannt wurden, in diesem Fall der lesvischen Hauptstadt. Heute rühmt sich

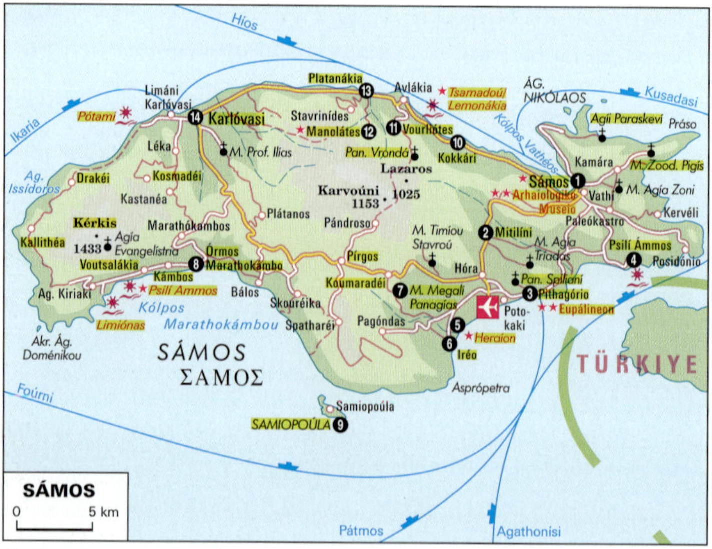

die Stadt ihres modernen **Paläontologischen Museums** mit einer liebevoll zusammengestellten Sammlung von Fossilien, Flora und Fauna.

*Pithagório und die Südküste

Pithagório ❸ war eigentlich die antike Stadt Sámos, aber sie wurde nach dem berühmtesten Sohn der Insel, Pythagoras, umbenannt. Unzähligen Schülergenerationen ist er durch den „Satz des Pythagoras“ ($a^2 + b^2 = c^2$) bekannt. Aber die Philosophie des Pythagoras umfasste ein viel breiteres Spektrum: Er reflektierte über Religion, die Natur der Seele und die Harmonie des Kosmos und übte einen starken Einfluss auf Platon aus. Pythagoras wurde 580 v. Chr. auf Sámos geboren und verließ es – vermutlich nach einem Streit mit dem Tyrannen Polykrates –, um die antike Welt zu bereisen, bis er im Alter auf die Insel zurückkehrte. Vieles erinnert an ihn, so der von hiesigen Töpfern hergestellte „Becher des Pythagoras“, der zur Mäßigung mahnen soll: Ist er halb voll, hält er die Flüssigkeit, füllt man ihn jedoch randvoll, entweicht der Inhalt durch ein Loch im Boden.

Rechts: Der Tunnel des Eupálinos, ein Meisterwerk des Bergbaus aus dem 6. Jh. v. Chr. (Pithagório, Sámos).

In der Stadt des Pythagoras spürt man heutzutage nur wenig von der Ernsthaftigkeit ihres Namenspatrons: Sie ist ein lebhaftes, blitzblankes Ferienzentrum mit einem fotogenen Jachthafen, jedoch ohne großartigen Stadtstrand – erst am westlichen Ortsrand beginnt der lang gezogene, allerdings sehr flughafennahe Sand-/Kiesstrand **Potokaki**.

Der berühmte Herrscher, der die Stadt prägte, hieß Polykrates. Er regierte hier nach 550 v. Chr. und war einer der mächtigsten Männer Griechenlands. Etliche antike Bauten, darunter die **Hafenmole** und die Stadtmauer, wurden unter seiner Herrschaft errichtet. Am faszinierendsten ist der **★★Tunnel des Eupálinos**, ein Kanal, der von zwei Seiten durch einen Berg geschlagen wurde, um das Wasser einer Gebirgsquelle in die Stadt zu leiten; es bedurfte einer erstaunlich präzisen Be-

Info S. 156-157

rechnung, um den über 1045 m langen Tunnel im richtigen Gefälle in den massiven Fels zu hauen. Jeden Tag rangen die Arbeiter dem Fels ungefähr 50 cm ab; die Gesamtbauzeit betrug fünfeinhalb Jahre. Heute darf man ein paar Hundert Meter in den engen Durchgang hineingehen – trotz des elektrischen Lichts nichts für Leute mit Platzangst.

Auf diesem Berg stehen auch das kleine **Kloster Panagía Spilianí** mit einer Höhlenkirche sowie das **Antike Theater**, das leider so restauriert wurde, dass nahezu alles authentisch Antike verschwunden ist. Seit kurzem gibt es hier ein Musikfestival zu Ehren von Manos Kalomiris, einem Komponisten des 20. Jh., der als „Vater der griechischen Musik“ gilt und das Konservatorium in Athen gründete. Seine Familie stammt aus Sámos.

Etwa 8 km östlich von Pithagório liegt **Psilí Ámmos** ❹, ein schöner flacher, bei Familien beliebter Sandstrand.

Liebhaber von Altertümern finden 6 km westlich von Pithagório an der Küste das ***Heraíon** ❺, das Heiligtum der Hera. Ursprünglich führte die marmorne Heilige Straße von Pithagório hierher, aber es sind nur noch ein paar Hundert Meter erhalten. Kultstätte der Hera war es bereits in der Bronzezeit. Die ersten Tempel datieren aus dem 8. Jh. v. Chr. Das größte Bauwerk stammt aus der Zeit des Polykrates; nachdem ein früherer Bau zerstört worden war (insgesamt gab es hier drei Tempel), baute er den drittgrößten griechischen Tempel aller Zeiten: 25 m hoch und 108 m lang. Heute kündet nur noch eine Säule von der einstigen Pracht. Einige Gipsstatuen (Originale im Museum in Sámos) lassen ahnen, wo die Weihopfer- und Schatzhäuser gestanden haben.

In dem nahen Ferienort **Iréo** ❻ gibt es einige nette Tavernen und Pensionen am Sand-Kiesstrand.

Megalí Panagías

Im Landesinneren besitzt das **Kloster Megalí Panagías** ❼ eine wunderbare byzantinische Kirche aus dem 16. Jh. mit schönen, aber beschädigten Fresken. Wenige Kilometer weiter nördlich

liegt das malerische **Koumaradéi** mit einer Kräuterfabrik und Tavernen.

Marathokámbo / Kámbos

Über das Bergdorf **Pírgos** und den Pinienwald von **Koutsi** erreicht man bei **Órmos Marathokámbo** ❽ wieder die Touristenstrände. Besonders in **Kámbos** gibt es viele Hotels.

Weiter westlich werden die Strände besser, wie der zweite ***Psilí Ámmos** („feiner Strand"), ein langer Sandstrand voll bunter Sonnenschirme, und der schöne **Limniónas**. Östlich von Psilí Ámmos, bei **Votsalákia**, kann man über das Kloster **Agía Evangelístria** zum Gipfel des **Kérkis** (1433 m) aufsteigen.

Von Pithagório und Órmos Marathokámbo aus fahren Boote zur vorgelagerten kleinen Insel **Samiopoúla** ❾ mit einem hübschen Sandstrand und einer nur im Sommer geöffneten Taverne.

Oben: Kopien archaischer Statuen im Hera-Heiligtum (Heraéon), Sámos. Rechts: Abends kehrt Ruhe ein am Strand von Kokkári.

Westküste

Im äußersten Westen der Insel liegen die beiden sehr ursprünglich gebliebenen Bergdörfer **Kallithéa** und **Drakéi**. An der Küste zwischen den beiden Orten werden in **Agios Issídoros** auf mehreren kleinen Werften noch immer die traditionellen hölzernen Boote der Ägäis, die Kaíkis, gebaut.

*Kokkári

Sehr beliebt ist das viel fotografierte ehemalige Fischerdorf ***Kokkári** ❿ mit seinen schmalen Kiesstränden und den Häusern mit roten Ziegeldächern; heute einer der größten Ferienorte der Insel. Die nahen, etwas westlich gelegenen Kiesstrandbuchten ***Lemonákia** und ***Tsamadoú** sind attraktiver, aber in der Saison ebenfalls sehr voll.

Vourliótes und *Manolátes

Von Kokkári kann man zu zwei hübschen, schön gelegenen Bergdörfern wandern, die Zentren des samiotischen

Weinanbaus sind (auch auf Stichstraßen von der Küste anzufahren): Ein längerer Weg führt bergauf Richtung Westen zu dem im 16. Jh. befestigten, 2000 bei einem Waldbrand bis auf eine Kapelle zerstörten **Kloster Panagía Vrondá**. Ein Abstecher zum 1035 m hohen, ebenfalls waldbrandgeschädigten Aussichtsberg **Lazaros** bedeutet weitere 2 Std. Aufstieg. Das sehenswerte **Vourliótes** ⓫ ist das erste der Bergdörfer, ein grüner Ort mit kühlen Quellen und netten Tavernen. Man kann nun das tief eingeschnittene obere „Nachtigallental" queren und nach ***Manolátes** ⓬ weiterwandern, das von Weinbergen umgeben ist – im beliebten, urigen Wandererlokal *Lukas* wird Fasswein ausgeschenkt –, und dann durch das schattige untere „Nachtigallental" zur Küste nach **Platanákia** ⓭ absteigen, so genannt wegen seiner Schatten spendenden Platanen (Gesamtgehzeit ohne Lazaros: ca. 7 Std.).

Ein guter Ausflugstipp ist die urige Aussichtstaverne in ***Pnáka**, auf halbem Weg an der Bergstraße Kámbos-Vourliótes gelegen.

Karlóvasi

Karlóvasi ⓮ ist die zweite Hafenstadt der Insel. Sie teilt sich in die neue, mittlere und alte Stadt. Der Hafen wirkt trotz Hotels und Lokalen etwas trostlos. In **Néo Karlóvasi**, der „neuen Stadt", gibt es verlassene Gerbereien aus dem frühen 20. Jh. sowie große neue Kirchen wie **Panagía Mirtidiotissa**. Das auf einem Hügel gelegene **Paléo Karlóvasi** (alte Stadt) hingegen wirkt wie ein hübsches Dorf, wo man in einem Café sitzen oder zur **Kirche Agía Triáda** oben auf dem Hügel spazieren kann.

Es lohnt sich, von Karlóvasi per Bus, Auto oder zu Fuß die 2 km Richtung Westen nach **Pótami** zurückzulegen, einem hübschen Strand. Eine unbefestigte Straße führt weiter westwärts zu den noch schöneren Stränden **Mégalo Seitaní** und **Míkro Seitaní**. Hier an der Westküste findet man einige der reizvollsten Landschaften und Strände von Sámos; für Wanderer gibt es Pfade, die sowohl an der Küste entlang als auch ins Landesinnere führen, z. B. ins Weindorf **Kosmádei** (Taverne mit Aussicht).

LÍMNOS

MÍRINA

Touristenpolizei, Tel. 22540 22200. **Hafen**, Tel. 22540 22225.

FLUG: Flughafen 9 km nordöstl. von Mírina, Tel. 22540 31202. Flüge nach Athen, Thessaloníki, Lésvos.
SCHIFF: Fähren nach Kavála, Thessaloníki, Lávrio, Lésvos, Sámos, Híos und zu einigen Dodekanes-Inseln.

O Glaros, Mírina, am Hafen. Fischtaverne mit schöner Terrasse.

Archäologisches Museum, Mírina, Di-So 8.30-15 Uhr.

LÉSVOS

VARIÁ

Tériade-Museum, Variá, Tel. 22510 23372, Di-So 9-14, 17-20 Uhr. **Théofilos-Museum**, Tel. 22510 41644, Di-So 9-13, 16.30-20 Uhr.

MITILÍNI

EOT, Mitilíni, Aristarhou 6, Tel. 22510 42511.

FLUG: Flughafen 8 km südl. von Mitilíni; Flüge nach Athen, Thessaloníki, Límnos, Híos. Auch Charterflüge. **Olympic Airways**: Tel. 22510 28659.
SCHIFF: Nach Piräus, Thessaloníki, Límnos, Híos, Sámos, Ikaría, Pátmos und Aivalic (Türkei). **Hafenbehörde Mitilíni**: Tel. 22510 47888.
BUS: Langstreckenbusse fahren von der Venizelou-Straße am Stadtpark ab (Tel. 22510 28873); Stadtbusse vom Hafen (Tel. 22510 28725).

Gute Fischtavernen an der Hafenpromenade von Mitilíni, z. B. **Dimitrakis** am südl. Ende der Promenade.

Archäologisches Museum, Argiri Efalioti, Tel. 22510 98277, Di-So 8.30-14.30 Uhr. **Byzantinisches Museum**, Agiou Therapontou (hinter der Kathedrale), Tel. 22510 28916, Mo-Sa 10-13 Uhr. **Kástro** (Burg) und **Theater**, Di-So 8.30-15 Uhr.

PÉTRA

Frauenkooperative, Pétra, Tel. 22530 41238, Speisen auf einer Terrasse über dem Platz, Zimmervermittlung.

MÍTHIMNA

Touristeninformation am Ortseingang von Míthimna, Tel. 22530 71347.

O Krinos, Agorá, Tel. 22530 71135. Nur abends, bestes Lokal der Stadt.

MELÍNDA

Maria's, Melínda, Taverne u. Zimmer, Tel. 22520 93239. Abgelegen, mit romantischem Strand.

PLOMÁRI

Platanos, Plomári, an der Platía. Unter einer Platane, gute griechische Küche. **Taverna Finikas**, Ágios Isídoros, Tel. 22520 33123. Hier essen die Griechen.

HÍOS

HÍOS-STADT

EOT, Kanari 18, Híos, Tel. 22710 44389.

FLUG: Flughafen ca. 3 km südl. von Híos-Stadt; Flüge nach Athen und Thessaloníki.
SCHIFF: Fähren nach Piräus, Kavála, Rafína, Çesne (Türkei), Pátmos, Léros, Kálimnos, Kós, Rhódos. Fähren und Tragflügelboote nach Sámos, Lésvos, Ikaría, Foúrni, Psará.

Theodosiou, Híos, direkt am Fähranleger, fantastisches Essen. Legt man jedoch auf Speisekarten und schöne Einrichtung Wert, geht man besser zu **Apoplous** gegenüber. **Two Brothers**, Ecke Livanou/Venizelou. Gutes Essen, in einem Garten.

Justinianisches Museum, wechselnde Ausstellungen. **Bibliothek Koraís / Argentis-Volkskundemuseum**, Korai 2, Tel.

22710 44246, Mo-Fr 8-14, Fr auch 17-19.30, Sa 8-12 Uhr.

KÁMBOS

Perivoli, Kámbos, Argenti 11, ab 19 Uhr, traditionelle und kreative Küche in einem historischen Haus mit Garten, gute Weinkarte.

EMBORIÓ

Porto Emborios, Emborió, an der Hafenbucht. Bambusgedeckte Terrasse, regionale Küche.

MESTÁ

O Morias, Mestá, Hauptplatz. Stimmungsvolle Taverne.

NÉA MONÍ

Néa Moní (Byzantinisches Kloster), 17 km westl. von Híos-Stadt, tägl. 8-13, 16-20 Uhr.

VOLISSÓS

Limnia Taverna, Volissós, Tel. 22740 21315. „In"-Taverne am Meer.

IKARÍA

AGÍOS KÍRIKOS

FLUG: Flughafen bei Fanári. Tägl. Flüge nach Athen. ***SCHIFF:*** Fährverbindung vom Hafen Ágios Kírikos mit Piräus, Sámos, Foúrni, zu einigen Kykladen- und Dodekanes-Inseln. ***BUS:*** Mehrmals tägl. von Ágios Kírikos nach Armenistís und zurück (eine Strecke 2 Std.).

Dedalos, Ágios Kírikos, Tel. 22750 22473, am Dorfplatz, köstlich.

ARMENISTÍS

Marabou Travel, Armenistís, Tel. 22750 71460, Fax 22750 71325, Zimmervermittlung, Transport, organisierte Wanderungen.

SÁMOS

FLUG: Flughafen 2 km südwestl. von Pithagório. Täglich Flüge nach Athen und Thessaloníki, Charterflüge. **Olympic Airways**, Tel. 22730 61219.

SCHIFF: Sámos hat drei Häfen: Karlóvasi, Sámos-Stadt und Pithagório (Fähren zu vielen Dodekanes-Inseln, nach Chíos, Lésvos, Límnos, Ikaría, Foúrni, Mykonos, Páros, Piräus, Thessaloníki, Kavála u. Kusadasi / Türkei).

SÁMOS-STADT (VATHÍ)

EOT, Sámos, 25 Martiou, Tel. 22730 28530, Mo-Fr 9-15 Uhr.

Gregori, Mikalis 5, Tel. 22730 22718, nette Taverne. **Ta Kotopoula**, Ecke Mikalis/Vlamaris, Tel. 22730 28415, Terrasse mit Weinreben.

Archäologisches Museum, Di-So 8.30-15 Uhr.

MITILÍNI

Paläontologisches Museum, Mitilíni, Mo-Fr 9-14, 17-19, Sa 9-14, So 10.30-16.30 Uhr.

PITHAGÓRIO

Family House Restaurant, Pithagório, Konstandínu Karnari, Tel. 22730 62260. Gutes Preis-Leistungs-Verhältnis. **Ireon**, Iréo, Tel. 22730 95361. Spezialität ist Fisch.

Eupálinos-Tunnel, nördl. von Pithagório, Di-So 9-14 Uhr. **Heraíon-Tempel**, Di-So 8.30-15 Uhr.

MEGALÍ PANAGÍAS

Megáli-Panagías-Kloster, Mo-Sa 9.30-13, 14.30-16.30 Uhr.

MARATHOKÁMBO

Klimataria, Órmos Marathókambo, Tel. 22730 37263. Gute Hausmannskost. **Limnionas**, Tel. 22730 37096. Strandtaverne.

TAVERNE

Bira, Kokkári, an der Bushaltestelle, traditionsreiche Taverne unter einem Maulbeerbaum.

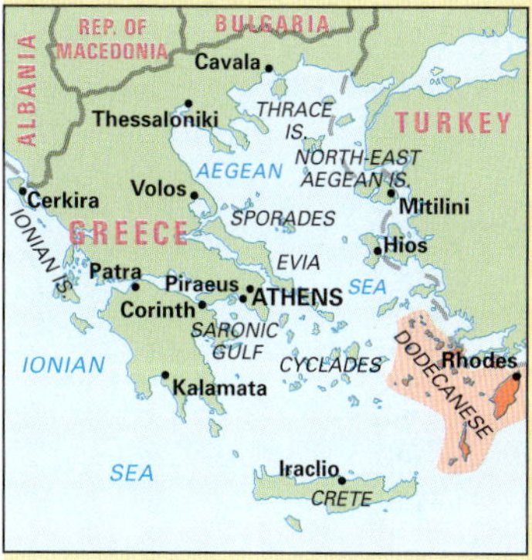

DODEKANES

PÁTMOS / LIPSÍ
LÉROS / KÁLIMNOS
ASTIPÁLEA / KÓS
NÍSIROS / TÍLOS
RHÓDOS
SÍMI
KÁRPATHOS / KASÓS
KASTELLÓRISO

Der Dodekanes, die südöstliche Kette der Ägäischen Inseln, die sich die türkische Küste entlangzieht, ist ungenau benannt: die „zwölf Inseln" (*dodeka nisi*) sind in Wirklichkeit 15 große und etwa 50 kleinere, dünn besiedelte oder unbewohnte Eilande.

Die Inseln hatten, besonders in den letzten 200 Jahren, eine sehr bewegte Geschichte. Ungeachtet seiner wichtigen Rolle im griechischen Unabhängigkeitskrieg wurde der Dodekanes 1830 im Londoner Protokoll der Türkei zugesprochen. Später, als die Inselgruppe unter der türkischen Herrschaft einen gewissen Grad an Autonomie erreicht hatte, ging sie nach dem italienisch-türkischen Krieg von 1911 an Italien über. Bis 1943 gehörten die Inseln den Italienern, die hier seine neoklassizistische Architektur mit futuristisch-faschistischen Elementen hinterließen, so den Hafen von Lakkí auf Léros, der wie eine Filmkulisse aus den 1930er Jahren wirkt.

Der wechselvollen Geschichte zum Trotz fühlten sich die Dodekaneser immer als Griechen. Die verschiedenen Herrscher haben das Nationalbewusstsein eher noch gestärkt; die Inseln des Dodekanes sind trotz der vielen Spuren, die fremde Mächte hier im Laufe der Zeit hinterlassen haben, ganz besonders griechisch geprägt.

Vorherige Seiten: Wie Logen in einer Oper säumen die klassizistischen Häuser von Sími den Hafen. Links: Den Ofen heizen für das Ostergebäck (Ólimbos, Kárpathos).

Die meisten Pauschaltouristen reisen nach Pátmos, Kos und Rhódos und besuchen einige der schönsten Inseln – wie Kálimnos, Nísiros und Sími – nur auf Tagesausflügen. Aber ganz gleich, ob man beliebte Touristenziele wie Líndos auf Rhódos ansteuert oder die Einsamkeit des winzigen Lipsí bevorzugt – auf dem Dodekanes kann man einen herrlichen Urlaub verbringen.

**PÁTMOS

„Insel der Apokalypse" scheint ein unheilvoller Beiname für einen solch erhabenen, ja heiligen Fleck Erde wie Pátmos zu sein – immerhin eine der schönsten Inseln des Dodekanes. „Apokalypse" bezieht sich jedoch auf den hl. Johannes, der in einer Höhle hier 95 n. Chr. seine Vision vom Untergang der Welt gehabt haben soll. Pátmos erfreut sich nichtsdestotrotz immer größerer touristischer Beliebtheit. Die beiden dicht besiedelten Hafenorte – Skála und Pátmos (Hóra) mit dem auf dem Gipfel über der Stadt thronenden Kloster – lassen kaum vermuten, dass man im Norden und Süden der Insel Ruhe und Einsamkeit findet; felsige Landzungen reichen ins Meer hinein und umschließen

schöne Strände und Buchten; dazwischen liegen malerische Dörfer mit rustikalen Tavernen. Die Insel ist nur 15 km lang, man kann sie also sehr gut erwandern oder mit dem Mountainbike erforschen.

In der antiken Welt war Pátmos der Ort, wo Orestes vor den Furien Zuflucht suchte und sich unter den Schutz der Inselgöttin Artemis stellte. Eine Schrifttafel aus dem Artemis-Tempels findet sich im Klosterschatz, eine weitere dient heute als Türschwelle zur Marienkapelle.

Ausgrabungen auf dem **Kastélli**, dem sich hinter Skála erhebenden Hügel, ergaben, dass Pátmos bereits in der Bronzezeit besiedelt war. Der Hafenort **Skála** ❶ entstand jedoch erst im 20. Jh.; davor war nur das hoch gelegene Pátmos (Hóra) bewohnt, dessen Klosterburg Schutz vor Piraten bot. Skála ist heute die größte Stadt auf Pátmos mit zahlreichen Hotels und Restaurants. Abends flaniert man an der belebten **Uferpromenade**. Der Hauptplatz wird vom **Zollamt** im italienischen Stil dominiert; darin sind außerdem die Post und die Touristeninformation untergebracht. Die engen Gassen dahinter sind von Geschäften gesäumt, angefangen von Ikonen-Läden bis hin zu Bäckereien, die Käsepasteten und die Spezialität *Poungi*, eine mit Nüssen und Honig gefüllte Teigtasche, verkaufen.

Oben: Das Kloster des heiligen Johannes – Trutzburg und ein Labyrinth von Kapellen zugleich (Pátmos).

*Pátmos (Hóra) und **Johanneskloster

Von Skála sind es ca. 4,5 Autokilometer nach Pátmos (Hóra). Wanderer können die alte, 1794 erbaute Steinstraße benutzen – eine Abkürzung, da der Weg ohne die Haarnadelkurven der Autostraße auskommt. Der Fußweg von Skála aus ist nicht gut beschildert: Wenn Sie vom Platz in der Stadtmitte der Hauptstraße folgen, werden Sie nach ca. 10 Min. die Steinstraße sehen, die rechts von ihr abgeht – eine schöne, aber steile Strecke unter Bäumen.

 Info S. 196-199

Auf halbem Weg nach Pátmos befindet sich die **Grotte des hl. Johannes**. Die „Grotte“ ist heute eine Kapelle im Herzen des ***Apokalypse-Klosters** ❷ (Apokálipsis). Man muss einige sehr steile Stufen hinabsteigen, um zum Eingang zu gelangen; das Innere des Raumes besteht aus dem ursprünglichen Fels. Hier hörte Johannes, der von Kaiser Domitian nach Pátmos verbannt worden war, 95 n. Chr. die Offenbarung im Schlaf; er diktierte sie seinem Schüler Próchoros. Im Fußboden ist eine Stelle, auf die Johannes angeblich seinen Kopf legte. Auch das so genannte Felspult, an dem Próchoros geschrieben haben soll, ist zu besichtigen.

1713 wurde in den Gebäuden um die Grotte herum die **Patmias-Schule** gegründet. Sie war die erste offizielle Schule für griechische Dichtung und Philosophie, aus der einige der größten griechischen Denker hervorgingen. Außerdem wurde hier der Keim für jene Ideen gelegt, die 1821 zum Kampf um Griechenlands Unabhängigkeit führten. Die Italiener schlossen die Schule; 1947 wurde sie in Form eines Priesterseminars in einem modernen Gebäude wieder eröffnet.

Das recht hochgelegene ***Pátmos** (Hóra) ❸ mit seinen weiß gekalkten, blumengeschmückten Häusern und den verwinkelten Gassen der **Altstadt** wird vom ****Kloster des hl. Johannes** (Ágios Ioánnou Theológou) beherrscht, das wie eine Trutzburg auf dem Berggipfel steht und die ganze Insel überblickt. Obwohl die Apokalypse-Grotte schon früh ein beliebtes Pilgerziel war, entwickelte sich Pátmos erst ab 1088, als der Mönch Christodulos dieses Kloster erbaute, zu einem christlichen Zentrum. Das Johanneskloster wurde seither ständig erweitert, was zu einem architektonischen Mischmasch führte; Schichten um Schichten alter Fresken in verschiedenen Stadien der Restauration finden sich hier. Das Kloster ist noch bewohnt und wird vor allem in der Hauptsaison von zahlreichen Tagesausflüglern (darunter viele Kreuzfahrttouristen) besucht. Es ist um einen mit Kieseln gepflasterten, von Loggien umgebenen Hof angelegt. Da dem orthodoxen Ritual nach die Messe nicht mehr als einmal am Tag am selben Altar gelesen werden darf, besitzt das Kloster zehn Kapellen. Glanzlicht ist die vom Haupthof her zugängliche **Marienkapelle**, in der sich einige der ältesten Fresken des Klosters befinden. Eine Seitenkapelle ist dem hl. Christodulos gewidmet und seine Gebeine, seine Schuhe und sein Wanderstab werden in einem Silbersarg aufbewahrt. Die Hauptkirche des Klosters, **Katholikón**, beherbergt eine hoch verehrte Johannes-Ikone aus dem 12. Jh. Das **Refektorium** besitzt herrliche Fresken und in der **Schatzkammer** sind einige kostbare Gegenstände ausgestellt, darunter eine Reihe kretischer Ikonen, die Zeugnis von Pátmos' einst blühendem Handel mit dieser Insel ablegen. Eine sehr schöne Mosaik-Ikone aus dem 11. Jh. vom hl. Nikolaus gehört zum ältesten Besitz des Klosters. Daneben gibt es eine Ikone von Christus in Ketten, die dem jungen El Greco zugeschrieben wird.

In der Stadt stehen Dutzende weiterer Kirchen, allerdings sind die meisten abgeschlossen und es ist nicht immer einfach, den Schlüssel aufzuspüren. **Zoodóhou Pigís** war das erste Nonnenkloster der Insel. Es wurde 1607 gegründet, floriert heute noch und hat einige besonders schöne Fresken. Die **Ágios-Dimitrios-Kirche** lohnt ebenfalls einen Besuch.

Im Museum, das im **Sitz der Simantiri-Familie** (17. Jh.) eingerichtet wurde, kann man das Innere eines einheimischen Hauses besichtigen. Etwas außerhalb der Stadt liegt das **Mariä-Verkündigungs-Kloster** (Evangelístria), das 1937 auf dem Gelände einer früheren Einsiedlerklause errichtet wurde und heute eines der aktivsten Klöster Griechenlands ist.

Auf dem Berggipfel zwischen Skála und dem beliebten Strand von **Míloï** (Meloi) ❹ steht der reizvolle Kirchenkomplex **Panagía Koumana**. Über dem Kloster prangt ein blaues Neonkreuz, das nachts auf Skála hinunterleuchtet.

Rechts: Im Hafen von Lipsí – Angelschnüre werden mit Ködern versehen.

Kámbos

Kámbos ❺ ist der Hauptort im Norden mit Tavernen und einem beliebten **Strand**. Ansonsten wird dieser Teil der Insel von wilden, einsamen Felslandschaften geprägt. Wer im Vorgebirge wandert, wird mit herrlichen Blicken aufs Meer und den Küstenstreifen, dem drei kleine Inseln vorgelagert sind, und auf die ruhigeren Strände wie **Vágia** und **Livádi Geránou**, östlich von Kámbos, oder **Léfkes** an der Westküste, belohnt. An der Nordküste liegt der wegen seiner farbenprächtigen Kiesel bekannte **Lámbi-Strand**.

Grígos und der Süden

Der hübsche Hafenort **Grígos** ❻ südlich von Pátmos hat das Flair eines Seebads; man kann hier segeln und windsurfen. An einem Ende der Grígos-Bucht erstreckt sich ein schmaler Sandstrand bis zum imposanten **Kalikátsu-Fels**, in den Stufen hineingehauen sind und an dessen Fuß sich eine Höhle befindet, in der wahrscheinlich einst Einsiedler wohnten.

Im Süden stößt eine Halbinsel ins Meer vor, mit Pátmos verbunden durch eine schmale Landenge, an der sich der sandige **Diakófti-Strand** entlangzieht. Südwestlich dieses Strandes, auf der Südseite der Stavrós-Bucht, liegt der feinsandige Strand **Psilí Ámmos**, der schönste der Insel und zugleich ihr inoffizieller FKK-Strand. Er ist am leichtesten mit dem Boot von Skála aus zu erreichen.

LIPSÍ

Lipsí ist außerhalb der Hauptsaison ein perfekter Ort, um alles hinter sich zu lassen. Die nur 16 km^2 große, hügelige

Karte S. 163, Info S. 196-199

Insel mit ihren Oliven- und Feigenhainen, schönen kleinen Stränden und hübschen blauweißen Kapellen und Kapellchen ist in ihrer Ursprünglichkeit einfach bezaubernd.

Der Haupthafen hat einige touristische Annehmlichkeiten, aber sonst gibt es kaum richtige Dörfer auf der Insel. Ideal für Wanderer: Man kann alles „erlaufen". Einige Kirchen sind zu besichtigen und die Ausflugsboote im Hafen fahren zu Stränden, die anderweitig nicht zu erreichen sind, darunter die Strände der kleinen unbewohnten Inseln **Pilavi** ❼ und **Mákri** ❽. Letztere ist wegen ihrer Brandungstore bekannt. Auf der Insel **Arkí** ❾ leben noch etwa 40 Menschen; es gibt drei Tavernen, die auch Fremdenzimmer vermieten. Arkí unmittelbar vorgelagert ist das nur von zwei Tavernen mit Fremdenzimmern bestandene **Márathi** ❿ mit einem kleinen, schönen Strand, der im Sommer das Ziel zahlreicher Tagesausflügler von Lípsi und Pátmos ist.

Die Insel Lípsi lebt vor allem vom Fischfang und vom Tourismus; auch etwas Wein wird wieder angebaut. Am Wochenende nach dem 15. August findet alljährlich ein Weinfest statt.

Tagesausflügler können in dem Ort **Lipsí** ⓫ das kleine **Volkskundemuseum** und die **Hl.-Johannes-Kirche** besichtigen, die von in die USA emigrierten Bewohnern gespendet wurde. Sie steht in der Dorfmitte in der Nähe des **Emmanolis-Xanthos-Denkmals**. Xanthos war ein Sohn Lipsís, der 1821 für die Freiheit Griechenlands kämpfte.

In der Nebensaison beherbergt die Johannes-Kirche auch Lipsís wundertätige Ikone, die den Sommer über in der außerhalb der Stadt gelegenen **Panagía tu Haru** (17. Jh.) aufbewahrt wird. Die Ikone besteht aus getrockneten Lilienknollen, die jedes Jahr im August erblühen, ein Ereignis, dem zu Ehren ein Kirchenfest stattfindet.

Die großen Strände der Insel erstrecken sich auf der Ostseite vom malerischen **Hohlakoúra** nach **Xirókambos** und auf der Westseite von **Katsadiá** nach **Papantria**. Bricht man von Lipsís Hafen nach Westen auf, gelangt man zu den Stränden von **Lendoú** und **Kámbos**. Von dort ist es eine knappe

Stunde bis zum besten Sandstrand *Platís Gialós an der Nordküste, der eine seichte blaue Bucht umrahmt. Auf einem Fußpfad unter Bäumen kommt man nach **Mosháto** mit einer weiteren Badestelle.

LÉROS

Léros ist in mancherlei Hinsicht anders als die übrigen Inseln des Dodekanes. Viele Jahre lang war der Name der Insel für die Griechen gleichbedeutend mit „Klapsmühle" – wegen der großen Nervenheilanstalt, die hier untergebracht ist. Dank seiner strategisch günstigen Lage und dem großen, gut geschützten natürlichen Hafenbecken war Léros ein begehrter Marinestützpunkt für die Besatzungsmächte. In den Jahren vor dem Zweiten Weltkrieg bauten die Italiener den Hafen von Lakkí aus, eine Entwicklung, die 1943 in der Schlacht von Léros ihren tragischen Höhepunkt fand – deutsche Bomben hagelten auf die aus dem 14. Jh. stammende Festung oberhalb von Plátanos, wo sich zu diesem Zeitpunkt die Flugabwehrgeschütze der Alliierten befanden. So richtete ein Krieg des 20. Jh. mehr Schaden an als alle Heimsuchungen in früherer Zeit. Heute entdecken immer mehr Touristen die schöne Insel, die lange vernachlässigt wurde.

Rechts: Ágios Isídoros, eine kleine Kapelle auf einer Insel in der Gournás-Bucht (Léros).

Lakkí

In **Lakkí** ❶ legen die großen Fähren an. Als die Italiener 1923 die Insel übernahmen, erkoren sie Lakkí zu ihrer „Stadt der Zukunft", rissen die bestehenden Häuser ab und errichteten Bauten, die ein Musterbeispiel futuristischer Architektur sind, sowie eine Luftwaffen- und Marinebasis. Die heute verfallenden weißen Häuser mit ihren bauchigen Mauern – darunter ein **Glockenturm**, ein **Zollhaus** und eine **Grundschule** sowie das heruntergekommene ehemalige **Hotel Roma** – wirken wie futuristische Filmkulissen. Heute ist Lakkí im Wandel begriffen und es bestehen Pläne, einige der abgerissenen Gebäude wieder aufzubauen, die ursprünglichen Terrazzo-Bürgersteige neu anzulegen und den Ort herauszuputzen. Derzeit verströmt er immer noch eine eher nüchterne Militäratmosphäre, die durch das theatralische **Denkmal der Gefallenen** nahe am Meer und die im Hafen anlegenden Kriegsschiffe noch verstärkt wird.

In der Nähe von Lakkí befindet sich eine große Nervenheilanstalt. Das Gelände, auf dem sich auch ein Sommerhaus Mussolinis befindet, wurde der Öffentlichkeit zugänglich gemacht; es liegt an der Straße nach Xirókambos.

Xirókambos ❷ ist ein hübsches Fischerdorf, an einer Bucht gelegen, mit einigen der ältesten Ruinen der Insel. Oberhalb des Dorfes steht die alte Festung **Paleókastro**, neben der sich auch die Ruinen einer **Akropolis** befinden, die wahrscheinlich aus der mykeni-

Info S. 196-199

schen Epoche stammt. Festung und Dorf hatten ihre Blütezeit im 4. Jh. v. Chr. Eine jüngere Attraktion ist die Höhlenkirche **Panagía Kavourádena** südöstlich des Ortes, die unmittelbar am Meer direkt unterhalb der Straße liegt. Diese „Kirche der Madonna der Krabben" wurde so benannt, weil ein Krabbenfischer hier eine Ikone fand.

Plátanos

Das geschäftige **Plátanos** ❸ liegt unterhalb des vom byzantinischen Kástro gekrönten 154 m hohen Burgbergs. Mit den Platanen, die seinem Hauptplatz Schatten spenden, wird der Ort seinem Namen gerecht. Ferner steht auf dem Platz ein Springbrunnen, der sein Wasser aus der Quelle des antiken Asklepion-Tempels (oder Tempel des Heilens) bezieht. Léros ist einige der wenigen Inseln, die noch ihre traditionellen *Leschi* hat, eine Art Café, wo jeden Abend die Männer zusammenkommen, spielen und Neuigkeiten austauschen.

Eine lange Treppe führt durch die schmalen Gassen an der alten Kathedrale **Agía Paraskeví** vorbei zum zeitweise von Rittern des Johanniterordens genutzten ***Kástro**. Hier bietet sich ein weiter Blick über die Insel und ihre „vier Buchten", darunter der Jachthafen des hübschen Fischer- und Stranddorfes **Pandéli** an der nahen **Vromólithos-Bucht**. Eine kleine Kapelle in der Nähe des Gipfels, auf dem auch drei Windmühlen stehen, weist noch Beschädigungen aus dem Zweiten Weltkrieg auf. Im Kástro selbst finden sich viele Zeugen des Altertums: antike Siedlungsspuren aus ca. dem 7. Jh. v. Chr., auf denen später eine byzantinische Festung erbaut wurde und noch später, im 9. Jh., eine **Panagía** (Kirche der Muttergottes), weshalb die Festung manchmal auch Panagía-Burg genannt wird. Diese Kirche, eine der ältesten auf der Insel, wurde während der Bombardierungen im Zweiten Weltkrieg schwer getroffen, ist aber inzwischen restauriert. Ihre herrlichen vergoldeten Wandmalereien entstanden ca. 1745; die Kirche besitzt Ikonen aus dem 14. Jh. Die Marien-Ikone, die der Kirche ihren Namen verlieh, befindet sich in einem Seitengang. Der

Info S. 196-199

Legende nach kam sie allein auf dem Schiff von Konstantinopel nach Plátanos; als sie in der Kathedrale der Stadt untergebracht wurde, wanderte sie jede Nacht zu der von den Türken besetzten Festung hinauf, bis diese von dem Spuk so verängstigt waren, dass sie die Festung an die Christen zurückgaben. Seit der Restaurierung gibt es auch ein **Kirchenmuseum** und ein **Historisches Museum**, das die Bischofsbibliothek enthält.

Der Hafen von Plátanos heißt **Agía Marína**. Hier legen auch *Flying Dolphins* an. Für Fotoamateure sind die Bögen der alten **Brouzi-Festung** am Meer und eine alte **Windmühle**, die malerisch an der Spitze einer Sandbank steht, schöne Motive. Liebhaber von Museen schätzen das neue **Archäologische Museum**, klein, aber mit einer modernen Ausstellung lokaler Funde, angefangen von prähistorischen Artefakten bis hin zu Fragmenten byzantinischer Kirchen.

Oben: Kálimnos – Insel der Schwammtaucher.

Álinda

Álinda ❹ ist mit seiner Bucht das Touristenzentrum der Insel. Die schlossartige **Belléni-Villa** mit ihren Zwillingstürmen beherbergt ein **Museum für Geschichte und Volkskunde**. Nahe des Ortes liegt der **Commonwealth-Kriegsfriedhof** zu Ehren der hier gefallenen alliierten Soldaten. Die byzantinische **Kirche der vierzig Märtyrer** hat Spuren alter Mosaiken im Hof; die Mauern des ursprünglichen Bauwerks wurden im 19. Jh. verputzt. Wenn man zu Fuß bis zum Ende der Bucht weitergeht, kommt man zur **Panagía-Kirche**. Ein steiniger Pfad führt über die Landzunge zum **Strand** von **Krífos**, der allerdings mit dem Boot leichter zu erreichen ist.

Auf der gegenüberliegenden Seite der Insel, die hier sehr schmal ist, befindet sich die **Gournás-Bucht** ❺. In der Nähe **Drimón** steht die Kirche **Panagía tis Gourlomatas** aus dem 14. Jh. mit sehr schönen Fresken. Gournás' Wahrzeichen ist die kleine, ins Meer hinaus gebaute Kapelle **Ágios Isídoros**, die

Karte S. 166, Info S. 196-199

mit der Insel durch einen schmalen Damm verbunden ist.

Léros' Norden

Der Nordteil der Insel ist wild und unberührt, allerdings fällt die starke Militärpräsenz auf. Inselbewohner behaupten, der **Berg Klidí** (320 m) sei mit unterirdischen Tunneln ausgehöhlt und diene als eine Art Befehlszentrale für Krisenzeiten. Vor nicht allzu langer Zeit verbannte die Junta politische Häftlinge hierher. Einige von ihnen haben angeblich ihren Teil zu den Wandgemälden in der kleinen Kirche von **Agía Kioura** beigetragen. Diese Kirche liegt auf einer Landzunge zwischen zwei unberührten Buchten: **Parthéni** ❻ wurde nach einem **Tempel von Artemis Parthenos** benannt (*Parthenos* = „Jungfrau"), dessen Ruinen noch vorhanden, aber schwierig zu finden sind. **Blefoúti** ❼ ist eine von goldbraunem Sandstrand gesäumte sichelförmige Bucht, deren Öffnung von der kleinen Insel **Strongíli** sozusagen „zugekorkt" wird, weshalb das Wasser hier wärmer als anderswo ist. Da der neue Flughafen an der Straße nach Parthéni liegt, wird dieses ruhige Gebiet wahrscheinlich demnächst für den Tourismus erschlossen werden.

KÁLIMNOS

Kálimnos ist die „Insel der Schwammfischer". Im 19. Jh. war die Schwammfischerei der wichtigste Wirtschaftszweig auf der Insel. Die Flotte ist von April/Mai bis Oktober oder November unterwegs. Oft fährt sie bis vor die Küsten Afrikas. Die Rückkehr der Flotte wird stets mit einem großen Fest gefeiert, denn die Schwammtaucherei ist ein gefährliches – wenn auch einträgliches – Gewerbe. Zwar sind die Zeiten vorbei, in denen die Taucher nackt, nur mit einem Stein beladen, die pechschwarzen Schwämme vom Meeresboden absammelten, aber auch heute

noch erleiden Schwammfischer Lähmungen durch Stickstoffvergiftung des Blutes, die durch zu schnelles Auftauchen hervorgerufen wird.

Die Schwammfischerei ist längst nicht mehr so bedeutend, wie sie einmal war: Im Jahr 1987 befiel eine Krankheit die Schwammvorkommen und seitdem sind die Erträge drastisch gesunken. Trotzdem gibt es auf Kálimnos noch viele „Schwammfabriken", in denen Schwämme gereinigt (das Fleisch wird entfernt, übrig bleibt das Skelett, der eigentliche Schwamm), verarbeitet, in Form geschnitten und manchmal gebleicht werden, was den Schwämmen jene hellere Farbe verleiht, die viele Käufer vorziehen, die aber auch die Lebensdauer der Schwämme verkürzt.

*Kálimnos-Stadt

Wenn man in den Inselhaupthafen Kálimnos einläuft, erkennt man schon vom Fährendeck aus, dass die Insel Kálimnos etwas Besonderes ist: nicht nur der Landschaft wegen – die steilen, grau-rosa Berge haben etwas überaus

Majestätisches an sich – sondern vor allem wegen der in eine Bucht geschmiegten Hauptstadt mit ihren „Schachtelhäusern" in leuchtenden Farben. Die Urlaubsstimmung der Besucher und die alltägliche Geschäftigkeit der Einheimischen vermischen sich hier auf angenehme Weise.

★**Kálimnos-Stadt** (Pothiá) ❶ ist eine der größten Städte auf dem Dodekanes. Auch nach Ende der Saison sind die Cafés noch bevölkert und die Straßen belebt. Gewiss, es gibt einige Touristen hier, besonders an dem graubraunen Strand zwischen Kandóuni und Masoúri an der Westküste, und es ist eine offene Frage, wie die Insel sich zukünftig entwickeln wird. Vorläufig jedenfalls wird man bei einem Stadtbummel noch keine „I Love Kálimnos"-T-Shirts finden, sondern Fischer, die *Phouskies* verkaufen, eine Molluske mit einer ledrigen, aber weichen „Schale" (*Phouskies* = „Ballon"), oder Meeresschwämme feilbieten.

Interessantes über das Schwammtauchen – Fotografien, Tauchanzüge und Werkzeuge, darunter ein mehrzackiger Fischspeer – ist im ★**Schwammmuseum** ausgestellt, das in einem der vielen Gebäude untergebracht ist, die von der durch die Schwammfischerei zu Reichtum gelangten Vouvalis-Familie gestiftet wurden. Ein früherer Familiensitz der Vouvalis' dient als „Archäologisches" **Museum**; abgesehen von einigen Marmorstatuen und einer Sammlung von in der Nähe von Vathís gefundenen neolithischen Artefakten ist vor allem zu sehen, wie die Familie im 19. Jh. lebte – mit ihren Möbeln, Porzellan und Porträts.

Horió

Kálimnos-Stadt zieht sich ein langes Tal entlang und geht in **Horió** ❷ über, den ursprünglichen Hauptort der Insel, der einen völlig anderen Charakter hat. Man glaubt gerne, dass die steilen, engen Gassen einst für Esel angelegt wurden, vor allem, wenn man so wagemutig oder töricht ist und versucht, sie mit dem Auto zu bewältigen. Drei **Windmühlen** ragen über der Straße auf, und wenn man vom Hafen hochblickt, bilden die Mauern der alten byzantinischen Kreuzritterburg ★**Péra Kástro** einen eindrucksvollen Hintergrund. Die Festung hat neun Kapellen und auf dem Gelände finden sich zudem die Ruinen eines mittelalterlichen Dorfes, das seit dem 18. Jh. verlassen ist.

Rechts: Ein Imker im Tal von Vathís begutachtet die Honigausbeute (Kálimnos).

Nordwestlich von Horió wurde im 5. Jh. die Basilika von **Hristós tís Jerousalím** erbaut, an der Stelle eines Apollon-Tempels. In den Überresten der Apsis, einer anmutig geschwungenen Nische, finden sich antike behauene Steine. Geht man über den alten Friedhof dahinter, stößt man auf die **Kirche der Zwölf Apostel (Ágios Apóstoli)** mit byzantinischen Bodenmosaiken ebenfalls aus dem 5. Jh.

An der Westküste befinden sich die von zwei vorgelagerten Inseln geschützten Strände. Der **Kandóuni-Strand** ist vor allem bei den Einheimischen beliebt. **Platís Gialós** liegt dem Inselchen **Agía Kiriakí** direkt gegenüber.

Spektakulärer ist die größere Insel **Télendos** ❸; früher war sie ein Teil von Kálimnos, bis sie durch ein Erdbeben im 5. Jh. v. Chr. abgespaltet wurde. Fundamentreste einer einstigen Stadt sind noch an den Stränden und im Wasser zu sehen; Télendos ist eine etwas ruhigere Alternative zu dem geschäftigen Strandleben von **Mirtiés**, **Masoúri** oder **Arméos** auf Kálimnos. Boote setzen regelmäßig zu der Insel über; dort gibt es auch Fremdenzimmer und mehrere Tavernen.

Von dem auf einer Anhöhe hinter **Masoúri** ❹ gelegenen **Iéro Horió** (Ausgrabungsstätte eines antiken Dorfes) hat man einen schönen Blick hinüber zur Insel Télendos.

Karte S. 169, Info S. 196-199

Wanderer können in die Berge hinter **Arginónda** ❺ (das einen schönen Strand hat) aufbrechen und nach Vathís, dem zweiten Hafen der Insel, wandern, aber man braucht unbedingt eine gute Karte oder einen einheimischen Führer.

In **Emborió** ❻ endet die Straße. Das ruhige Fischerdorf war einst eine geschäftige Hafenstadt und der ursprüngliche Hafen der Insel. Wanderer können sich an der unberührten Landschaft erfreuen und die **Höhlen** in der Nähe von **Skaliá** erforschen. Ferner gibt es an der Nordküste abgeschiedene Strände.

Wenn man sich ***Vathís** ❼, dem grünen Tal von Kálimnos im Inselosten, über die Küstenstraße von Kálimnos-Stadt nähert, blickt man hinunter auf eine schmale, tief eingeschnittene Bucht. Das dunkelblaue Wasser ist besonders kalt, denn es ergießt sich aus Quellen, die den tiefgrünen Landstreifen bewässern. Von gekalkten Steinmauern umgebene Orangen- und Zitronenhaine beherrschen das Bild. Im Dorf Vathís läuft Quellwasser in kleinen Kanälen durch die Straßen und versorgt ein großes natürliches Fischbecken.

In der **Grotte von Daskalió**, östlich von Vathís, wurden reiche Funde einer neolithischen Besiedlung gemacht. Einzelne Stücke sind in Kálimnos-Stadt ausgestellt. Die Höhle soll sowohl während der türkischen als auch der italienischen Herrschaft als „Geheimschule" gedient haben, wo in griechischer Sprache unterrichtet wurde, was unter beiden Regierungen streng verboten war. Näher zum Ort hin liegen die Überreste eines byzantinischen Dorfes.

Weiter oben im Tal, in der Nähe des malerischen Ortes **Plátanos** ❽, inmitten von Zitronen- und Orangenhaine, findet derzeit die Ausgrabung von zwei **Byzantinischen Kirchen** statt (4. und 5. Jh. n. Chr.). Beide Stätten sind öffentlich zugänglich. Eine befindet sich in den Ruinen einer hellenistischen Burg, unterhalb der mit Fresken versehenen **Kirche des hl. Michael** (12. Jh.).

*ASTIPÁLEA

Auf halbem Weg zwischen Dodekanes und Kykladen gelegen, vereinigt Astipálea die Merkmale beider Insel-

gruppen in sich, was besonders im Hauptort deutlich wird, wo hoch oben auf dem Berg eine venezianische Burg über dicht zusammengedrängten, blau und weiß gestrichenen Häusern thront. Die beiden Teile der Insel sind durch eine nur 100 m breite Landenge verbunden. Die Einheimischen nennen den östlichen Teil der Insel **Méga Níssi** („große Insel"), den westlichen **Éxo Níssi** („Außeninsel").

Den Beinamen „Fest der Götter" verdankt Astipálea seinem Reichtum an Blumen und Früchten. Außerdem bietet die hübsche Insel ihren Besuchern gute Wandermöglichkeiten und sehr schöne Strände.

Astipálea (Hóra) ❶ liegt auf der „Außeninsel". Seine weiße, kubistisch anmutende Silhouette erhebt sich über dem Hafen, **Péra Gialós**, von wo aus weiße **Windmühlen** den Weg zum **Kástro** weisen. Die Festung gehörte der venezianischen Quirini-Familie, die hier 300 Jahre lang herrschte und ihr

Rechts: Windmühlen weisen den Weg zum venezianischen Kástro (Hóra, Astipálea).

Wappen über dem Portal hinterließ. Innerhalb der Festungsmauern stehen zwei weiße Kirchen: **Panagía** und **Ágios Geórgios**.

Die Stadt besitzt noch zwei weitere Kirchen: den **Megali-Panagía-Gebäudekomplex** mit seinem Hof aus schwarz-weißen Kieselsteinmosaiken, und die eindrucksvolle **Panagía Protaítissa**, von dem blinden hl. Anthimos zwischen 1762 und 1771 erbaut und eine der schönsten Kirchen auf dem Dodekanes. Eine herrliche vergoldete Bilderwand umgibt die von dem Heiligen mitgebrachte Ikone.

Der nahe der Inselhauptstadt gelegene **Livádia-Strand** (Sand / Kies) ist manchmal sehr voll. Von Livádia aus kann man in die Berge zum **Flevariotissa-Kloster** wandern oder zum hübschen Hafen und Strand von **Ágios Andréas** ❷ – am **Stenó**, der schmalen Landzunge, die die beiden „Inseln" Astipáleas verbindet, kann man gut schwimmen.

Weiter östlich liegt **Análipsis** ❸, das die Italiener *Maltezana* nannten. Aus der Römerzeit stammen die **Bodenmosaiken** eines Bades, auf denen die (noch erhaltenen) Tierkreiszeichen dargestellt sind.

Hinter dem benachbarten **Schinóntas** mit Fragmenten des Bodenmosaiks einer frühchristlichen Basilika geht die Asphaltstraße in eine gute Staubpiste über, die bis nach **Éxo Vathí** ❹ am einsamen Golf von Vai führt. Von hier ist es nicht weit zur Tropfsteinhöhle von **Drakospiliá**. Ein schlechter Lehmweg führt durch die Berge an der italienischen **Kastellano-Festung** vorbei zum **Kloster Panagía**.

An der Ostküste von Éxo Níssi gibt es bei **Ágios Konstandínos** ❺ schöne Strände; Nudisten finden bei **Tzanáki** Bademöglichkeiten.

In **Vatses** ❻ an der Südküste befinden sich weitere Höhlen und schöne Strände. An der Westküste bei **Ágios Ioánnis** ❼ stehen die Ruinen des **Kástro**.

Info S. 196-199

KÓS

Kós, bereits in Sichtweite der Türkei, hat lange Sandstrände, schöne Bergdörfer, antike Ruinen und venezianische Burgen, ist radfahrerfreundlich, da überwiegend flach und dank seines Flughafens bequem zu erreichen – kurz, hier wird alles geboten, was sich Urlauber wünschen. Und so steht auch die gesamte Insel im Zeichen des Tourismus. Dörfer, die einmal ursprünglichen Charme besaßen, vermarkten diesen jetzt in den *Tourist Shops* zwischen den Tavernen, die mit mehrsprachigen Speisekarten und internationalen Gerichten allen Besuchern gerecht werden wollen. Die Strände sind zwar herrlich, aber während der Saison vor lauter Sonnenschirmen kaum zu sehen. Zum Glück ist Kós eine große Insel und es gibt immer noch schöne Landschaften und kleinere Orte, aber alles ist voll und ganz auf Pauschaltouristen eingestellt.

Kós ist der Geburtsort von Hippokrates (460-375 v. Chr.), mit dessen Eid auch heute noch jeder Arzt die Ausübung seines Berufs beginnt. Nach Hippokrates' Tod wurde die Insel Asklepios geweiht, dem Gott des Heilens. Ihm wurde eine große Kultstätte errichtet, deren Ruinen immer noch äußerst beeindruckend sind.

**Kós-Stadt

****Kós-Stadt** ❶ ist ein geschäftiger Hafenort, wo Antike und Moderne bunt durcheinander gewürfelt sind. Eines der markantesten Bauwerke ist die am Meer gelegene alte **Johanniter-Burg**, wo man in den Ruinen herumstreifen und auf die Jachten im Hafen hinabblicken kann.

Unmittelbar hinter der Burg steht der knorrige, von einem Gerüst gestützte Baum, der den fantasievollen Namen **Platane des Hippokrates** trägt. Es ist allerdings ausgeschlossen, dass der Baum aus Hippokrates' Zeit stammt, aber er mag gut und gern 500 Jahre alt sein. Er steht an einem Ende der **Agorá**, die antike Überbleibsel aufweist, darunter alte Bodenmosaiken und auch eine kleine byzantinische Kapelle. In

einige Gemäuer sind antike Säulentrommeln eingebaut.

Eine hervorragende Einführung in Kós' Altertümer ist das **Museum** nahe des Hauptplatzes, **Platía Eleftherías** (Platz der Freiheit), wo es auch einen hübschen überdachten **Markt** und eine alte türkische **Moschee** gibt. In einer nachgebauten römischen Villa betritt man einen Raum mit einem römischen Mosaikboden; an der Rückwand ist ein sehr schönes Bild aus winzigen schimmernden Kacheln zu sehen, auf dem Fische abgebildet sind.

Die **Altstadt** des Ortes Kós ist ein Labyrinth von Gassen, in denen sich ein Laden an den anderen reiht. Darum herum findet man römische Ruinen: einen hellenistischen **Dionysos-Tempel**, das **Römische Odeon** und ein marmornes **Amphitheater**.

Auf der anderen Seite des Hafens drängen sich Bars und Nachtlokale. Der **Strand** von Kós-Stadt ist breit und sandig – und sehr überlaufen.

Oben: Das Asklipíon, ein Kurort aus römischer Zeit (Kós).

Umgebung von Kós-Stadt

Südlich der Stadt liegen der Hotelstrand **Psalídi** (mit einigen der teuersten Hotels der Insel) und **Ágios Fokás**. Um diese Landzunge herum, wo eine riesige griechische Flagge weht, als wolle sie den Nachbarn Türkei provozieren, gelangt man zu den heißen Quellen von **Embrós Thermá ❷**, bei denen es einen schwarzen Sandstrand gibt. Eine Fahrt entlang den Klippen – mit Panoramablick auf die Türkei – ist besonders bei Sonnenuntergang spektakulär.

Aber die Hauptsehenswürdigkeit der Insel ist das ***Asklipíon ❸**. Es war ein bei reichen Römern beliebter Kurort mit Brunnen, Bädern und Behandlungsräumen. Außerdem umfasste es die großen Tempelanlagen zu Ehren des Gottes der Heilkunst, Asklepios (Äskulap). Der Äskulapstab, umrankt von der Schlange, die beim Aufspüren von Heilkräutern half, ist bis heute das Symbol der medizinischen Wissenschaft. Das Asklipíon ist auf drei Ebenen erbaut, mit Blick auf die zerklüfte-

Info S. 196-199

ten Berge der türkischen Küste. Das Gelände steigt von den römischen Thermen (3. Jh. n. Chr.) zum dorischen Asklepios-Tempel an, von dessen ursprünglich 104 Säulen noch einige stehen. Ungeachtet der Busladungen von Touristen strahlt der Ort eine ganz besondere Faszination aus.

Die Bergdörfer auf Kós sind zu überlaufenen Touristenzielen geworden: Ein Sonnenuntergang in dem zauberhaften Dorf **Zía** ❹ steht in jedem Ausflugsprogramm. Das Gleiche gilt für das nahe **Asfendioú**.

Südküste von Kós

Das weiter südlich gelegene **Andimáhia** ❺ ist noch angenehm untouristisch, wohl weil es hier nicht viel zu sehen gibt, abgesehen von einer Art Museum, das aus einer **Windmühle** und einem traditionellen Bauernhaus besteht.

Der, im wörtlichen Sinne, Höhepunkt der Gegend ist das **Kástro** (14. Jh.) südöstlich von Andimáhia, dessen Ruine zugänglich ist. Von hier bietet sich ein herrlicher Blick auf die Küste und **Kardámena** ❻. In der Nebensaison ist in Kardámena noch etwas von dem einstigen Zauber des Ortes zu spüren, in der Hauptsaison dagegen wimmelt es hier von jungen Pauschaltouristen, darunter viele Briten.

Von Kardámena an ist die Südküste ein einziger langer **Strand**, dessen Abschnitte Namen wie **Magic Beach**, **Sunny Beach**, **Paradise Beach** tragen. Obwohl überfüllt, sind diese Strände mit ihrem hellen Sand und dem sich dahinter erhebenden Vorgebirge sehr schön. Im Südwesten schließt sich der bebautere Strand (der *Club Med* hat sich hier ausgebreitet) der **Kéfalos-Bucht** an, mit einer pittoresken kleinen Insel. Hoch darüber thront der Ort **Kéfalos** ❼, der sich trotz touristischer Erschließung viel von seiner ursprünglichen Atmosphäre bewahrt hat.

Nordküste von Kós

Auch entlang der Nordküste gibt es einige Strandorte, die heute ausschließlich auf den Fremdenverkehr eingestellt sind. Von **Mastihári** ❽, nahe An-

dimáhia, hat man eine reizvolle Aussicht auf Kálimnos. **Marmári** und **Tingáki** ❾ sind die beiden anderen Orte mit Restaurants, Hotels und schönen Stränden; Tingáki liegt in der Nähe des Salzssumpfes **Alikés**, einem wegen des hohen Grases und der Feuchtigkeit recht einsamen Gebiet, das interessant für Vogelkundler ist.

*NÍSIROS

Für viele Besucher ist die Hauptattraktion der Insel Nísiros ihr ***Vulkankrater**. Tagesausflügler aus Kós strömen vom Schiff in wartende Busse und werden ins Inselinnere verfrachtet, wo sie in den Krater hinabsteigen und Schnappschüsse machen. Die Insel hat jedoch viel mehr zu bieten: den Zauber der engen, hübschen Gassen und schönen Plätze des Haupthafens Mandráki, vulkanische Strände und heiße Quellen, eine 2000 Jahre alte verfallene Burg, von der aus man einen unvergesslichen Sonnenuntergang genießen kann... All das entgeht Tagesbesuchern und wartet darauf, von Gästen entdeckt zu werden, die länger auf der schönen, fruchtbaren Insel bleiben (Strandhotel bei Páli).

Der Sage nach riss Poseidon ein Stück von Kós ab und bewarf den Titanen Polybotes damit, der daraufhin auf den Meeresboden versank, und an dieser Stelle entstand die Insel Nísiros. Der Vulkan ist demnach Polybotes selbst, der vor Zorn über seine Zwangslage immer wieder Gase und Dämpfe ausspuckt. Nísiros' Vulkan ist neben Mílos und Thíra der dritte aktive Vulkan auf den griechischen Inseln. Die Phönizier nannten ihn *Porphyros*, weil sie hier große Mengen von Purpurschnecken fanden. Nísiros soll der erste Fundort von Porphyr sein. Der Inselname ist angeblich eine Verknüpfung von *níssi*, griechisch für „Insel", und *ross*, dem phönizischen Wort für „rot".

*Mandráki

Das bezaubernde ***Mandráki** ❶, das sich am Meer entlangzieht, ist der

Oben: Schöne, wenn auch volle Strände gibt es im Südwesten der Insel Kós.

Karte S. 175, Info S. 196-199

Hauptort der ca. 1200 Einwohner zählenden Insel. Seine Plätze sind mit kleinen Springbrunnen oder schwarzweißen *Krokalia*-Mosaiken geschmückt, zum Meer hin reiht sich einer an den anderen; weiter im Ortsinneren ist der **Ilkiomeni** versteckt, wo die Einheimischen am Abend in den Kafeníons sitzen.

Auf der Spitze einer kleinen Klippe am Ende der Stadt thront die Burg aus dem 14. Jh. Sie wurde von den Venezianern als Schutz gegen Piraten erbaut. Um 1600 entstand innerhalb der Burgmauern ein Kloster, das nach der kleinen, in die Klippe hineingebauten Kapelle aus dem 15. Jh., **Panagía to Spilianí**, benannt ist (*spiliá* bedeutet „Höhle"). Eine steile Steintreppe führt zur Klippenspitze mit ihrem Panoramablick, einer kleinen Steinkapelle und dem **Museum** (das in ein neues, größeres Gebäude umziehen soll, das ein wohlhabender Einwohner stiftete). Die geschnitzte hölzerne Bilderwand in der Kapelle enthält eine Panagía-Wunderikone. Am 15. August wird feierlich das Fest der Jungfrau begangen.

Ein Fußpfad führt um den Spilianí-Gipfel herum zum Strand herunter, der von hohen Klippen eingerahmt wird. Das Meerwasser hier gilt als besonders sauber, auch wenn die dunklen Felsen, die **Hohláki** heißen und nach denen der Strand benannt ist, nicht allzu einladend wirken.

Keines von Nísiros' Klöstern ist mehr in Betrieb. Von Mandráki aus führt eine steile, 6 km lange Straße hinauf zum kleinen **Evangelístra-Kloster** mit seiner schlichten Kirche. Auf halber Strecke kann man an einer Gabelung zum ⋆**Paleókastro** ❷, einem Rest der antiken Akropolis von Nísiros, abbiegen. Es wurde erstmals im 4. Jh. v. Chr. erwähnt. Die Mauern wurden ohne Zuhilfenahme von Mörtel errichtet – die schwarzen Basaltsteine wurden absolut passgenau bearbeitet. Der Bau ist deshalb so gut erhalten, weil Basalt eines der härtesten Gesteine ist. Wie es den antiken Maurern gelang, den Basalt zu spalten, bleibt ein Rätsel. Von der einzigartigen Mauer aus bietet sich ein schöner Blick auf die der Küste vorgelagerten kleinen Inseln, darunter **Gialí** mit seinem hellen Schlackenberg, der von dem nach wie vor lukrativen Bimsstein-Abbau stammt. Auf der Insel gibt es auch sehr gute Strände (regelmäßig Boote von Mandráki).

Abgesehen von der schmalen Betonplatten-Straße hinauf nach Evangelístra und Paleókastro, gibt es nur eine Straße auf Nísiros, die sich von Mandráki aus um die halbe Insel bis nach Avláki an der Südküste windet. Wenn man Mandráki verlässt, kommt man als nächstes nach **Loutrá** ❸, einem kleinen Hafen. An dem nahen Sandstrand **White Beach** kann man sehr angenehm baden.

In **Páli** ❹, dem zweiten Inselhafen, gibt es heiße Quellen; wenn man hier im Meer schwimmt, wird man die „heißen Stellen" entlang der Küste bemerken. Der Strand ist mit dunkelbraunem vulkanischem Sand bedeckt und mit Bimssteinbrocken übersät. Wer eine ab-

geschiedenere Stelle zum Baden sucht, kann bis ans Ende der geteerten Straße fahren. Hier parkt man das Auto und geht zu Fuß in etwa 15 Minuten nach **Psilí Ámmos** weiter, dem schönsten **Strand** von Nísiros (hellgrauer Sand).

Auf Nísiros gibt es zwei an den Rand des Vulkankraters geschmiegte Dörfer. Ein Großteil ihrer Bevölkerung ist nach Kanada oder in die USA ausgewandert. Viele Emigranten schicken Geld, um den Bau von Kirchen zu finanzieren, wie jener in **Emborió** ❺, das fast wie eine Geisterstadt wirkt. Oberhalb des Orts stehen die Ruinen einer mittelalterlichen **Burg** mit der **Taxiárhis-Kirche**, einem byzantinischen Schmuckstück mit sehr alten, grobkonturigen Fresken.

★**Nikiá** ❻ ist ein besonders hübsches Dorf, belebter als Emborió, mit blauweißen Häusern und zwei Aussichtstavernen. Eine kunstvolle **Kirche der Theotókou** oder Jungfrau Maria wurde von USA-Emigranten gestiftet. Von hier aus hat man einen herrlichen Blick: hinunter aufs Meer zur einen Seite – um zum **Avláki-Strand** hinunterzufahren braucht man jedoch ein robustes Fahrzeug – und zur anderen Seite in die Vulkan-Caldera. In Nikiá bemerkt man die ersten Schwefelbrisen. Vom Dorf führt ein Fußpfad in den Krater.

Ganz gleich, von wo man sich dem Vulkan nähert – er bietet aus jeder Perspektive einen faszinierenden Anblick. Innerhalb des Kraters gehen die begrünten Inselhänge in eine von Heidekraut und orangen Steinbrocken geprägte Ebene über. „Krater" ist ein irreführender Begriff; es gibt eigentlich fünf und jeder hat seinen eigenen Namen und Charakter. Der größte, ★**Stéfanos** ❼, ist der eindrucksvollste; über einen Fußpfad kann man hinauf zu den schroffen Felsen wandern und findet sich plötzlich in einem Miniatur-Grand-Canyon wieder, wo einer der kleineren Krater Rauchwolken mit schwefeligem Gestank ausstößt.

Die Vulkantätigkeiten werden ständig überwacht. Seit 1933 hat es keinen Ausbruch mehr gegeben und jeden Tag

Oben: Die Caldera von Nísiros mit dem Stéfanoskrater.

überqueren etliche Touristen den Stéfanos. Trotzdem ist Vorsicht geboten, denn wenn man mit dem Fuß durch die Erdkruste bricht, tritt man unversehens in heiß brodelnden Schlamm.

TÍLOS

Als eine der am wenigsten besuchten Inseln des Dodekanes ist Tílos ein Insider-Tipp: ruhig, billig und angenehm mit einer reichen Auswahl an Stränden, schönen Wanderwegen und traditionellem Inselleben. Die Insel rühmt sich, schon vor sehr langer Zeit bewohnt gewesen zu sein, allerdings nicht nur von Menschen: Als die Insel vor etwa 10 000 Jahren vom Festland abbrach, gab es offenbar Urelefanten, die sich dann an den kleiner gewordenen Lebensraum anpassten und schließlich nur noch bis zu 1,30 m groß wurden. Zusammen mit Artefakten aus der Steinzeit wurden in der **Grotte von Harkadió** (Spiliá Harkadió) Knochen dieser Elefanten gefunden.

Im 14. Jh. kamen die Johanniter auf die Insel und bauten sieben Burgen, deren Ruinen noch heute vorhanden sind.

Der Hafen **Livádia** ❶ hat einen langen Strand. Im Sommer ist der Ort durch zahlreiche griechische Urlauber sehr belebt.

Folgt man von Livádia aus der Inselstraße nach Norden, passiert man **Mikró Horió**, ein Dorf, das in den 1950ern verlassen wurde. Der Hauptort im Inselinneren, **Megálo Horió** ❷, wird von den Ruinen einer venezianischen Burg dominiert. Das Dorf wurde auf der Stätte der antiken Stadt Télos errichtet, zwischen den Häusern sind noch die über 3000 Jahre alten Mauerreste zu erkennen. Von Megálo Horió aus führt eine Straße zum **Erístos-Strand** hinunter.

An der Nordwestküste der Insel befinden sich die beiden Strände **Ágios Andónios** und **Pláka**. Die Felsformationen des Ersteren sind gruseliger, als sie zunächst wirken: Sie bestehen teils aus versteinerten Menschenknochen

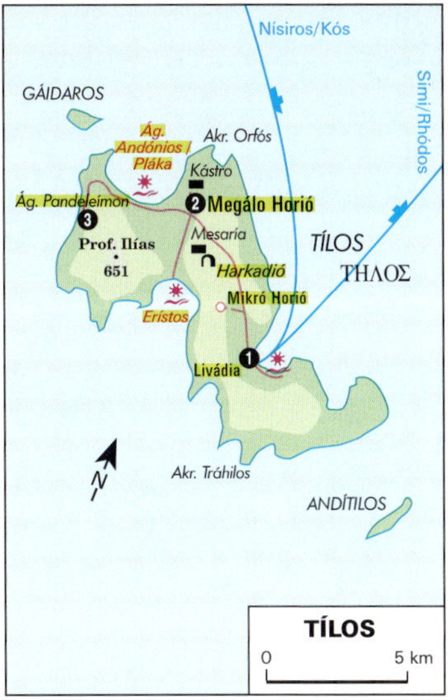

von Opfern eines Vulkanausbruchs um 600 v. Chr. Das von einer Mauer umgebene Kloster **Ágios Pandeleímon** ❸ (18. Jh.) ist in eine idyllische grüne Landschaft eingebettet und bietet einen herrlichen Blick übers Meer.

**RHÓDOS

Die „Roseninsel" (griech. *rhodon* = Rose) ist die viertgrößte Insel Griechenlands. Größer als alle anderen Inseln des Dodekanes zusammen, hat Rhódos viele Gesichter. Seine Hauptstadt (52 000 Einwohner) ist eine der größten und geschäftigsten Städte auf den griechischen Inseln, mit einem modernen Geschäftsviertel und einer einzigartigen Altstadt, deren Silhouette von den Zinnen mittelalterlicher Bauwerke geprägt ist.

Die meisten Touristen bevorzugen die der Stadt am nächsten gelegenen Strände, wo Restaurants und Hotels fast das ganze Jahr über geöffnet sind, denn schließlich gilt Rhódos mit 300 Sonnentagen pro Jahr als sonnigste Insel Griechenlands.

Sími/Tílos
Marmaris (Türkiye)
Kós
Hálki
Kárpathos
RHÓDOS
ΡΟΔΟΣ
Akr. Zonári
1 ★★ Rhódos
Orm. Triánda
Triánda
Kremastí
2
3
4
Paradísi
Koskinoú
16
17 Akr. Vódi
★★ Filérimos
★ Thérmes Kallithéas
95
Theológos
Soroní
Marítsa
Kalithíes
18 Faliráki
Akr. Ladikó
Epáno Kalamónas
5 ★ PETALOÚDES
Kalavárda
Ág. Soúlas
6 ★ Kámiros
Psínthos
19 Afándou
Orm. Afándou
Sálakos
Mandrikó
Ág. Nikólaos
Dimiliá
Arhípoli
Akr. Vágia
Prof. Ilías
798
10 Apóllona
Eleoúsa
Kolímbia
ALIMÍA
Alimiá
Akr. Kopría
7 Kámiros Skála
Kástellos
MAKRÍ
8 Kritinía
Épta Pigés 20
21 Moní Tsambíka
22 Arhángelos
9 Émbonas
STRONGÍLI
1215
Moní Artamíti
Attáviros
TRAGOÚSSA
Malón
Akr. Arhángelos
Másari
23 Feráklos
Haráki
11 Ág. Isídoros
Láerma
12 ★ M. Thári
Siána
Kálathos
Orm. Vlihá
Akr. Aemilianós
Akr. Armenistís
13 Monólithos
Kástellos
Ístrios
Lárdos
Orm. Líndou
24 ★ Líndos
Profília
Orm. Pávlou
Asklípio
Akr. Monólithos
Orm. Lárdou
Péfka
Akr. Lárdos
Orm. Apolakkiás
Apolakkiá
Arnítha
Váthio
Gennádio
Moní Skiádi
Mesanagrós
Skiádi 563
Ág. Georgíou
Lahaniá
14 Kattavía
Ág. Pávlos
Hohlakás
Ág. Paúlos
Plimíri
Akr. Víglas
AK DENIZ
15 PRASONÍSSI
Akr. Prasonísssi
MEDITERRANEAN SEA
RHÓDOS
0 5 10 km

In seinen weniger überlaufenen Regionen hat sich Rhódos eine wilde Schönheit bewahrt – mit dunklen Pinienwäldern, unberührten Gebirgslandschaften und Klippen, die jäh zum Meer hin abfallen. Ruinenfelder zeigen an, wo einst die Städte standen, die zu den mächtigsten der Ägäis zählten.

1000 v. Chr. waren Líndos, Ialissós und Kámiros die drei wichtigsten Orte der Insel. Benannt nach den Enkelsöhnen des Sonnengottes Helios, dem Schutzpatron von Rhódos, bildeten diese Städte ein mächtiges Bündnis. 408 v. Chr. gaben sie jedoch ihre Vorrangstellung freiwillig auf, indem sie gemeinsam die neue Hauptstadt gründeten: Rhódos-Stadt hatte bald die größte Einwohnerzahl aller Inselstädte und wurde zu einem Zentrum von Kunst und Gelehrtheit sowie Verwaltung und Handel, letzteres vor allem dank ihres großen natürlichen Hafens, Mandráki, der auch heute noch als Hafen für Jachten und Ausflugsboote dient.

Rhódos ist nur 18 km von der türkischen Küste entfernt, weshalb die Insel seit jeher ein beliebter Stützpunkt für Eroberer auf ihren Feldzügen gen Osten war, so etwa für Alexander den Großen. Während seiner Herrschaft erlangte Rhódos eine Vormachtstellung im Mittelmeerraum. Die Insel bewahrte sich jedoch immer eine gewisse Unabhängigkeit. Nach Alexanders Tod lehnte es das Bündnisangebot seines Feldherren Antigonos I. ab – worauf der Sohn dieses Feldherren, Demetrios, anrückte, um die Insel mit Gewalt in Besitz zu nehmen. Es folgte eine lange, bittere Belagerung. Doch die Rhodier widerstanden dem Angriff. Als Demetrios schließlich abzog, schmolzen sie die Überreste seiner Kriegsmaschinerie ein und errichteten damit den berühmten **Koloss von Rhódos**, eine Bronzestatue des Sonnengottes Helios. Die Statue war etwa 35 m hoch und eines der Sieben Weltwunder der Antike. Der Ruhm des Kolosses, der 290 v. Chr. fertig gestellt wurde, war von wesentlich größerer Dauer als die Statue selbst: sie stürzte bei einem Erdbeben 225 v. Chr. zusammen und ihre Überreste lagen jahrhundertelang im Hafen herum, bis ein türkischer Handelsherr sie fortschaffte.

Oben: Die Platía Ippókratous mit ihrem mittelalterlichen Brunnen ist der Hauptplatz der Altstadt von Rhódos.

8 Dodekanes

**Rhódos-Stadt

Im Westen von ****Rhódos-Stadt** ❶ beherrschen die Ruinen der antiken Akropolis die Silhouette des **Monte Smith**. Vom dorischen **Apollo-Tempel**, der von den italienischen Besatzern ab 1912 wieder aufgebaut wurde, kann man einen herrlichen Sonnenuntergang betrachten. Hier finden sich auch die Überreste eines antiken **Stadions** und unmittelbar unterhalb des Berggipfels liegt ein rekonstruiertes **Theater**.

Die hervorragendsten Bauwerke von Rhódos-Stadt sind das Vermächtnis von Kreuzrittern, die die Insel auf ihrem Rückzug aus Palästina zum Stützpunkt machten: Nachdem Jerusalem 1244

Info S. 196-199

Aquarium Beach
Aquarium
9
Psaropoula Beach
Élli Beach
6
Tilou
Kalimnou Lerou
Ko
Hotel des Roses
Casino
Akti Kanari
Papanikolaou
8
Türkischer Friedhof
Élli Club
7
Murad-Reis-Moschee
Manditara
Str. Georgiou Griva
Dragoumi
Kathopouli
Iroon Politehniou
I. Kazouli
Nationaltheater
1
Gouverneurs-palast
Elafós
Elafína
Ágios Nikólaos
Kritis
G. Leon
Dilperaki
Ap. Rodiou
Fanouraki
Rathaus
Ierou
Amerikis
Lohou
2
Bischofskirche Evangelismós
Hauptpost
28 Oktovriou
Platia V. Georgiou
25 Martiou
Eleftherías
Mandráki-Hafen
3
4
Windmühlen
Dragoumi
Alexandrou Diakou
New Town
Amohostou
Lambriki
National bank
Makariou
Plastira
Néa Agorá (New Market)
5
Stadt-Park
Rhodian Villa (Exhibition Hall)
Tourist Police
Alexandrou Papagou
Papalouka
El. Venizelou
Eleftherías-Tor
10
Städtische Pinakothek
Amboise-Tor
25
Großmeister-palast
16
11
Aphrodite-Tempel
Platía Símis
Zollamt
Pavlou Mela
Riga Ferreou
Them. Sofouli
12
Herberge der Ritter der Auvergne
Platía Kleovoúlou
Platía Argirokástrou
Odós Ipotón
15
13
Panagía tou Kástrou
Orfeos
Dimokratias
Uhrturm
Ordens-hospital
14
Archäologisches Museum
Pindou
Theofiliskou
Agissandrou
Süleyman-Moschee
17
Apolonion
Odós Sokrátous
20
Marine-Tor
Katharinen-Tor
Navarinou
Hafiz-Ahmed-Aga-Bibliothek
Timokreontos
Aga-Moschee
Apellou
Ermou
Platía Ippokrátous
21
Castellania
Aristotelous
Platía Martíron Evrion
Juden-Tor
Hospiz Agía Ekateríni
Platonos
22
Platía Ariónos
Mustafa-Pascha-Moschee
Ibrahim-Pascha-Moschee
24
Panagía tou Bourgoú
Kisthiniou
Chimaras
18
Stadtmauer
Türkisches Bad
Old Town
Dimosthenous
Perikleous
23
Alhader
Platía Doriéos
Volkstanztheater Nelly Dimóglou
19
Ágios Fanoúrios
Sofokleous
Pithagoras
Leonidou
Synagoge Kahal Shalom
Ekatonos
Akandia Tor
Monte Smith
Omirou
Redjab-Pascha-Moschee
Windmühle
Irinis
Diagoridon
Agiou Ioannou
The Aegean University
Irodotou
Efthimiou
26
Ág.-Ioánnis-Tor
Them. Sofouli
Komninon
Ág.-Athanásios-Tor
Dimokratias
Filelinon
Vironos
Pavlidi
Agion Anargiron
Meg. Konstandinou
Kazouli
Stefanou
Xanthou
Diagoras Stadium
RHODOS-STADT
0
100
200 m
Rodíni-Tal

endgültig wieder in die Hände der „ungläubigen“ Moslems gefallen war, zogen sich die Johanniter aus dem Heiligen Land zurück und eroberten 1309 Rhódos. Obwohl die orthodoxen Einheimischen anfangs Widerstand leisteten, hatte die Anwesenheit der katholischen Ritter auch Vorteile für sie: Diese bauten ein mächtiges Bollwerk gegen die Attacken der Osmanen.

Während der nächsten beiden Jahrhunderte herrschten die Kreuzritter über die Insel und errichteten die Bauten, die das Bild der Altstadt prägen: die Herbergen der acht „Landsmannschaften“ des Ordens (auch „Zungen“ genannt; Frankreich, Provence, Auvergne, Deutschland, Aragon, Kastilien, Italien und England), ferner die Stadtmauer, auf der man noch heute promenieren kann, und den imposanten Großmeister-Palast.

1523 vertrieben die Türken die geschwächten Ritter. Die osmanische Herrschaft blieb bestehen, bis der Dodekanes 1912 den Italienern zugesprochen wurde. Auch die Türken hinterließen Spuren: in der Altstadt findet sich die Moschee von Suleiman dem Großen, die der Sultan zu Ehren seiner Eroberung von Rhódos errichten ließ; ferner die Moslemische Bibliothek mit ihren erlesenen Manuskripten und das im 18. Jh. von Mustafa Pascha erbaute Türkische Bad (Hammam).

Die Italiener drückten dem architektonischen Gemisch noch ihren eigenen Stempel auf: Eines der Gebäude, das dem per Schiff in Rhódos Ankommenden sofort auffällt, ist der **Gouverneurs-Palast** ❶ am Meer im Stil einer venezianischen Villa. Die Italiener bauten auch die Kirche des hl. Johannes am Hafen wieder auf, die heutige ***Evangelismós-Kirche** ❷, wobei sie die Originalpläne der Johanniter benutzten. Ferner ordneten, renovierten und restaurierten sie andere, überall auf der Insel verstreute antike und mittelalterliche Überreste – deshalb macht Rhódos' Altstadt einen so „polierten“ Eindruck.

Oben: Ein Nachfahre der Kreuzritter? Auf dem Fischmarkt der Néa Agorá.

Der Eingang zum ***Mandráki-Hafen** ❸ wird von zwei **Säulen** mit den Statuen von einem **Hirsch** und einer **Hirschkuh**, den Wahrzeichen von Rhódos, flankiert. Angeblich wurden die Säulen genau dort errichtet, wo einst der Koloss stand. Entlang der Hafenmole fallen drei mittelalterliche **Windmühlen** ❹ auf, den Hintergrund bilden die prachtvollen mittelalterlichen Mauern der Altstadt.

Die große sechseckige Markthalle ***Néa Agorá** ❺ wurde von den Italienern errichtet. Hier befinden sich viele Läden und Lokale sowie der Fischmarkt. Zu jeder Tageszeit und bis spät in die Nacht herrscht reges Treiben.

Blickt man als Neuankömmling vom Mandráki-Hafen aus auf die Stadt, hat man zwei Möglichkeiten. Geht man nach Westen, gelangt man ins kosmopolitische Herz der **Neustadt**, wo Lambráki und Makaríou fast wie mitteleuropäische Straßen wirken. Wenn man am Meer entlang, vorbei am „In-

Strand" **Élli Beach** ⑥, nach Norden spaziert, kann man an der Eleftherías-Straße die **Murad-Reis-Moschee** ⑦ und den angrenzenden **Türkischen Friedhof** ⑧ besichtigen.

Im Norden sieht man Hotelkomplexe, Restaurants und Nachtklubs; um das „Nordkap" herum liegen die breiten, zum Wellenbaden animierenden **Sandstrände** der Stadt mit Reihen um Reihen bräunender Leiber und Sonnenschirmen als Schutz gegen den hier meist heftigen Wind. Direkt an der Nordspitze von Rhódos befindet sich auch das **Aquarium** ⑨, 1924 von den Italienern erbaut. In 40 (unzeitgemäß kleinen) Becken ist hier allerlei Meeresgetier zu bestaunen.

Wenn man vom Hafen Mandráki südwärts geht, gelangt man durch das **Eleftherías-Tor** ⑩, das Freiheitstor, in die **★★Altstadt**. Hier sind die gepflasterten Straßen eng und nur teilweise mit dem Auto befahrbar. Die Urlauber trinken auf den Plätzen Kaffee oder schlendern durch die Einkaufsgasse Odós Sokrátous.

Oben: Kreuzritter befestigten Rhódos-Stadt mit einer gewaltigen Stadtmauer. Rechts: Auch abends herrscht noch Betrieb in der Odós Sokrátou.

Hinter dem Eleftherías-Tor sieht man als erstes die Überreste eines **Aphrodite-Tempels** ⑪ (3. Jh. v. Chr.), eines der wenigen antiken Monumente in der Altstadt. Ein Stück weiter steht die **Herberge der Auvergne** ⑫ aus dem 14. Jh. Die **Burgkirche** ⑬ (11. Jh.) war einst Rhódos' Kathedrale; rekonstruiert und renoviert, beherbergt sie heute das **Byzantinische Museum** mit Fresken und Ikonen. Ein entzückendes kleines **Volkskunst-Museum** zeigt eine Fülle einheimischer Textilien und Holzschnitzereien.

Die Perle unter Rhódos' Museen ist das **★★Archäologische Museum** ⑭ im **Ordenshospital**. Glanzstück der Ausstellung ist die *Kauernde Aphrodite*, eine wunderschöne, fast vollständig erhaltene Marmorstatue aus dem 1. Jh. v. Chr., die ein Fischer 1928 im Hafenbecken fand.

★★Ipotón ⑮, die **Straße der Ritter**, in der sich die meisten der mittelalterli-

chen Herbergen befinden, wirkt wie eine Filmkulisse: eine strenge, gepflasterte Gasse mit spätgotischen Palastfassaden ohne jede Spur der modernen Zeit. An ihrem Ende liegt der ★★**Großmeisterpalast** (16), den Mussolini nach alten Plänen wieder aufbauen ließ. Während der italienischen Besatzung nutzte er ihn als Sommerpalast und ließ ihn mit römischen, von Kós hergebrachten ★**Mosaiken** und anderem Beiwerk schmücken. Im Untergeschoss befindet sich eine **Ausstellung** zur Geschichte von Rhódos.

Etliche Gebäude am Westende der Odós Sokrátous werden restauriert, so etwa die rosafarbene **Moschee Suleimans des Prächtigen** (17); wenn man von der Sokrátous in die Gassen des früheren türkischen Viertels abbiegt, stößt man auf das **Türkische Bad** (18) (wegen Restaurierung geschlossen) und, in der Fanoúriou, auf die byzantinische **Kirche des hl. Fanurios** (19) (14. Jh.) mit alten Fresken.

Die ★**Odós Sokrátous** (20), der frühere türkische Basar mit unzähligen Ständen und Läden im Herzen der Altstadt, führt hinunter zum Hauptplatz **Platía Ippókratous** (21) mit seinem schönen historischen Brunnen. Der **Castellanía-Bau** dort diente den Rittern als Handelsgericht (heute finden darin Ausstellungen statt).

Von hier führt die Aristotélous zur **Platía Martíron Evríon** (22) („Platz der Hebräischen Märtyrer") mit seinem Seepferdchen-Springbrunnen; der Platz war Zentrum des alten, im 19. Jh. blühenden jüdischen Viertels. Es wurde 1944 von deutschen Besatzern zerstört; die Märtyrer, derer hier gedacht wird, starben in Auschwitz. Die ★**Synagoge** (23) in der Perikleous-Straße hat den Krieg überstanden und ist für Besucher geöffnet. Die Pindárous-Straße führt zu einem Platz mit der Ruine der **Marienkirche** (24). Das Dach dieser Kirche, die an den Sieg der Ritter über die Türken 1480 erinnert, fehlt, die Apsis ist erhalten.

Unbedingt sollte man einen Spaziergang auf der alten ★**Stadtmauer** (Teihos) unternehmen (nur Di und Sa möglich). Der Aufstieg erfolgt am **Amboise-Tor** (25), die Mauer ist bis zum

Ioánnis-Tor ㉖ begehbar. Die Festung konnte nie erobert werden; der letzte Großmeister musste sie im Jahr 1523 dem türkischen Sultan und seiner 200 000 Mann starken Armee schließlich übergeben, weil seinen 300 Rittern und 6000 Soldaten das Schießpulver ausgegangen war. Um die Stadtmauer wurde im 20. Jh. ein grüner Parkring angelegt; außerhalb der Burg finden während des Sommers Festspiele mit zahlreichen Aufführungen statt.

Ruhiger, wenn auch weiter entfernt (3 km vom Zentrum), ist der **Rodíni-Park**, nicht weit vom Monte Smith. Genau hier wurde 330 v. Chr. Rhódos' Rhetorik-Schule errichtet. Heute gibt es hier einen **Zoo**, und jedes Jahr im August findet ein **Weinfest** statt.

Die Westküste von Rhódos

Nicht weit von Rhódos-Stadt an der Westküste liegt **Triánda** ❷, eines von Rhódos' Touristenzentren, wo sich am Strand entlang eine Hotelanlage an die andere drängt. Hier befindet sich die Abzweigung zum antiken *Ialissós*, der unbedeutendsten unter den drei ursprünglichen Städten von Rhódos. Auf den Straßenschildern erscheint es als ****Filérimos** ❸, dem Namen des später auf dem Gelände erbauten Klosters. Man nimmt an, dass der Berggipfel einst von Phöniziern besiedelt war; danach wurde dort ein dorischer Athene- und Zeus-Tempel erbaut (3. Jh. v. Chr.) und später eine byzantinische Kirche. Letztere restaurierten die Italiener, die auch das angrenzende Kloster errichteten. Eine schattige Allee führt zu einem riesigen Kreuz, von dem man eine herrliche Aussicht hat.

Kremastí ❹ ist wegen seiner Ikone der Jungfrau bekannt, die jedes Jahr am 15. August mit einem Fest geehrt wird.

Hinter **Paradísi** zweigt eine Straße ins ***Schmetterlingstal Petaloúdes** ❺, ab. Zwischen Juni und September ist dieses friedliche Tal mit seinem murmelnden Bach die Heimat tausender brauner Quadrina-Schmetterlinge oder

Oben: Bögen stabilisieren die mittelalterlichen Mauern in der Odós Omirou (Rhódos-Stadt).

Bärenspinner *(Callimorpha quadripuntaria)*. Wahre Wolken dieser Insekten flattern verschreckt in die Luft, wenn Besucher das ausdrückliche Ruhegebot missachten und statt dessen in die Hände klatschen oder auf andere Weise lärmen. Dadurch wird der Lebenszyklus der Schmetterlinge verkürzt; ihre Zahl ist bereits dramatisch zurückgegangen.

Zurück am Meer, führt die Küstenstraße an dem Dorf **Theológos** vorbei nach **Soroní**. Von hier kann man sich ins Inselinnere zu einer Waldlichtung begeben, auf der die **Ágios-Soúlas-Kirche** steht.

Die zweite dorische Stadt auf Rhódos war ***Kámiros** ❻, das im 2. Jh. v. Chr. von einem Erdbeben zerstört und erst wiederentdeckt wurde, als 1859 die von Briten geführten Ausgrabungen begannen. Daher befindet sich heute ein Teil von Kámiros' Schätzen im British Museum in London. Eine spätere, zwischen 1914 und 1929 von den Italienern geleitete Ausgrabung legte den größten Teil des Geländes einer hellenistischen Stadt mit Tempel- und Hausruinen frei. An ihrer **Agorá** finden sich Überreste eines dorischen **Apollon-Tempels** und eines anderen Tempels, der den örtlichen Gottheiten und Helden geweiht war. Ferner wurden **Bäder** und die Reste eines klassischen **Springbrunnens** ausgegraben.

Der nächste Strand ist in **Kámiros Skála** ❼, einer kleinen Hafenbucht, über der die Überreste des von den Kreuzrittern im 16. Jh. erbauten **Kástellos** thronen. Fähren fahren von hier zur Insel **Hálki** mit ihrem hübschen Hafenstädtchen **Emborió**.

In **Kritinía** ❽, an der gewundenen Straße nach Süden, gibt es ein **Museum** für einheimische Geschichte.

Die Straßen ins Inselinnere führen in eine wunderschöne Berglandschaft mit bewaldeten Hängen und weißen Dörfern. **Émbonas** ❾ ist das größte Dorf dieser Region und gleichzeitig das Zentrum des Weinhandels. In der Kellerei **Emery**, einer der beiden führenden Winzergenossenschaften auf der Insel (die andere ist die Kooperative CAIR), kann man Wein probieren. Die Trauben wachsen an den Hängen von Rhódos' höchster Erhebung, dem **Attáviros-Berg** (1215 m). In der Antike stand auf seinem Gipfel ein Zeustempel, in dem angeblich ein Stier heilige Orakel sprach. Wanderer können in 2 bis 3 Stunden von Émbonas hinaufsteigen und den Blick genießen.

Nicht ganz so hoch ist der 6 km nördlich von Émbonas gelegene **Profítis Ilías** (798 m), wo die Italiener zwei Chalets bauten. Die Straße hinunter nach **Eleoúsa** führt an der byzantinischen Kirche **Ágios Nikólaos** vorbei, die mit sehr schönen Fresken geschmückt ist. In **Apóllona** ❿ gibt es ein kleines **Volkskundemuseum**.

Im Süden und Osten von Émbonas ist die Landschaft noch unberührter. **Ágios Isídoros** ⓫ ist ein weiteres, nicht so stark besuchtes Weindorf. Bei **Láerma** steht das ***Thári-Kloster** ⓬, in dem seit den 1990er Jahren wieder Mönche leben. Die Kirche ist mit Fresken aus dem 17. Jh. geschmückt.

Süd-Rhódos

Die Westküstenstraße wird südwärts immer verkehrsärmer. **Monólithos** ⓭ ist nach einer von dem Großmeister D'Aubusson erbauten **Burg** benannt. Die Ruine steht hoch oben über dem Meer. Die mit Fresken verzierten Kirchen **Ágios Geórgios** und **Ágios Pandeleímon** aus dem 15. Jh. bieten einen wunderbaren Ausblick auf den Sonnenuntergang und die Nachbarinseln.

Weiter südwärts hat man die Strände für sich allein. In kleinen Orten wie **Apolakkiá** oder **Mesanagrós** sind alte Traditionen noch lebendig. Das stille **Skiádi-Kloster** beherbergt eine Ikone der Jungfrau. Am Ende der Asphaltstraße gibt es in **Kattavía** ⓮ eine Anzahl von Hotels und Tavernen. Folgt man dem Straßenschild nach **Prasoníssi** ⓯ („grüne Insel"), gelangt man nach 7 km

zu weißen Sandstränden. Die „grüne Insel" ist durch eine Landenge mit Rhódos' Südzipfel verbunden. Sie zieht Windsurfer und illegale Camper an. Zwei Tavernen, die auch Fremdenzimmer vermieten, stehen hier.

Die nördliche Ostküste

Geschützt auf der Windschattenseite der Insel liegend, hat die Ostküste etliche Strände aufzuweisen und besitzt so eine noch größere Anziehungskraft als die Westküste. Südlich von Rhódos-Stadt liegt **Réni Koskinoú**, der Küstenort des weiter im Inselinneren gelegenen **Koskinoú** ⓰, das wegen seiner *Krokalia*-(Kieselstein-)Mosaiken berühmt ist.

Nächste Station ist ***Kallithéas** ⓱. Das Heilwasser dieses Thermalbads war schon in der Antike bekannt. Um 1920 wurde hier ein schmuckes Kurhotel gebaut, aber das Wasser versiegte in den 1960er Jahren; das Haus steht heute leer. Die Küste ist bei Schnorchlern und Tauchern beliebt.

Oben: Der Attáviros ist mit 1215 m der höchste Berg von Rhódos.

Faliráki ⓲ ist einer der modernsten und beliebtesten Badeorte der Insel – mit Einkaufszentrum, Restaurants, Wasserrutschbahn, Bungee-Springen und sogar einem Reptilienhaus. Die Strandhotels an diesem Küstenstreifen reichen inzwischen bis an den Nordteil der Faliráki-Bucht heran.

Der Name des weiter südlich gelegenen **Afándou** ⓳ bedeutet „unsichtbares Dorf". Es wurde so angelegt, dass es vorüberfahrenden Piraten verborgen blieb. Der Ort ist etwas weniger überlaufen als Faliráki und lockt mit seinem 18-Loch-Platz viele Golfer an. Die nahe **Ladikó-Bucht** ist auch als **Anthony-Quinn-Strand** bekannt; denn an dieser Küste, wo er 1961 *Die Kanonen von Navarrone* drehte, begann die lange Verbundenheit des Schauspielers mit Griechenland.

Von **Kolímbia**, einem „In-Badeort", führt eine dreispurige Straße hinunter zu den schönen Stränden um **Vágia**. Wendet man sich von hier aus ins Inselinnere, gelangt man nach **Eptá Pigés** ⓴

Karte S. 180, Info S. 196-199

(„Sieben Quellen"), ein Idyll, wo sich das klare Quellwasser in einen Waldsee ergießt und Pfaue durchs Gras stolzieren. Früher bewässerten die Quellen die Orangenhaine von Kolímbia; es gibt einen 170 m langen Tunnel von den Quellen zum See.

Tsambíka an der Küste ist wegen seiner Sandstrände beliebt. Das **Kloster Tsambíka** ㉑ beherbergt eine wundertätige Ikone der Jungfrau Maria, die den Frauen, die am 8. September barfuß zum Kloster hinaufklettern, Fruchtbarkeit verspricht. Stellen sich die Nachkommen dann ein, so müssen sie nach dem Kloster benannt werden – die vielen Tsambíkos und Tsambíkas auf der Insel zeugen von der Wunderkraft der Ikone. Erstaunlicherweise hat sich an dieser überlaufenen Küste das von Orangenhainen umgebene **Arhángelos** ㉒, das größte Dorf der Insel, seine Würde und seinen alten Dialekt bewahrt. Zu den einheimischen Erzeugnissen gehören Töpferwaren, Textilien und ein spezieller Lederstiefel, den die Bauern auf den Feldern zum Schutz vor Schlangen tragen.

Hoch oben über der **Vlihá-Bucht** liegt malerisch **Feráklos** ㉓, eine verfallene **Burg**. Sie war der letzte Ort auf Rhódos, der von Suleiman eingenommen wurde.

*Líndos

Alle Besucher, die dem Zauber von ***Líndos** ㉔ verfallen sind, preisen dieses weiße, kykladisch anmutende Dorf an den unteren Hängen der Akropolis, wo noch die Ruinen von Rhódos' einstiger Hauptstadt zu sehen sind, in höchsten Tönen. Leider hat der Massentourismus über die Jahre hinweg viel von der zarten Schönheit des Orts zerstört. Líndos wurde in den 1960ern zu einem der ersten griechischen Ziele des Jetsets und heute kommen über eine halbe Million Besucher im Jahr. In fast all den weißen Häusern, die seine sonnigen Straßen säumen, gibt es Bars und Souvenir-Läden; und so viele Straßenhändler säumen den Weg hinauf zur Akropolis, dass man vor lauter feilgebotenen Blusen und Tischtüchern kaum den Ausblick genießen kann.

Sticken und Töpferei sind die beiden traditionellen Handwerke von Líndos. Beispiele davon sind sowohl im **Papá-Konstantínou-Haus** (jetzt das Museum von Líndos) als auch im **Kashines-Haus** zu bewundern, zwei der „Kapitänshäuser", die reiche lindische Schiffskapitäne im 16. und 17. Jh. erbauen ließen.

Autos und Busse parken dicht am schattigen Hauptplatz, auf dessen altem Springbrunnen sich osmanische Inschriften befinden und der mit Wasser aus den ursprünglichen Rohren versorgt wird. Ein Stück weiter, innerhalb des Gewirrs hübsch gewundener Gassen, steht die orthodoxe Kirche ***Panagía** (**Marienkirche**), im späten 15. Jh. vom Großmeister D'Aubusson um eine gotische Vorhalle erweitert. Ihre Fresken wurden 1779 von Gregorius von Sími gemalt; eine von ihnen stellt den hl. Christopherus mit dem Kopf eines Esels dar.

Wenn man zur ***Akropolis** auf dem etwa 20 m hohen Tafelberg hinaufsteigt, kann man den **Hafen** in seinem natürlichen Becken sehen, neben Mandráki der zweite der Insel. In der Antike war Líndos viel größer und bedeutender als heute. Es war eine Seemacht mit Kolonien im ganzen Mittelmeerraum. Im 6. Jh. v. Chr. wurde Líndos von dem Tyrannen Kleobulos regiert, einem der „Sieben Weisen" des Altertums, der der Legende nach „Mäßigung in allen Dingen" predigte und auch Frauen Zutritt zu seinem gelehrten Kreis gewährte (das zylindrische Bauwerk im Norden der Bucht soll sein Grab sein). Unter Kleobulos' Herrschaft wurden einige der wichtigsten Bauwerke der Akropolis errichtet, darunter der Athene-Tempel.

Beim Aufstieg zur Akropolis bietet sich eine beeindruckende Szenerie. Auf

den letzten Stufen vor dem Gipfel kann man das in einen Felsen gehauene Relief einer **Triere**, eines antiken Kriegsschiffs, aus dem 2. Jh. erkennen. Der Fels diente einst als Sockel für eine Poseidon-Statue des einheimischen Bildhauers Pythokrates, der auch die berühmte Nike von Samothráki schuf. Im 15. Jh. versahen die Ritter den Gipfel mit einer **Festungsmauer** und legten die **Treppe** an, die heute noch benutzt wird.

Zum Vermächtnis der Ritter gehört neben der Festung die alte Burgkirche **Ágios Ioánnis** weiter oben. Hier bleibt der Blick vor allem an einer weiteren Steintreppe hängen, die breit und majestätisch bis in den Himmel hinaufzuführen scheint, wäre da nicht die **Säulenreihe der Propyläen**, die ihr Einhalt gebietet. Auf dem Gipfel thront der **Athene-Tempel**, der leicht seitlich steht, als wolle er Anbetern Platz machen, damit sie den Blick auf Hafen und Meer genießen können, ehe sie der Göttin huldigen. Vom Gipfel sieht man die Höhle, in der der Göttin Stiere geopfert wurden, und ein hellenistisches, in die Felswand hinter der Stadt gehauenes Grab.

Oben: Mit dem Esel zur Akropolis von Líndos. Rechts: Reste der Lindischen Stoa; ca. 200 v. Chr. (Akropolis, Líndos).

Zum Entspannen bietet sich ein Bad in der **Pávlou-Bucht** an, einem natürlichen „Pool", der fast völlig von Felsen umschlossen ist. Der Strand von **Pallás** ist klein und hübsch. Attraktiv sind auch die Strände des 3 km südlich gelegenen **Péfka** und die des Dorfes **Lárdos**, 7 km westlich von Líndos.

*SÍMI

Nahe der türkischen Küste liegt die Insel Sími – felsig, trocken, beinahe abweisend – im blauen Wasser der Ägäis. Aber wenn man näher kommt, zeigt sie dem Neuankömmling mit ihrem noblen Hafen Gialós ein ganz anderes, unerwartetes Gesicht: Símis Wahrzeichen sind gelbe neoklassizistische Häuser mit in leuchtendem Blau oder Rot gestrichenen Fensterläden und Türen und ziegelgedeckten Giebeldächern.

Wie Opernlogen säumen die Häuser die Hügel um den Hafen, ein Bild, das an die Riviera erinnert; einen Kontrast zu dieser Eleganz bildet die wilde, zerklüftete Landschaft ringsherum. Sími mag abgeschieden wirken, aber es hatte schon immer ein urbanes Flair, das es von den meisten anderen griechischen Inseln abhob.

Als Rhódos von den Karern besiedelt wurde, begann auf Sími die pelasgische Besiedlung; auf der früheren Akropolis in Horió gibt es noch Überreste der pelasgischen Mauern. In Homers *Ilias* wird der schöne König Nereus erwähnt, der in dem Kampf um Troja sieben Schiffe führte; schon damals war Sími für seinen Schiffbau bekannt. Bis in die Neuzeit hinein waren die Boote der Insel für ihre Schnelligkeit berühmt: unter der Türkenherrschaft stellte Sími die Schiffe für den osmanischen Postverkehr her.

Schwammtauchen und Schiffsbau waren lange die beiden Hauptwirtschaftszweige der Insel. 1910 hatte Sími 22 500 Einwohner – zehnmal mehr als heute –, und in den Werften wurden 500 Schiffe pro Jahr gebaut. 1869 führte man hier den ersten Taucheranzug ein.

*Gialós

Am leichtesten ist Sími über den Hafen von ***Gialós** ❶ zu erreichen. Plinius erwähnte ihn als einen der sichersten Häfen der antiken Welt. Dieser Teil der Insel trägt am deutlichsten den Stempel moderner Zeiten, jedoch stets mit Anklängen an die Vergangenheit. Der 1890 erbaute **Glockenturm** etwa wurde nach dem Vorbild von Londons Big Ben erbaut, und die in den Fels gehauene **Triere** ist der antiken von Líndos (Rhódos) nachempfunden. Das äußerste Ende des Hafens wurde aufgefüllt, um einen Platz für die Stadthalle sowie ein kleines **Schifffahrtsmuseum** zu schaffen. Die etwas weiter landeinwärts gelegene **Ágios-Ioánnis-Kirche**, in deren Mauern die Fragmente eines früheren Tempels integriert sind, hat schöne *Krokalia*-Muster im Hof.

Wer von Gialós aus möglichst schnell zum Strand möchte, kann den Weg am Glockenturm vorbei nehmen und dann die **Harani-Bucht** mit ihren Schiffswerften entlanggehen; über die Landzunge von **Ágios Geórgios** gelangt man dann zu dem kleinen Kiesstrand von **Nós**. Kühnere Schwimmer können auf dem Zementpfad weiter nach **Nimborió** ❷ mit einem längeren Strand gehen. Nimborió war einst der Haupthandelshafen der Insel. Heute ist der wichtigste Wirtschaftszweig hier die Fischzucht.

Im Hinterland des Strands steht eine kleine **Kapelle** mit römischen Mosaiken im Hof; geht man den Hügel noch etwas weiter hinauf, führt eine Höhle zu alten Mauern, deren Funktion strittig ist. Einer Version nach war das Bauwerk eine Schule für Ikonenmaler; eine andere Theorie lautet, dass die antiken Fundamente am anderen Ende möglicherweise die Überreste des Nereus-Palastes sind.

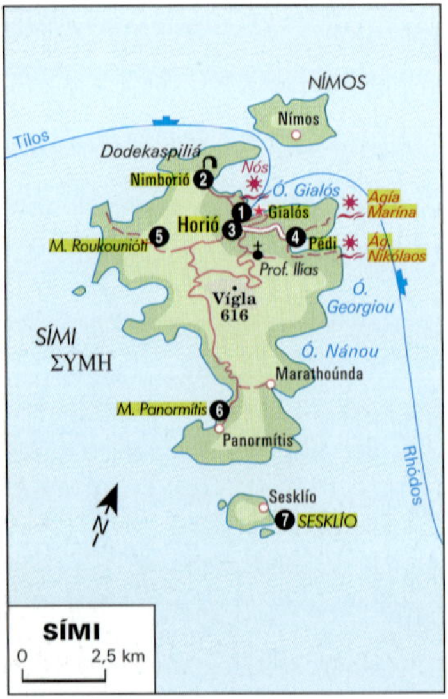

Horió

Die viel begangene **Kalí Stráta**, die „gute Straße", ist eine Treppenstraße mit etwa 400 Steinstufen, die von Gialós nach **Horió** ❸ hinaufführt, Símis auf einem Hügel gelegenen Hauptort, in dem noch eine Reihe alter **Windmühlen** erhalten ist. In der Tageshitze sind die Stufen eine Herausforderung, die Kondition und gutes Schuhwerk erfordern. Aber wer sie hinaufsteigt, gelangt vom bunten Treiben im Hafen in eine beschaulichere Welt. Oben gehen die Stufen in die Hauptstraße von Horió über, die von Läden und Cafés gesäumt ist und wo die Einheimischen auf den Stufen vor ihren Häusern sitzen und sich unterhalten.

Sich in den Seitengassen zu verlaufen, ist die beste Art, Horió kennen zu lernen. Aber natürlich hat der Ort auch einige offizielle „Attraktionen" wie die hundert Jahre alte **Apotheke**, die noch ihre ursprüngliche Einrichtung hat.

Rechts: Die traditionellen Webmuster erfordern Geduld und Geschick (Kárpathos).

Schilder weisen den Weg zum **Museum** mit seiner kleinen Sammlung zur Heimatgeschichte. Auch das nahe gelegene **Hatzigapitós-Haus** (17. Jh.) ist zu besichtigen.

Am geschichtsträchtigsten ist Horiós **Burgfelsen** mit dem Blick auf den Hafen von Gialós: Hier stand einst die Akropolis der Stadt; Spuren der pelasgischen Mauern sind immer noch zu sehen. Später wurde an dieser Stelle eine Burg erbaut, die zuerst byzantinisch war und dann an die Kreuzfahrer überging. Als die Briten die Insel den Deutschen abnahmen, die die Burg als Munitionslager benutzt hatten, wurde das Kastell im September 1944 von Bomben zerstört. Auf dem Gipfel steht die Kirche **Megáli Panagía** mit einer Ikone aus dem 16. Jh.

Von Horió führt ein ca. 20-minütiger Fußmarsch hinunter zum zweiten, stilleren Inselhafen **Pédi** ❹. An seinem mit Tamarisken bewachsenen **Strand** gibt es Tavernen. Man kann hier schwimmen, aber verborgen in den Landzungen zu beiden Seiten des fjordähnlichen Hafens liegen schönere Strände.

Wenn man Richtung Meer blickt, führt zur Rechten ein Pfad nach **Ágios Nikólaos** (festes Schuhwerk ist vonnöten, besonders für das letzte, felsige Stück). Links zweigt ein etwas längerer Weg nach **Agía Marína** ab.

Eine etwa einstündige Wanderung führt von Gialós aus zum **Roukoniótis-Kloster** ❺. Schon seit dem 5. Jh. stand hier eine Kirche. Im 14. Jh. erbauten die Johanniter auf ihren Grundmauern eine neue. Der größte Teil des gegenwärtigen Klosters stammt aus dem 18. Jh. Die Innenwände sind mit farbenprächtigen Fresken bedeckt.

Panormítis-Kloster

Im Süden der Insel befindet sich das **Panormítis-Kloster** ❻, ein beliebtes Ausflugsziel. Von Horió führt eine gute Erdstraße durch grüne, zum Teil sogar

 Info S. 196-199

bewaldete Täler hinüber. Das lange, elegante Gebäude liegt zwischen felsigen Landzungen, die eine Bucht mit stillem blauem Wasser umschließen. Der Turm oben auf dem weitläufigen, eher modernen und sachlichen Gebäude ist ein Geschenk der Seeleute von Ídra und Spétses. In der Kirche gibt es eine wundertätige Ikone des Erzengels Michael, des Schutzheiligen der Insel, aus dem Jahr 1724, ein Zeugnis der viel gerühmten Kunstfertigkeit von Símis Holzschnitzern und Ziel der zahlreichen Pilger. Am 8. November zieht die Inselbevölkerung hierher, um das Fest des Schutzheiligen zu begehen.

Panormítis vorgelagert sind die **Sesklío-Inseln** ❼, Schauplatz der letzten Seeschlacht des Peloponnesischen Krieges, die die Athener verloren (Tagesausflüge per Boot von Sími-Stadt möglich).

*KÁRPATHOS

Kárpathos, die zweitgrößte Insel des Dodekanes mit dem kleineren Kásos vor seiner Südspitze ist sozusagen der „Mittelposten" zwischen Rhódos und Kreta. Noch sehr ursprünglich und traditionell ist besonders der gebirgige Nordteil, der sich bis zum 1215 m hohen, etwa in der Inselmitte gelegenen **Kalí Límni** zieht. Die Dörfer in dieser Region waren lange Zeit nur auf sehr beschwerlichen Wegen zu erreichen und konnten daher ihre alten Traditionen ohne nennenswerte Einflüsse und Störungen durch die Außenwelt bewahren. Besonders im Bergdorf Ólimbos hat sich sogar ein spezieller Dialekt erhalten, der noch viele Spuren des Dorischen aufweist, einer Form des Altgriechischen.

Im Süden ist die Insel flacher und grüner und besitzt mehr Strände. Dank des Flughafens kommen immer mehr Pauschaltouristen hierher. Der Zugang per Schiff kann sowohl zu Kárpathos als auch zu Kásos recht schwierig sein; Fähren verkehren nicht sehr häufig, die Anfahrt von Piräus dauert lange, und es kann durchaus passieren, dass Inselspringer ihren Aufenthalt wegen rauer See oder drohendem Sturm unfreiwillig verlängern müssen. Das hat aber den

Info S. 196-199

Vorteil, dass die Inseln trotz der (vor allem auf Kárpathos) immer zahlreicher werdenden Hotels nicht so überlaufen sind.

Kárpathos-Stadt (Pigádia) ❶ ist der moderne Hauptort der Insel, nicht weit entfernt von dem noch sichtbaren Ruinenfeld der antiken Stadt und den mykenischen Gräbern.

Angeblich soll Kárpathos mehr Geld von nach Amerika ausgewanderten Inselbewohnern erhalten als irgendeine andere griechische Insel. Die Geldspritzen spiegeln sich in den vielen neuen Häusern und Hotels wider.

In der Bucht von Kárpathos liegt **Vróndis** mit einem hübschen Strand. Das antike Kárpathos war Poseidon geweiht. Er wurde nach Ausbreitung des Christentums vom hl. Nikolaus abgelöst, dem Schutzpatron der Seeleute: Die kleine, ihm geweihte Kirche **Ágios Nikólaos** befindet sich in der Nähe der Quelle, die den Namen des ersten Schutzheiligen der Insel trägt, Poseidonas. Die Kirche **Ágios Kiriakí**, südöstlich von Kárpathos-Stadt gelegen, wurde auf einer antiken, Demeter geweihten Kultstätte errichtet. Der nächste große Strand im Süden der Insel ist **Amópi**.

Das südwestlich von Pigádia in ca. 400 m Höhe gelegene Bergdorf **Menetés** ❷ wurde im Mittelalter gegründet.

Arkása ❸ liegt nahe dem antiken **Arkesia**, dessen Akropolis aus der mykenischen Epoche stammt. Die wenigen noch erhaltenen Teile der vom Kap Paleókastro aufs Meer hinabblickenden Marmormauer der frühchristlichen Kirche **Agía Sofía** veranschaulichen, wie die antike Kunst und Architektur die byzantinische Baukunst beeinflussten.

Nördlich der beiden Orte unterhält **Óthos** ❹, das höchstgelegene Dorf der Insel (507 m), ein kleines **Volkskunde-Museum**. Auf traditionelle Handwerkskunst und Lebensart stößt man aber auch in den ganz normalen Häusern des nahen **Voláda** mit seiner alten Burg.

Oben: Am Rand des Hafens von Kastellóriso (s. S. 192) erinnert eine Moschee an die Nähe der türkischen Küste.

 Info S. 196-199

In dem kleinen Badeort **Léfkos** ❺ an der Westküste gibt es einen netten Strand. In **Mesohóri** ❻ stehen traditionelle Häuser, eines davon kann man besichtigen.

Kárpathos' Norden

„Kárpathos hat so reine Konturen wie eine primitive Skulptur", schrieb Lawrence Durrell über den grauen, gebirgigen Norden der Insel. Touristen erreichen den Nordteil über den Fährhafen von **Diafáni** ❼, wo neuerdings ein Hotel nach dem anderen entsteht. Von hier führt ein 15-minütiger Fußmarsch Richtung Norden an den Traumstrand von **Vanánda**.

Von Diafáni fahren Busse nach ***Ólimbos** ❽ hinauf. Wie viele mittelalterliche Dörfer auf den Inseln wurde Ólimbos einst als Schutz gegen die Piraten hoch im Landesinneren gebaut. Die befestigte Siedlung stammt aus dem 10. Jh. Noch ist Ólimbos ein Ort, in dem man unverfälschte Tradition, Trachten und Inselatmosphäre erleben kann.

Vom nördlich gelegenen **Avlóna** ❾ können Wanderer die Ruinen einer antiken Stadt erreichen.

Saría

Auf der kleinen, der Nordküste vorgelagerten Insel **Saría** ❿ sind ebenfalls antike Ruinen zu sehen. Saría wurde einst von Nísiros kolonisiert. Einige der Ruinen stammen allerdings aus der byzantinischen Epoche – Reste von Piratenbehausungen.

KÁSOS

Káikis fahren vom Hafen **Finíki** im Süden von Kárpathos zur kleinen, kargen Felsinsel **Kásos** ⓫, auch von Kárpathos-Stadt gibt es einen regelmäßigen Fährverkehr dorthin. Kásos' Geschichte reicht bis in die Antike zurück. Es wurde zuerst von den Phöniziern be-

siedelt. Im 18. Jh. kam es dank seiner Schiffsflotte zu Reichtum. Wegen seiner Flotte spielte es auch eine wichtige Rolle im griechischen Unabhängigkeitskrieg, weshalb der Sultan und seine ägyptischen Verbündeten die Insel 1824 dem Erdboden gleichmachten, ein Ereignis, dem jedes Jahr im Juni mit einer Feier im Haupthafen der Insel, **Frí**, gedacht wird.

Seit langem wieder aufgebaut, gibt es auf Kásos nur fünf Dörfer und wenige, bescheidene Strände – und auch nur wenige Touristen.

Emborió ist der zweite Hafenort der Insel. Die anderen Dörfer liegen landeinwärts, so wie **Agía Marína**, in dessen Nähe sich eine Kalksteinhöhle mit Spuren einer antiken Kultstätte befindet.

Von Agía Marína aus ist es ein hübscher Spaziergang nach **Helátros** hinunter, zu einem der schönsten Strände der Insel. Der **Amoúda-Strand** liegt näher zu den bewohnten Orten. Den allerbesten Sandstrand findet man jedoch auf dem nahen Inselchen **Armáthia**.

*KASTELLÓRISO

Kastellóriso, östlichster Außenposten und kleinste bewohnte Insel des Dodekanes, ist nur 3 km von der türkischen Küste, aber 120 km von Rhódos entfernt. Seinen zunächst anmaßend klingenden Beinamen *Megísti* („die Größte“) trägt es dennoch nicht ganz zu Unrecht, denn immerhin ist es die größte Insel in einer Gruppe von 26 winzigen Eilanden.

Da Kastellóriso so weit vom Rest des Dodekanes entfernt und so nahe an der Türkei liegt, bekommt die Bevölkerung regelmäßig Unterstützung von der griechischen Regierung, damit sie auf der Insel wohnen bleibt, denn die Griechen befürchten, als verlassene Insel könne Kastellóriso leicht an die Türken zurückfallen.

Kastellóriso zählte bis zum Zweiten Weltkrieg noch über 14 000 Einwohner; heute sind es kaum mehr 220. Die meisten alten, oft neoklassizistischen Häuser von ***Kastellóriso-Stadt** stehen aber noch und werden zum überwiegenden Teil von ihren ausgewanderten, aber im Sommer zum Urlaub zurückkehrenden Besitzern gut gepflegt. Das trägt zum besonderen Reiz der Insel bei. Attraktiv sind auch die vielen kleinen Tavernen am Hafen, deren Tische, Stühle und kleine Grills fast unmittelbar neben Fischerbooten und Jachten stehen. Strände besitzt die Insel allerdings nicht.

Ein kleines **Museum** illustriert die Inselgeschichte; in der Nähe des Gebäudes wurde im 4. Jh. v. Chr. ein **Lykyisches Grab** in die Küstenfelsen gemeißelt.

Schön ist eine ungefähr vierstündige Inselrundwanderung zu verlassenen Klöstern und zur venezianischen Burg **Paleókastro**.

Die größte Attraktion von Kastellóriso ist eine Bootsfahrt in die ***Mönchsrobbengrotte**, eine 75 m lange Felskathedrale und eine der schönsten Meereshöhlen des Mittelmeers.

FLUG: Es gibt große Flughäfen auf Kárpathos, Kós und Rhódos (Inlandsflüge und Charterflüge aus dem Ausland von März bis Okt.); kleinere Airports auf Astipálea, Kásos, Léros und Kastellóriso (nur Inlandsflüge). Reisende nach Pátmos fliegen nach Sámos und setzen von dort mit der Fähre über.

SCHIFF: Die Verbindungen zwischen den Inseln des Dodekanes mit Fähren und Flying Dolphins sind – besonders im Sommer – recht gut. Von den größeren Häfen gibt es auch Fähren nach Kreta, Thessaloníki und Piräus. Von Rhódos und Kós aus sind Ausflüge in die Türkei möglich (nach Marmaris bzw. Bodrum).

PÁTMOS

SKÁLA

Touristenpolizei, Tel. 22470 31303. Reisebüros, z. B. **Astoria**, Tel. 22470 31208, Fax 22470 31975, oder **Apollon**, Tel. 22470 31724, Fax 22470 31819, helfen bei der Zimmersuche und bei der Organisation von Ausflügen. **Touristeninformationsbüro**, Tel. 22470 31666, am Fähranleger in Skála.

To Pirofani, Tel. 22470 31539. Exzellentes Fischrestaurant am Meer. Ebenfalls am Meer liegt **Grigoris**, Tel. 22470 31515. Gegenüber vom Fernsprechamt ist das sehr gute **Loukas**, Tel. 22470 32515, zu empfehlen.

PÁTMOS (HÓRA)

Vagelis, Pátmos (Hóra), Tel. 22470 31485, am Hauptplatz, schöne Dachterrasse.

Johanneskloster, Tel. 22470 31398, (wechselnde Öffnungszeiten!) täglich 8-13 Uhr, Di, Do, So auch 16-18 Uhr. **Apokalypse-Kloster**, Tel. 22470 31234, Öffnungszeiten wie Johanneskloster.

KÁMBOS

Taverne Panagos, Kámbos, Tel. 22470 31076, im Zentrum gegenüber der Kirche.

LIPSÍ

Informationsbüro am Hauptplatz von Lipsí; außerdem diverse Reisebüros, darunter **Paradisis** (Tel. 22470 41120, Fax 22470 41110), die Zimmer, Ausflüge usw. vermitteln.

Kalypso, Tel, 22470 41242, Taverne (mit Gästezimmern). **Dilalia**, Katsadiá, Taverne mit Campingplatz. **Platís Gialós**, gute Taverne am Strand.

LÉROS

PLÁTANOS

Leros Travel, Plátanos, Tel. 22470 24111, Fax 22470 24110, vermittelt Zimmer u. Ausflüge.

Agía Marína, Plátanos, Tel. 22470 24833. Nettes Ambiente. **Taverna Psaropoula**, Pandéli, Tel. 22470 25200. Exzellenter Fisch und andere Spezialitäten, direkt am Strand.

Kástro mit **Panagía** und **Kirchenmuseum**, Mi, Sa, So 9-12, 16-20 Uhr, in der Saison täglich.

ÁLINDA

Volkskundemuseum, Álinda, in der Belléni-Villa, tägl. 9-12, 16-19 Uhr.

KÁLIMNOS

KÁLIMNOS-STADT

Informationsbüro an der Uferstraße in Kálimnos-Stadt, nahe dem Hotel Olympic, Tel. 22430 29310.

Xefteres, Tel. 22430 28642. Traditionelle Gerichte, „Topfgucken" ersetzt die Speisekarte. **Barbas Petros** (auch **Martha's**), Tel. 22430 29678. Am Hafen, nahe der Fischhalle; sehr guter Fisch. **Kambourakis**, Tel. 22430 29879, ebenfalls an der Uferpromenade; Spezialität: Tintenfisch-Keftedes.

Archäologisches Museum, Tel. 22430 23113, tägl. 9.30-14 Uhr. Überall in der Stadt gibt es **Schwammfabriken**, die man besichtigen kann, z. B. **Atsas Sakellarios**, Tel./Fax 22430 50530.

Kalymna Yachting bietet Charterboote mit oder ohne Crew sowie organisierte Touren an. Tel. 22430 24083, Fax 22430 29125.

KANDÓUNI

Domus, Kandóuni, Tel. 22430 47959. Eines der besten Restaurants der Insel, mit schöner Aussicht auf den Strand.

MASOÚRI

The Sun Set, Masoúri, Tel. 22430 47683. Leckere griechische Spezialitäten, mit Blick auf den Sonnenuntergang über Télendos.

ASTIPÁLEA

ASTIPÁLEA (HÓRA)

Gournas Tours, Astipálea, Tel. 22430 61334, Fax 22430 61466.

Gute und beliebte Tavernen sind **I Monaxia** und **To Akroiali**.

KÓS

KÓS-STADT

EOT, Kós-Stadt, Akti Miaouli (am Hafen), Tel. 22420 29200.

Olympiada, Kleopatras 2. Vernünftige Preise und sehr griechisch.
Ampavris, am Stadtrand, Odos Ampavris, tgl. ab 18 Uhr. Sommertaverne im Garten eines alten Landhauses, viele regionale Spezialitäten.
Anatolia Hamam, Altstadt, Nissirou 3, stilvolles Restaurant mit kreativer Küche in einem ehemaligen türkischen Privatbad und dessen Garten.
Never on sunday, Altstadt, Odos Pissandrou, tgl. ab 19 Uhr, kleine Taverne mit vielen (saisonabhängigen) Tagesspezialitäten.

Kos-Museum (Archäologisches Museum), Platía Eleftherías, Tel. 22420

28326, Di-So 8.30-15 Uhr. **Johanniterburg** (am Hafen), Di-So 8.30-15 Uhr. **Asklepieion** (4 km südwestlich der Stadt), Di-So 8.30-15 Uhr.

ZÍA

Sunset Balcony, Zía, unterhalb der Kirche, der ideale Platz zum Sonnenuntergang, leckere Fleischspießchen und gebratene Zucchinischeiben.

KÉFALOS

Stamatia, Kéfalos, direkt am Strand, traditionsverbunden, sehr guter frischer Fisch.

NORDKÜSTE

Tam Tam, Mastihári, 3 km östlich direkt am Strand, besonders kinderfreundliche Gartentaverne mit guten Pizzen und Fischgerichten.
Dimitris, Marmári, an der Hauptstraße, freundliche Gartentaverne, in der der Gast noch zum Schauen in die Küche kommen darf.

Caravia Beach Watersports, zwischen Marmari und Tigaki, Tel. 22420 41926, www.caravia-wassersport.de. Ideal für Windsurfer, Jollen- und Katamaransegler.

NÍSIROS

MANDRÁKI

Bei Touren zum Vulkan, Mopedverleih, Unterkunftssuche etc. sehr hilfsbereit ist **Nysirian Travel** in Mandráki, Tel. 22420 31411, Fax 22420 31610; Filiale in Páli: Tel. 22420 31611.

Panorama Taverna, Mandráki, Tel. 22420 31185, am Hauptplatz. Beste Taverne der Stadt. **Taverna Nisyros**, Tel. 22420 31460. Einfach und gut.

Bustouren zum Vulkan jeden Morgen vom Pier in Mandráki aus.

PÁLI

Hellinis, Páli, am Hafen, Tel. 22420 31453, gegrillter Fisch.

NIKIÁ

Taverna Ta Nikeia, Nikiá, Tel. 22420 31285.

TÍLOS

LIVÁDIA

Stefanakis Travel, Livádia, Tel. 22410 43310, und **Tilos Travel**, Tel. 22410 53259, helfen bei Zimmersuche und Transport. **Touristenpolizei**, Tel. 22410 44222.

Irina, Livádia, nahe der Kirche. Stimmungsvolle Taverne, Spezialität: Meeresfrüchte.

Großes **Kirchweihfest** im Kloster Ágios Pandeleímon, Ende Juli.

RHÓDOS

RHÓDOS-STADT

Das **EOT-Büro**, Rhódos-Stadt, Makaríou 5 (Ecke Papagoú), Tel. 22410 23655, Fax 22410 26955, ist besonders hilfsbereit; hier gibt es Informationen über alle Inseln des Dodekanes in vielen Sprachen. **Stadtinformation**, Platía Rímini, Tel. 22410 35945.

In der Altstadt: Dinoris, Platía Mousíou 14a, exzellentes Fischrestaurant in alten Gemäuern, sehr teuer.
Chatzikelis, Solomou Alchadef 9, schöne begrünte Terrasse, frischer Fisch, guter Seeigelsalat.
Casbah, Platónos 4-8, kreative griechisch-marokkanische Küche, Umgangssprache französisch.
Mama Sofia, Orfeós 28, unterhalb des Großmeisterpalastes gelegen, sehr familiäre Atmosphäre, riesige Portionen, raffiniert zubereitete Meeresfrüchte.

Byzantinisches Museum, **Volkskunstmuseum**, **Archäologisches Museum**, Di-So 8.30-15 Uhr, Info unter Tel. 22410 75674. **Großmeisterpalast**, Mo 12.30-15 Uhr, Di-So 8.30-15 Uhr, Tel. 22410 23359. **Aquarium**, tägl. 9-21 Uhr, in der Nebensaison bis 15.30 Uhr.

ÉMBONAS

Weinprobe in der Emery-Kellerei in Émbonas, Mo-Fr 9-15 Uhr, Tel. 22460 41206.

AFÁNDOU

Golfplatz, Afándou, Tel. 22410 51451, 18 Löcher.

KOLÍMBIA

Nissaki, Kolímbia, an der Bucht gelegen, hervorragende Fischgerichte, nette Atmosphäre.

LÍNDOS

Mavrikos, Líndos, am Hauptplatz, Tel. 22440 31232, große Auswahl, schöne Aussicht.

Die Stätten von **Ialissós**, **Kámiros** und **Líndos** sind in der Regel Di-So 8.30-15 Uhr geöffnet; nähere Infos unter Tel. 22410 21954.

SÍMI

GIALÓS

Kalodoukas, Sími, Tel. 22410 72661, und **Sími Tours**, Tel 22410 71307, beide am Hafen, bieten Zimmervermittlung, geführte Wanderungen und Bootsausflüge zu Badebuchten an.

Über dem Standard der normalen Tavernen liegt **O Milopetra** in Gialós, Tel. 22410 72333, ein elegantes und ziemlich teures Restaurant in einem renovierten alten Steinhaus.

Schifffahrtsmuseum, Gialós, Di-So 10-14 Uhr.

HORIÓ

Dallaras, Horió, Tel. 22410 72030. Gemütliche, freundliche Taverne mit griechischen Spezialitäten; auch Zimmervermietung. **Taverna Giorgios**, nebenan, bietet ebenfalls gute, traditionelle Tavernen-Küche. Für einen Drink am späteren Abend geht man am besten in die **Jean and Tonic Bar**, Tel. 22410 71819.

Museum, Horió, Di-So 10.30-15.30 Uhr.

PÉDI

Ta Valanidia, an der Straße von Gialós nach Pédi, Tel. 22410 72693, sehr gute Küche, vermietet auch Zimmer.

KÁRPATHOS

KÁRPATHOS-STADT

Kárpathos Travel, Dimokratias 11, Tel. 22450 22148, Fax 22450 22754. **Touristenpolizei**, Tel. 22450 22218.

I Kali Kardia, Kárpathos-Stadt, hervorragende Fischtaverne.

ÓLIMBOS

O Mílos, Ólimbos, Tel. 22450 51297. Leckere Pítta-Variationen.

Osterfest in Ólimbos, mit Musik, Tanz, Heiratsmarkt. **Johannes-Fest** in der Höhlenkirche Vorgoúnda bei Avlóna, 28./29. August.

KÁSOS

Rathaus, Tel. 22450 41277. **Touristenpolizei**, Tel. 22450 41222.

SCHIFF: Fährverbindung mit Kárpatos, Piräus, Kreta und Rhódos. Bei rauer See kann das Einlaufen in den Hafen von Frí schwierig sein.
FLUG: Kásos besitzt einen bescheidenen Flughafen (der aber bei schlechtem Wetter nicht in Betrieb ist); Flugverbindung mit Kárpatos und Rhódos.

Mílos, Frí, Taverne mit guter bodenständiger Küche.

KASTELLÓRISO

Rathaus, Tel. 22460 49269. **Touristenpolizei**, Tel. 22460 49333.

O Meraklis, Kastellóriso-Stadt, Ouzeri, sehr gute Mezedes.

KULINARISCHE SPEZIALITÄTEN

Essen und Trinken ist in Griechenland mehr als ein Akt der Nahrungsaufnahme. Es ist Anlass zur Geselligkeit, die ihre Zeit braucht und Muße schafft.

Der erste Gang kurz nach Ende des Mittagsschlafs, häufig gegen 4 Uhr nachmittags, führt bei zahlreichen Griechen direkt ins *kafeníon*, das traditionelle Kaffeehaus. Diese gewöhnlich nur den Männern vorbehaltene Einrichtung ist der Mittelpunkt des dörflichen Lebens. Man trinkt den Kaffee schwarz (*skéto*), mittelsüß (*métrio*), schwer und süß (*varí glikó*) oder nach weiteren zwei Dutzend Zubereitungsarten.

Nach einem Plauderstündchen im Kaffeehaus strebt man seinem Stammlokal zu, dem Treffpunkt der Freundesclique (*paréa*). In der *ouzerí* sitzt man allabendlich beim *oúzo* oder *tsípouro* zusammen. Zu dem mit Anis versetzten Tresterschnaps werden Appetithappen (*mezédes*) gereicht. Der Kellner wird darauf achten, bei jeder Bestellung der Runde eine neue Variation von Beilagen zu bringen: beispielsweise gegrillten Oktopus (*htapódi*), Tomaten-, Gurken-, Käsestückchen, Oliven, Weinblätter mit Reisfüllung (*dolmadákia*), panierte Zucchinischeibchen (*kolokithákia*), Garnelen (*garídes*) oder gebratene Sardinen (*marídes*).

Den Abend nach etwa 9 Uhr verbringen griechische Familien gerne in einer Taverne. Beliebte Vorspeisen sind Fischrogenpaste (*taramosaláta*), Joghurt mit Gurken und Knoblauch (*tzatzíki*), Saubohnen (*gígantes*), marinierter Oktopus (*htapódi saláta*), Schafskäse (*féta*), Spinattaschen (*spanakópites*) und Fleischtaschen (*kreatópites*).

Auch die Salate kommen gewöhnlich gleich auf den Tisch, von allem etwas: Krautsalat (*lahanosaláta*), grüner Salat (*maroúli*), Gurken-Tomaten-Salat (*angourodomatosaláta*). Den Bauernsalat (*horiátiki saláta*) isst man mit reichlich Olivenöl. Gewöhnlich steht bei Griechen nicht eine eigene Portion vor je-

Oben: Grillspezialitäten zu Ostern – Lämmer am Spieß. Rechts: Köstliches aus dem Meer verlockend angerichtet.

dem Tischgast: Jeder nimmt sich aus einer Schüssel ein wenig von allem.

Als Hauptgericht können Fleischspieße (*souvlákia*) aufgetragen werden, Lammkoteletts (*païdákia*), gebackenes Lamm (*arní foúrnouu*) oder Huhn in Weinsoße (*kotópoulo krasáto*). Traditionelle Gerichte sind zudem Rindfleisch im Tontopf mit Griesnudeln (*giouvétsi*), Schmorfleisch in Tomatensoße (*kokkinistó*), Hackfleischbällchen (*soutzoukákia*), gefüllte Hacksteaks (*biftékia*), Nudelauflauf (*pastítsio*), Kartoffel-Auberginen-Auflauf (*mousaká*) und Zwiebelschmorfleisch (*stifádo*).

Die griechische Küche bietet natürlich auch köstliche Fischgerichte: Brassen (*sinagrídes* oder *lithrínia*), Meeräschen (*barboúnia*), Ochsenfische (*gópes*) und Stockfisch mit Knoblauch-Kartoffel-Paste (*bakaliáros me skordaliá*). Beilagen fehlen auf keinem Teller, etwa gebackene Kartoffeln (*patátes foúrnou*), gedünstete Bohnen (*fasolákia*), gefüllte Paprika (*gemistés*) oder geschmorte Auberginen (*melitzánes*).

Von der breiten Palette guter griechischer Weine ist vor allem der Fasswein (*krasí híma*), der mit Harz versetzte *retsína* zu empfehlen. Doch auch Flaschenweine sind nicht zu verachten: Der weiße *Pórto Carras* von der Chalkidike, der hellrote *Rombóla* von der Insel Kefaloniá, die dunklen *Náousa*-Weine aus Makedonien und die peloponnesischen *Deméstika*-Tafelweine.

Am Ende des Hauptganges kommt häufig Obst auf den Tisch: eine Wassermelone (*karpoúzi*) oder Honigmelone (*pepóni*), Feigen (*síka*) und Weintrauben (*stafília*). Verschiedene Portionen der kräftigen Landkäse (*kefalotíri* oder *anthótiro*) runden das Essen ab.

Beliebte Süßspeisen sind neben Crèmetorte (*pásta*) und Honigküchlein (*kadaïfi*) auch Milchreis mit Zimt (*rizógalo*), Karamellpudding (*krem karamél*), „türkischer" Honig (*loukoúmi*) und Baklawa (*mpaklavás*).

Ein Abend im Freundes- oder Familienkreis endet oft in der *kafetéria* bei einem schottischen Whisky. Griechen kauen dazu Sonnenblumenkerne (*passatémbi*) und Pistazien (*fistíkia*). Denn zu trinken ohne zu essen ist nach allgemeiner Überzeugung pure Sauferei.

FLORA UND FAUNA

Wer mit einem Urlaub auf den griechischen Inseln karibische Vorstellungen verbindet, wird eine Weile brauchen, um sich an die besonders auf den südlichen Inseln karge Sommerlandschaft, geprägt von Fels, Buschwerk und sonnenverbranntem Gras, zu gewöhnen. Die Strände werden nicht von Palmen, sondern von genügsamen Tamarisken und knorrigen, vom Wind gebogenen Bäumen gesäumt. Aber trotz der langen Sommertrockenzeit weist Griechenland einen großen Pflanzenreichtum auf.

Da sich die Inseln in Höhe und Lage sehr unterscheiden, reichen auch ihre Klimate von subtropisch bis gemäßigt. Einige Kykladeneilande sind nur wenig mehr als Felsbrocken, andere wiederum besitzen üppige grüne Täler; auf den ostägäischen Inseln gibt es ausgedehnte Wälder, von denen jedoch viele durch immer wiederkehrende Waldbrände geschädigt wurden.

Oben: Im Frühling wird sichtbar, welche Vielfalt von Blütenpflanzen es auf den Inseln gibt. Rechts: Oktopus, zum Trocknen aufgehängt.

Zu den häufigsten Bäumen in Griechenland gehören die Zypresse, die wie ein schwarzer Finger in die Landschaft ragt, und die nach ihrem Harz duftende Aleppokiefer. Charakteristisch sind auch wilde und kultivierte Ölbäume; letztere sind vor allem auf Korfu und Lésvos von Bedeutung. In den Obsthainen wachsen u. a. Orangen und Zitronen; streng genommen sind dies aber keine einheimischen Pflanzen: Zitrusfrüchte wurden erst von Alexander dem Großen aus Asien mitgebracht, mitsamt den persischen Gärtnern, die sie kultivieren konnten.

Viele „Fremdlinge" – Pflanzen, die ursprünglich aus anderen Ländern stammen – sind heute charakteristische Bestandteile der hiesigen Vegetation. Agaven und Feigenkakteen etwa haben sich im Inselklima gut entwickelt. Die Dattelpalme, die auf den südlichen Inseln wächst, stammt aus Nordafrika; der Ailanthusbaum (*Ailanthus altissima*) wurde um 1750 von China nach

Frankreich importiert und verbreitete sich von dort aus im gesamten Mittelmeerraum. Die Bauern nennen ihn wegen des üblen Geruchs, den seine Blätter beim Zerreiben verströmen, *Vromodendro*, „Stinkbaum".

Wer im Frühling nach Griechenland kommt, wenn die Hänge von einem farbenfrohen Teppich aus Wildblumen bedeckt sind, kann sich daran erfreuen, dass das Land mehr Blumenarten besitzt als jedes andere in Europa. Tatsächlich gibt es in Griechenland über 6000 Pflanzenarten, auf den Britischen Inseln hingegen nur 2300. Allein auf Korfu wurden 36 Orchideenarten katalogisiert, darunter auch *Orchis palustris*, die ausschließlich am Korrisión-See gedeiht.

Aufgrund ihrer geografischen Isolierung vom Festland gibt es auf den Inseln nicht viele Tierarten. Eidechsen und andere Reptilien wie etwa Geckos leben hier im Überfluss. Sie sonnen sich auf den Felsen oder verstecken sich in den Ecken von Hotelzimmern.

Ergänzend zu den leuchtenden Farben der Wildblumen gibt es auch eine Reihe bunter Schmetterlinge. Die viel gerühmten „Schmetterlingstäler" auf Páros, Rhódos und anderen Inseln sind dagegen das Territorium des eher langweilig anzusehenden Bärenspinners, *Callimorpha quadripuntaria*.

Im Allgemeinen stellen die Wassertiere die interessantesten Vertreter der Fauna der griechischen Inseln dar; aber viele ihrer Vertreter sind immer schwerer zu finden. Die Mönchsrobbe z. B. ist die am stärksten bedrohte Tierart Europas. Weltweit gibt es nur noch 500 dieser Tiere, 300 davon in Griechenland. Im ersten Meeresnationalpark des Landes bei Alónnisos (Sporaden) werden u. a. Robben und Delfine geschützt.

Berühmt für Schildkröten ist Zákinthos, weiter südlich in der ionischen Inselkette gelegen. Die Unechte Karettschildkröte, *Caretta caretta*, hält sich traditionell an der Südküste der Insel auf. Um die Tiere vor den verheerenden

Folgen des Tourismus zu bewahren, kämpfen Umweltschützer seit Jahren für die Einrichtung eines neuen Nationalparks.

Die Meerespopulation ist im 20. Jh. insgesamt geschrumpft; durch Überfischen wurden die Fischbestände der Ägäis um etwa 60% reduziert, weshalb die hiesigen Vorkommen kaum noch den Bedarf der Inselbewohner decken.

Eine Delikatesse aus dem Meer sind z. B. Tintenfische. Ein anderer essbarer Wasserbewohner ist der Seeigel. Wegen seiner scharfen Stacheln sollte man beim Schwimmen Plastiksandalen tragen.

In Griechenland sind 422 Vogelarten erfasst, von Eulen über Seemöwen und Adlern bis hin zu Lämmergeiern. Pelikane, Waldschnepfen und Schnepfen gehören zu den vielen Zugvögeln, die hier Halt machen. In Vogelreservaten wie dem Kórission-See auf Korfu tauchen gelegentlich der prächtige Ibis und der große weiße Reiher auf; eine weitere bedrohte Tierart ist der Zwergkormoran. In diesem See kommen zudem Otter vor.

SEEFAHRT IN DER ÄGÄIS

Das durchfährt auch die fahle Flut
in des reißenden Südsturms Not;
das gleitet zwischen den Wogen,
die rings sich türmen.
(Übersetzung: Wilhelm Willige)

In der *Antigone* des Sophokles rangiert die Beherrschung des Meeres an der Spitze der menschlichen Errungenschaften. Ein Großteil Griechenlands besteht aus Wasser, so dass die Schifffahrt nicht nur eine praktische Notwendigkeit, sondern ein typisches Merkmal des Nationalcharakters geworden ist: sowohl auf dem Festland als auch auf den Inseln. Es ist kein Zufall, dass griechische Helden aller Epochen Seefahrer gewesen sind, vom listigen Odysseus bis zu den modernen Reederdynastien Onassis und Niarchos.

Oben: Für viele ein Ferientraum – von Insel zu Insel segeln. Rechts: Acht Windgottheiten bestimmten das Schicksal antiker Seefahrer (Turm der Winde, Athen).

Die erste wissenschaftlich belegte Seereise der Welt fand ca. 9000 v. Chr. in der Ägäis statt. Man weiß nur wenig über die frühesten Schiffe; jedenfalls war eine starke Flotte der Schlüssel zur Macht in der Region. Ab 1500 v. Chr. verbanden phönizische Händler aus Tyros und Sidon die Ägäischen Inseln mit Häfen im Nahen Osten, Afrika und Italien. Da das phönizische Handelsreich im Osten bis nach Mesopotamien reichte, gelangten so auch vorderorientalische Kultureinflüsse in die Ägäis, zumal die Phönizier nicht nur mit Silber, Purpur, Bauholz und Elfenbein, sondern auch mit Kunsthandwerk handelten.

480 v. Chr. sicherte sich die *Polis* von Athen durch ihre Überlegenheit auf dem Meer die Vorherrschaft in Griechenland: Athens Beitrag zur Schiffstechnologie war die *Triere,* eine Mischung aus Galeere und Segelschiff; zusätzlich zu ihren Segeln hatte sie drei Reihen von Ruderern, eine über der anderen, die vielleicht wie moderne Ruderer auf Gleitsitzen saßen. Die schnellen, leicht manövrierbaren Trieren

machten in der engen Straße von Salamis kurzen Prozess mit den größeren, schwerfälligeren persischen Schiffen. Eine moderne, 37 m lange Rekonstruktion einer Triere erreichte eine stolze Geschwindigkeit von 10 Knoten pro Stunde.

Im 19. Jh. kamen die Dampfschiffe auf, doch die Schwammfischer, die den Inseln Kálimnos und Sími zu erheblichem Reichtum verhalfen, unternahmen ihre mehrere Monate dauernden Reisen nach Afrika immer noch auf kleinen Booten. Auf engstem Raum lebten wochenlang Dutzende von Männern zusammen.

Der übliche Name für das „Gebrauchsboot“ der griechischen Inselbewohner ist *Káiki*; er umfaßt eine Vielzahl verschieden geformter bunter Fischerboote, die in den Inselhäfen vor Anker liegen. In vergangenen Jahrhunderten brauchte es zwei Steuerruder, um die *Káikis* auf ihren Kurs zu bringen; heute besitzen sie Zentralruder und meistens Dieselmotoren sowie zusätzlich einen niedrigen Mast für ein Segel. Eine häufig vorkommende Variante ist der als *Trehandiri* bekannte Bootstyp mit zweiendigem Schiffsrumpf.

In der Antike wurden kleine Boote von außen nach innen gebaut: Zuerst fixierte man die Planken, dann fügte man ein inneres Gerippe als zusätzliche Verstärkung ein. Heutzutage wird erst ein Gerippe gebaut, das man dann mit Planken bedeckt. Für gewöhnlich wird zum Schiffsbau immer noch das Holz der Sámos-Pinien benutzt. Die Planken wurden traditionell mit Pech von der Insel Zákinthos abgedichtet; allerdings versiegen die Pechquellen allmählich.

Egal ob man ein *Káiki* oder ein Segelboot chartert, allein segelt oder eine Crew anheuert, auf jeden Fall haben Feriensegler eine bessere Ausgangsposition zum Erkunden der griechischen Inseln als andere Reisende. Seit den 1960er Jahren hat die Griechische Zentrale für Fremdenverkehr die Einrichtungen für Jachten kontinuierlich ver-

bessert. Das Resultat sind 34 exzellente Jachthäfen im ganzen Land.

Der wichtigste ist der alte Hafen von Themistokles in Piräus, der ausgebaut und modernisiert heute Marina Zéa heißt und 950 Ankerplätze hat. Weitere bedeutende Inselhäfen für Bootstouristen sind die Bucht von Gouviá auf Korfu und Mandráki, der antike Hafen von Rhódos. Griechenland besitzt die größte Jachtflotte des Mittelmeerraums.

In der Antike hatten die griechischen Winde Namen und lebten der Legende nach in einer Höhle auf Tínos. Die Winde in Griechenland haben immer noch besondere Namen und Merkmale. Im Ionischen Meer herrscht der *Maistros* vor, ein Nordwestwind, der meistens nachmittags weht. Die Passatwinde, bekannt als *Meltemi*, erreichen ihre maximale Stärke im Juli und August. Dann blasen sie kalt aus einem oft klaren Himmel, jagen Sand durch die Luft und bringen die Haut der Strandurlauber zum Brennen, peitschen das Meer zu hohen Wellen auf und können so die Fahrt in einem kleinen Boot zum „unvergesslichen“ Erlebnis werden lassen.

REISEVORBEREITUNGEN

Reisezeit

Möchte man die griechischen Inseln ohne Trubel erleben, fährt man am besten in der Nebensaison. Im Juli und August sind die Inseln überlaufen, relativ teuer (Hochsaisonpreise!) und völlig auf Tourismus eingestellt. In der Nebensaison hingegen, im April/Mai oder September/Oktober, bekommt man einen Einblick in das wahre griechische Leben, man kann Einheimische kennen lernen und z. B. das griechische Osterfest erleben. Zudem ist in der Nebensaison das Klima angenehmer: warm genug zum Baden, aber nicht zu heiß zum Wandern.

Im April und Mai sind die griechischen Inseln von einem Teppich aus farbenprächtigen Blumen überzogen. Im September und Oktober zaubert die Sonne wunderbares Licht auf die Hügel und das Meer – angenehmer und schöner als die gleißende Helligkeit im Juli und August. Im Oktober kann man im Dodekanes noch baden, auf den nördlicher gelegenen Inseln kühlt es dagegen langsam ab. Natürlich gibt es in der Nebensaison, besonders im Herbst, keine Garantie für das Wetter und wenn man von Fähren abhängig und damit dem Meer und seinen Launen ausgeliefert ist, sollte man genügend Zeit mitbringen.

Kleidung und Ausrüstung

Badesachen, Strandhandtuch sowie Badeschuhe für vor allem mittags brennend heiße Sandstrände und steinige Strände (sowie dubiose Hotelbadezimmer) gehören auf jeden Fall ins Gepäck. Frauen sollten Strandkleidung mitbringen, die sie über ihren Badeanzug ziehen können (Shorts, T-Shirt-Kleid, Sarong). Auch ein Tuch ist sinnvoll, um bei Kirchenbesuchen nackte Schultern oder Beine bedecken zu können (siehe auch „Verhalten"). Vor der starken Sonne schützt ein Sonnenhut oder ein Kopftuch. Sonnenschutzmittel gibt es überall zu kaufen, wichtig ist ein hoher Lichtschutzfaktor. Auch ein Mückenschutzmittel bewährt sich.

Ein kleiner Tagesrucksack ist von großem Nutzen, außerdem Wander- oder Turnschuhe, denn einige der besten Strände sind nur über unbefestigte Wege erreichbar. Obwohl es abgefülltes Wasser zu kaufen gibt, empfiehlt es sich, eine Wasserflasche dabeizuhaben. Taschenmesser und Korkenzieher bewähren sich bei spontanen Picknicks.

Fährt man in der Vor- oder Nachsaison oder mietet man ein Moped, dann gehören ein leichter Anorak oder wenigstens ein langärmeliges Hemd sowie Regenschutz ins Gepäck.

Währung

Beträge jeder Währung in bar oder in Reiseschecks können in beliebiger Höhe eingeführt werden.

In Griechenland hat der Euro die Drachme am 1.1.2002 als Landeswährung ersetzt. Bargeld kann man mit EC-/Maestro-Karte oder Kreditkarten plus PIN (Geheimnummer) an zahlreichen Bargeldautomaten der Banken ziehen. Euroschecks werden nicht mehr akzeptiert, Reiseschecks von allen Banken eingelöst. Auszahlungen vom Postsparbuch sind in Griechenland nicht möglich.

Reisedokumente und Zoll

Für alle EU- und Schweizer Staatsbürger, die höchstens drei Monate bleiben wollen, reicht ein gültiger Personalausweis oder Reisepass zur Einreise.

Da Griechenland EU-Mitglied ist, dürfen Waren für den privaten Gebrauch unbegrenzt ein- und ausgeführt werden. Allerdings gibt es bestimmte Grenzwerte, deren Überschreitung ein gewerbliches Interesse signalisieren kann: 400 Zigarillos, 800 Zigaretten, 200 Zigarren, 1 kg Rauchtabak, 10 l Spirituosen, 90 l Wein, 110 l Bier.

Reisende aus Nicht-EU-Ländern dürfen bis zu 10 kg Lebensmittel und alkoholfreie Getränke, 200 Zigaretten oder

250 g Tabak, 1 Liter Spirituosen oder 2 Liter Wein sowie Geschenke bis zu einem Wert von 180 € zollfrei einführen. Dieselben Beschränkungen gelten bei Waren aus Duty Free Shops (Flughäfen/Fähren) eines Nicht-EU-Landes, die nach Griechenland eingeführt bzw. bei Waren aus griechischen Duty Free Shops, die in Nicht-EU-Länder importiert werden. Für Reisende, die sich innerhalb der EU-Freihandelszone bewegen, z. B. beim Direktflug Deutschland-Kreta, ist steuerfreier Einkauf nicht mehr möglich.

Kunstwerke (auch alte Ikonen) und Antiquitäten dürfen nur mit schriftlicher Genehmigung des Kultur- und Wissenschaftsministeriums ausgeführt werden. In den meisten Fällen wird die Ausfuhr ohne diese Erlaubnis verboten und mit hohen Strafen geahndet.

ANREISE NACH GRIECHENLAND

Mit dem Flugzeug

Per Linienflug kommt man das ganze Jahr über nach Athen und Thessaloniki. Zahlreiche Charterflüge verbinden viele Flughäfen in Mitteleuropa das Sommerhalbjahr über mit Kreta (Iráklio, Chaniá), Korfu, Rhódos, Kárpathos, Kos, Zákinthos, Santorin, Mykonos und Samos. Einige wenige Charterflüge führen auch nach Araxos und Kalamáta auf dem Peloponnes, nach Skiáthos, Lesbos, Kefaloniá und Léfkas. Von manchen Ländern aus (nicht aber ab Deutschland) fliegen auch Chartermaschinen nach Vólos, Páros, Náxos und Chíos. Über Athen sind außerdem Límnos, Ikaría, Léros, Sitía/Kreta, Kíthira und Skýros zu erreichen. Nur über Rhódos kommt man nach Kastellórizo und Kásos.

Mit dem Schiff

Von Italien aus (Triest, Venedig, Ancona, Bari, Brindisi) gibt es zahlreiche Fähren nach Pátras und Igoumenítsa, die oft auch in Korfu anlegen.

Auskunft über die aktuellen Verbindungen geben die Automobilclubs und viele Reisebüros. Im Internet sind die meisten Reedereien auch mit ihren Fahrplänen und -preisen präsent:

www.superfast.com
www.minoan.gr
www.anek.gr
www.bluestarferries.com
www.fragline.gr
www.agoudimos-lines.com
www.mll.gr
www.ventouris.gr

REISEN IN GRIECHENLAND

Mit dem Flugzeug

Olympic Airways bietet die meisten Verbindungen an, Konkurrent *Aegean Airlines* bedient die Hauptstrecken und bietet auf ihnen den besseren Service. In Griechenland kann man die Flüge der beiden Konkurrenten in zahlreichen Reisebüros buchen. Vertretungen in den deutschsprachigen Ländern:

Olympic Airways (www.olympic-airways.gr): Gutleutstr. 82, 60329 Frankfurt/M., Tel. 069/97067205, Fax 97067207; Canovagasse 7, 1010 Wien, Tel. 01/5044165, Fax 504616545; 4 Tour d'Ile, 1204 Genf, Tel. 022/3119621, Fax 3119624.

Aegean Airlines (www.aegeanair.com): Am Hauptbahnhof 10, 60329 Frankfurt/M., Tel. 069/2385630.

Mit dem Schiff

Für jene, die besonders stilvoll reisen möchten, wird eine Reihe von Kreuzfahrten angeboten, mit in der Regel umfangreichem Ausflugsprogramm und sachkundig geführten Besichtigungen.

Die Griechische Zentrale für Fremdenverkehr (EOT) veröffentlicht einen Fahrplan aller Fährlinien, aber die Fahrpläne ändern sich häufig. Man sollte sich deshalb unbedingt im Hafen erkundigen, bevor man seine Reisepläne macht; sonst kann es passieren, dass man ein oder zwei Tage länger auf einer

Insel bleiben muss. Da zudem jede Reederei ihr eigenes Büro hat, sollte man auch dort nachfragen.

Was die verwirrende Vielfalt der Verbindungen ab Piräus angeht, so gibt es Zeitungen, in denen die Abfahrtszeiten des gleichen und auch des folgenden Tages aufgeführt sind (u. a. *Athens News* und die englische Ausgabe von *I Kathimerini*).

Für Infos über die einheimischen Fährverbindungen wende man sich in Athen an Tel. 21041 14785 oder an die Hafenbehörde in Piräus, Tel. 21045 111311.

Den gesamten innergriechischen Schiffsfahrplan findet man im Internet unter www.ferries.gr.

Tragflügelboote und Katamarane

Von Jahr zu Jahr verkehren auf der Ägäis und dem Ionischen Meer immer schnellere Wasserfahrzeuge. Am zahlreichsten sind die als *Flying Dolphins* bezeichneten Tragflügelboote, die ausschließlich Passagiere, keine Fahrzeuge transportieren. Sie sind bis zu 70 km/h schnell, der Fahrpreis ist etwa doppelt so hoch wie der für normale Fähren. „Fliegende Delphine" fahren vorn Piräus und Rafina zu den Kykladen, nur von Piräus auch zu den Inseln im Saronischen Golf. Die Nördlichen Sporaden sind mit ihnen von Thessaloniki, Volos und Agios Konstantinos aus zu erreichen. Weitere Linien verbinden Korfu mit den anderen Ionischen Inseln, Rhódos mit den nördlich davon gelegenen Inseln des Dodekanos und mit Samos sowie Samos und Ikaria mit Chios und Lesbos. Im Internet sind die Verbindungen unter www.ferries.gr/hfd/ zu finden.

Neuester Hit sind große Katamarane, die ebenso schnell wie die Tragflügelboote sind, und die Autos transportieren können. Sie kommen zwischen Piräus, Tinos, Mykonos, Páros, Náxos und Santorin, zwischen Piräus, Kos und Rhódos sowie zwischen Piräus und Iráklio auf Kreta zum Einsatz.

Mit dem Bus

Von Athen fahren Busse vom Terminal A, Kifissou 100, zum Pelopónnes und nach Westen (auch zu den Ionischen Inseln) sowie nach Thessaloníki und zu den Fähren nach Thásos und Samothráki. Busse in den Norden (nach Évia und zu den Fährhäfen für die Sporaden) verkehren ab Terminal B, Liossion 260.

Auf den Inseln hängt die Verfügbarkeit und Frequenz der Busse meist vom Touristenaufkommen ab. Im Allgemeinen gibt es täglich mindestens einen Bus zwischen den Hauptorten einer Insel. Normalerweise erhält man die Fahrpläne in Fremdenverkehrsämtern, Reisebüros oder Hotels. Für manche Inseln und Regionen Griechenlands sind die Fahrpläne auch unter www. ktel.org im Internet zu finden. Die Fahrpreise sind niedrig, die Ausstattung ist einfach.

Mietwagen / -motorrad

Reist man von Insel zu Insel, sollte man keinen Mietwagen mitnehmen. Viele Inseln sind so klein, dass ein vor Ort gemietetes Moped völlig ausreicht. Auf größeren Inseln wie Lésvos, Rhódos oder Korfu empfiehlt sich jedoch ein Auto.

Alle größeren Mietwagenfirmen sind in den Touristenzentren, Häfen und Flughäfen auf den Inseln mit Filialen vertreten. Die kleinen einheimischen Unternehmen bieten oft einen persönlicheren Service und niedrigere Preise, aber eine Probefahrt ist bei Mopeds unbedingt nötig, um Wartungsmängel auszuschließen!

Viele Firmen legen genau fest, welche Art von Straßen befahren werden dürfen und oft muss für den Unterboden eine Zusatzversicherung abgeschlossen werden: verständlich auf Inseln, wo nur die Hauptstraßen gepflastert sind und schlechte Fahrwege zu den Stränden den Fahrzeugverschleiß beschleunigen. Für Entdeckungstouren sollte man besser einen Jeep mieten. Die Karten, die man von den Verleihfirmen erhält, sind oft ungenau: Von den „Nebenstraßen" sind einige gut ausgebaut, andere nur Pisten.

Beim (besonders verletzungsträchtigen!) Motorroller oder Moped fahren sollte man Schutzkleidung (abriebfeste Hose und Jacke, Stiefel und Handschuhe) und unbedingt einen Helm tragen. Das macht zwar weniger Spaß, und viele sieht man in Badekleidung zum Strand fahren, aber in Griechenland gibt es viel mehr Unfälle als in anderen europäischen Ländern, vor allem wegen des sorglosen Fahrstils und der oft schlechten, schmalen Straßen.

Es gibt nicht allzu viele Tankstellen, aber sie sind gut ausgeschildert. Auf kleinen Inseln sollte man sich gleich beim Mieten des Fahrzeugs nach den Tankstellen erkundigen; manchmal konzentrieren sich alle auf die Hauptstadt und wenn man nicht aufpasst, bleibt man womöglich in einem Fischerdörfchen liegen.

Mit dem Taxi

Taxis gibt es auf fast allen Inseln. Innerhalb der Ortschaften richtet sich der Preis nach dem Taxameter. Zwischen zwei Orten gibt es oft feste Tarife, nach denen man sich vor dem Einsteigen erkundigen sollte. In Athen packen die Taxifahrer gern mehrere Fahrgäste mit ähnlichem Ziel zusammen in ein Taxi. Das ist zwar nicht legal, wird aber geduldet. Jede Partei bezahlt dann den vollen Fahrpreis für ihre Strecke.

PRAKTISCHE TIPPS

Behindertenreisen

Kreuzfahrtschiffe und Fluglinien ermöglichen auch Rollstuhlfahrern Ferien auf den griechischen Inseln, allerdings ist der Besuch vieler archäologischer Stätten sehr schwierig. Reiseveranstalter für Behindertenreisen:

Deutschland: TDS Travel & Data Service, Müllerstr. 47, 80469 München, Tel. 089/2609418; Profi Reisen, Rathausgasse 6, 79098 Freiburg, Tel. 0761/3899380.

Österreich: Botros Tours/Aktion „Gemeinsam reisen", Paulanergasse 4, 1040 Wien, Tel. 01/5038880-28, Fax -35.

Schweiz: Taman Reisen, Hard 4, 8408 Winterthur, Tel. 052/2225725.

Essen und Trinken

Griechen gehen oft essen, aber ihre Erwartungen unterscheiden sich stark von denen anderer Europäer oder gar Amerikaner. Sie interessieren sich weniger für ein neues Gericht oder einen kreativen Drink; das Essen ist eher ein gemeinsames Ritual als ein gastronomisches Abenteuer. Die Einheimischen wählen ihre Speisen in einer angeregten Unterhaltung mit dem Kellner aus und richten sich dabei danach, was es an dem Tag gerade gibt.

Das frische Essen ist einfach zubereitet: Fisch wird gegrillt und lieber mit einer Zitronenscheibe als einer raffinierten Sauce serviert. Alle essen gemeinsam: die Schüsseln werden in die Mitte des Tischs gestellt, jeder bedient sich, und einer bezahlt für alle. Kommt man als Tourist mit einer Gruppe, möchte aber getrennt bezahlen – was die Kellner nicht gewöhnt sind –, sagt man „stó jermanikó trópo" (dies bedeutet „auf deutsche Art" und ist nicht unbedingt als Kompliment gemeint!).

Aufgrund der Sprachbarrieren haben es Ausländer zunächst schwer. Zum einen kann man durch die Lektüre der Speisekarte nur bedingt ersehen, was es gibt. Oft ist es eine Standardkarte in zwei oder vier Sprachen, die in Restaurants in ganz Griechenland immer wieder auftaucht. Und Restaurants, die ein spezielles Touristenmenü mit Farbfotos der Gerichte offerieren, haben in der Regel nicht die beste Küche.

Tatsächlich steht die Qualität des Essens oft in umgekehrtem Verhältnis zur Ausstattung des Restaurants: Je touristischer es ist – mit Stuhlkissen und schön gedruckter Speisekarte –, desto uninteressanter ist das Essen. Nicht jeder Tourist mag einen Raum mit Neonlicht und Linoleum-Fußboden, der voller rauchender Griechen ist; wenn man aber etwas Abenteuergeist besitzt und ein paar griechische Sätze gelernt hat, findet man oft gerade hier den frischesten Fisch und die wohlschmeckendsten Gerichte. Man sollte nicht schüchtern sein und sich ruhig in die Küche trauen, um selber nachzuschauen, was es gerade gibt – denn meistens stehen die Spezialitäten des Tages gar nicht auf der Karte.

Restauranttypen: Ein **Estiatório** (Restaurant) ist die konventionellste Variante: Speisekarten, Kellner, Weingläser und alles, was dazugehört. In der **Tavérna** geht es ungezwungener zu. Hier kann man im Freien unter Weinranken sitzen. Eine Variante davon ist die **Psarotavérna** (Fischtaverne), die auf Meeresfrüchte spezialisiert ist. Von dem Schild „snak mpar" darf man sich nicht abschrecken lassen; manchmal ziert es ausgezeichnete Tavernen. Die Rechnung enthält oft einen Betrag für Gedeck und Brot.

Weiterhin gibt es die ganz schlicht eingerichteten **Ouzeri**. Von den Restaurants in einem Inselhafen sind es meist die Ouzeri, die von den Einheimischen besucht werden, die hier *ouzo* (Anisschnaps) trinken und leichte Snacks, *mezédes*, als Vorspeise essen. In den Ouzeri gibt es z. B. griechischen Salat (*horiátiki saláta*), *tzatzíki* (Jogurt mit Gurke und Knoblauch) und *taramó saláta* (Fischroggensalat) oder frischen Fisch wie *márides* (frittierte Sardellen) oder *kalamári* (Tintenfisch), aber kaum warme Speisen wie *moussaká* (ein Gericht aus Auberginen und Fleisch und Hauptnahrungsmittel vieler Griechenlandbesucher) oder *stifádo* (geschmortes Fleisch).

In Griechenland frühstücken nur die Touristen. Die Einheimischen trinken morgens nur Kaffee. Auf den Inseln gibt es gewöhnlich englisches, amerikanisches oder kontinentales Frühstück. Die frischen Obstsäfte sind fast immer gut.

Das Mittagessen ist die Hauptmahlzeit, was – besonders in der Sommerhitze – auch die physische Notwendigkeit einer langen Mittagsruhe erklärt, die dazu führt, dass die Straßen mittags zwischen zwei und fünf wie ausgestorben sind.

Die Griechen beginnen das Abendessen im Restaurant mit einigen Vorspeisen. Isst man alleine und möchte trotzdem etwas Abwechslung, bestellt man *pikília*, eine gemischte Vorspeisenplatte.

Auf den Inseln gibt es auch etliche regionale Spezialitäten, aber es ist schwierig, sie auf den Speisekarten zu finden. Ein Musterbeispiel ist ein für Ándros typisches Omelett, das mit auf der Insel wachsenden Kräutern zubereitete *froutáli*. Auf Lésvos gibt es mit Schafskäse gefüllte Zucchiniblüten und vegetarisches *moussaká*. Auf dem für seine exzellente griechische Küche bekannten Sérifos gibt es spezielle Keramiktöpfe für die Zubereitung von *revíthia* zu kaufen, einem Gericht aus Kichererbsen, die mit Zwiebeln in Olivenöl bei niedriger Hitze über Nacht im Ofen gegart werden. Ein Salat aus frischen Kapern eröffnet neue kulinarische Dimensionen.

Kaninchen- (*kunéli*) und Ziegenfleisch (*katsíki*) sind häufig in den Schmortöpfen auf den Inseln zu finden. Viele Inseln haben auch ihre speziellen Varianten von Ziegen- oder Schafskäse (*féta*).

Feiertage und Feste

1. Januar: Neujahr (Fest des Hl. Basilius)

6. Januar: Heilige Drei Könige.

Karwoche und Ostern: Ostersonntag 2004 am 11. April, 2005 am 1. Mai, 2006 am 23. April.

25. März: Tag der Unabhängigkeit.

28. Oktober: Ochi-Gedenktag (*óchi* = nein); zur Erinnerung an die Weigerung Metaxás', den italienischen Truppen

während des Zweiten Weltkriegs die freie Passage durch Griechenland zu erlauben.
24. Dezember: Heiligabend.
25. Dezember: Weihnachten.

Der orthodoxe Kalender beschert dem Inseljahr viele Feste. Am 6. Januar, Epiphanias, segnet ein orthodoxer Priester das Wasser, indem er ein großes Kreuz in das wintergraue Meer wirft, das dann von abgehärteten Tauchern zurückgeholt wird.

Das griechische Osterfest ist der Höhepunkt des Jahres: Eier werden rot gefärbt (die Farbe symbolisiert das Blut Christi), Osterbrote gebacken, und in der Karwoche werden Wiesenblumen gepflückt, um am Karfreitag das Grab Christi zu schmücken. Allerdings wird die Trauerstimmung etwas durch die Feuerwerkskörper der Jungen gestört. Sie üben bereits für das am Ostersamstag um Mitternacht zur Verkündigung der Auferstehung stattfindende Feuerwerk.

Ein anderer bedeutender Feiertag ist Mariä Himmelfahrt am 15. August, der auf vielen Inseln mit großen Kirchenfesten begangen wird. Zu der bekannten Wallfahrtskirche auf Tínos strömen Menschenmassen aus ganz Griechenland. Die Festtage anderer regionaler Heiliger sind Spirídion im August, Dimítrios im Oktober (der Spätsommer wird in Griechenland „der kleine Sommer des hl. Dimítrios“ genannt) sowie Michalis (Michael) und Andreas im November.

Die Jahrestage der Heiligen sind nicht nur kirchliche Feste; in Griechenland feiern die Leute ihren Namenstag, wie man in anderen Ländern Geburtstag feiert. Wer Namenstag hat, empfängt den ganzen Tag Besucher, nimmt Gratulationen entgegen und gibt oft auch eine Party.

Geld

Die Geldautomaten auf praktisch allen Urlaubsinseln akzeptieren EC-(Maestro-) und Kreditkarten (Visa, Cirrus, Eurocard). Dennoch sollte man auf kleine Inseln auch Bargeld mitnehmen. Kreditkarten werden oft nur in großen Hotels, in den Restaurants größerer Städte und von Mietwagenfirmen akzeptiert, Reiseschecks hingegen überall. Geldwechsler erheben, anders als Banken oder Postämter, oft hohe Wechselgebühren.

Geschäftszeiten

In den Städten unterliegen die normalen Geschäfte festen Öffnungszeiten, die von Präfektur zu Präfektur und je nach Jahreszeit unterschiedlich sind. Meist sind sie auf jeden Fall Mo-Sa von 9 oder 10 bis 14 Uhr geöffnet. Nachmittags öffnen sie nur an zwei oder drei Tagen wieder ihre Pforten, dann meist von 16 oder 17 bis 20 oder 21 Uhr.

Souvenirgeschäfte, große Supermärkte und die Läden in ausgesprochenen Urlaubsorten sind während der Saison durchgehend von etwa 9-23 Uhr geöffnet. Banken haben Mo-Do von 8 bis 14 Uhr und Fr von 8-13.30 Uhr geöffnet. Die Bankschalter am Flughafen von Athen sind rund um die Uhr besetzt.

Kriminalität

„Griechen stehlen nicht“, sagte eine englische, in Griechenland lebende Frau und ließ ihr Portemonnaie auf einem Cafétisch liegen, als sie kurz zu ihrem Haus ging. In der Tat ist die Kriminalität in Griechenland relativ gering. Aber: In den Touristenzentren ist Vorsicht angebracht. Besonders in Athen hat man seine Geldbörse besser fest im Griff.

Landkarten

Die regionalen Touristenbüros verschenken oder (häufiger) verkaufen Landkarten ihrer Inseln. Aber selbst die gekauften sind oft ungenau und wenig detailliert. Der wichtige Unterschied zwischen asphaltierten und unbefestigten Straßen etwa, durch eine unterschiedliche Stärke oder Farbe der Linien angezeigt, ist häufig irreführend. So kann es passieren, dass man unerwartet mit einer steil bergauf führenden Schotterstraße auf dem angeblich asphaltierten Weg zum Ziel konfrontiert wird. Es lohnt sich, vor der Reise oder in Athen vertrauenswürdige Inselkarten (z. B. von *Road Editions*) zu erstehen.

Zum Gebrauch von Stadtplänen und zur Quartiersuche: Bei Adressen steht zuerst der Straßenname (leider entspricht der „offizielle" nicht immer dem vor Ort gebräuchlichen!), dann die Hausnummer; *odós*, das Wort für „Straße", ist nur selten in der Adresse enthalten.

Medien / Presse

Internationale Zeitungen und deutschsprachige Tageszeitungen sind in allen Ferienorten erhältlich. In den meisten besseren Hotels gibt es Satellitenfernsehen. Viele griechische Fernsehsender zeigen Sendungen in englischer Sprache mit griechischen Untertiteln. Auf größeren Inseln sind auch die sehr informative deutschsprachige Wochenzeitung *Athener Zeitung* und die englische Tageszeitung *Athens News* erhältlich.

Wer auch zu Hause die griechische Presse verfolgen will, findet unter www.ekathimerini.com täglich außer sonntags gute englischsprachige Nachrichten und Features sowie das aktuelle Wetter.

Notrufnummern

Erste Hilfe:	166
Notarzt (24 Std., Athen):	21033 10310
Polizei:	100
Feuerwehr:	199
Pannenhilfe:	104
Feuermeldung bei Waldbränden:	191
Touristenpolizei:	171

(rund um die Uhr, ganzjähriger Informationsdienst in Englisch, Deutsch, Französisch und Griechisch)

Deutschsprachiger Notruf des ADAC: in Athen, ganzjährig, Tel. 21077 75644.

Post und Telefon

In den Filialen des griechischen Telefon- und Telegrafenamts OTE kann man ins Ausland telefonieren. Die meisten öffentlichen Fernsprecher sind Kartentelefone, die ebenfalls Auslandsgespräche ermöglichen. Die Karten erhält man in Super-Märkten, an Kiosken und in allen Filialen der OTE. Auslandsgespräche sind teuer, wenn man sie von Hotels aus führt.

Handys sind in Griechenland weit verbreitet, die Flächenabdeckung ist gut. Über die Preise ihrer griechischen Roaming-Partner informiert Sie ihr Provider. Mit Ausnahme einiger weniger dreistelliger Notrufnummern sind alle Telefonnummern in Griechenland zehnstellig. Eine Ortsvorwahl gibt es nicht; auch bei Ortsgesprächen muss immer die vollständige zehnstellige Teilnehmerrufnummer gewählt werden. Sollten Sie von einer früheren Reise her noch ältere Telefonnummern mit Ortsvorwahl notiert haben, verfahren Sie nach folgendem Schema: Bei Handy-Nummern wird die 09 am Anfang durch eine 69 ersetzt. Bei Festnetznummern ersetzen Sie die erste Null der Ortsvorwahl durch eine Zwei und fügen ans Ende der Ortsvorwahl noch eine Null an.

Vorwahl nach **Griechenland**	0030
nach **Deutschland**	0049
nach **Österreich**	0043
in die **Schweiz**	0041

Bei Gesprächen nach Griechenland folgt auf die Ländervorwahl die vollständige zehnstellige Teilnehmerrufnummer. Bei Gesprächen aus Griechenland ins Ausland lässt man nach der Ländervorwahl die erste Null der Ortsvorwahl weg.

Überall gibt es Postämter (*tahidromeío*), die Briefmarken (*grammatósima*) verkaufen. Wie lange die Post braucht, weiß man nie. In der Nebensaison kann eine Postkarte von den Inseln auch schon einmal 4 bis 6 Wochen unterwegs sein. Normal sind etwa 7 bis 14 Tage.

Sport und andere Aktivtäten

Trekking, Bergsteigen, Kanu- und Wildwasserfahrten, Ultralight-Fliegen und andere Outdoor Activities:
Trekking Hellas, Fillelinon 7, 10557 Athen, Tel. 21033 10323, Fax 21032 34548, www.trekking.gr;
Adrenaline, Solonos 20, 17673 Athen-Kallithéa, Tel. 21094 01616, Fax 21094 06303, www.adrenaline.gr.
Windsurfen: Windsurfstationen findet man auf fast jeder griechischen Insel. Als ausgesprochen gute Surfreviere gelten die Inseln Kárpathos, Korfu, Kos, Mykonos, Náxos und Páros. Allgemeine Auskünfte gibt die:
Greek Windsurfing Association, Filellinon 7, 10557 Athen, Tel. 21032 33696 oder 21032 30068, Fax 21032 23251, www.ghiolman.com.
Golf: Golfplätze gibt es bisher nur in Athen-Glyfada, auf Kreta, Rhódos und Korfu. Nähere Angaben dort.
Klettern: Zum Top-Ziel für leidenschaftliche Climber hat sich die Insel Kálimnos entwickelt. Inzwischen sind über 350 Routen entwickelt. Die Gemeinde hat einen guten Führer dazu herausgegeben; mehrere Pensionen haben sich speziell auf Kletterer eingestellt und helfen mit Tipps. Infos auf Englisch im Internet unter www.kalymnos-isl.gr/climb.
Tauchen: Das Gerätetauchen ist in Griechenland nicht überall erlaubt; man fürchtet den Antikenraub vom Meeresgrund. Besonders gute Tauchreviere liegen vor den Inseln Korfu, Páxos und Zákinthos sowie bei Mykonos.
Yachtcharter: Die meisten Vercharterer haben ihren Sitz in den Küstenvororten Athens; man kann Yachten aber auch auf den Inseln Korfu, Rhódos, Sámos und Kos anmieten (Liste beim Fremdenverkehrsamt).

Stromspannung

Die Stromspannung beträgt 220 Volt. Im Allgemeinen sind die Steckdosen den Europanorm-Steckern angepasst. Deutsche Stecker passen meist.

Verhalten

Viele Badetouristen betrachten die griechischen Inseln als FKK-Paradies. Die Einheimischen allerdings lehnen es eher ab, dass viele Gäste auf ihren Inseln einer Freizügigkeit huldigen, die sie sich in ihren Heimatländern kaum erlauben würden. Im Allgemeinen wird zwar „oben ohne“ toleriert, aber man sollte sich nie an einem städtischen Strand entblößen.

Orthodoxe Kirchen und Klöster verlangen von ihren Besuchern korrekte Kleidung: Mit Shorts, ärmellosen Oberteilen oder gar Badebekleidung (diese gehört ohnehin ausschließlich an den Strand) wird man nicht eingelassen, auch Frauen in Hosen wird häufig der Zutritt verweigert. In einigen Kirchen kann man am Eingang lange Tücher oder Röcke für den Kirchenbesuch ausleihen. Klöster sollte man nicht zwischen 13 und 17 Uhr, der Zeit der Mittagsruhe, besuchen.

To kamáki, der Dreizack, ist ein Zeichen, auf das jede Touristin achten sollte. Manche einheimische Männer machen aus der Eroberung (dem „Aufspießen“) von Touristinnen einen Sport mit einer Art Punktesystem (je williger die Dame ist, desto weniger Punkte ist sie wert) – aber es soll auch Ausländerinnen geben, die den Spieß umdrehen ...

Insbesondere Raucher sollten daran denken, dass auf den Inseln im Sommer größte Waldbrandgefahr herrscht!

Wasser und Sanitäranlagen

Wasser ist auf den Inseln knapp. Viele Inseln müssen es per Schiff importieren und oft wird es sogar rationiert. Daher sollte man nur kurz duschen! Wasser in Flaschen ist an jedem Kiosk billig zu haben. Das Leitungswasser ist nicht immer trinkbar; man sollte sich bei der Hotelrezeption erkundigen. Auf keinen Fall darf man etwas in die Toilette werfen (Verstopfungsgefahr); für Toilettenpapier gibt es Abfalleimer. Man sollte immer Papiertaschentücher dabeihaben. Die Qualität der Toiletten hat sich zwar gebessert, aber es gibt immer noch das berüchtigte „Loch im Boden".

Zeit

In Griechenland gilt die Osteuropäische Zeit (MEZ + 1 Stunde); Sommerzeit wie in Mitteleuropa.

ADRESSEN

Websites: Die Griechische Zentrale für Fremdenverkehr hat noch keine offizielle Website. Man hat das Feld privaten Anbietern überlassen, auf deren Seiten meist ausschließlich bezahlte Tipps gegeben werden. Die beste offizielle Seite Griechenlands ist noch die des Kultusministeriums, das unter www.culture.gr zahlreiche Museen und Ausgrabungsstätten im Land vorstellt sowie auf wichtige kulturelle Veranstaltungen aufmerksam macht.
www.mfa.gr: Homepage des griechischen Außenministeriums mit aktuellen Nachrichten zu Politik, Wirtschaft und Kultur (englisch).
www.culture.gr: Homepage des griechischen Kultusministeriums mit vielen Informationen zu Museen und Ausgrabungsstätten (englisch).
www.ana.gr: Homepage der *Athens News Agency* mit Wetterbericht (englisch).
www.athener-zeitung.com: Homepage der deutschsprachigen griechischen Wochenzeitung *Athener Zeitung* mit Artikeln aus der aktuellen Ausgabe.
www.olympic-airways.gr: Homepage der größten griechischen Fluggesellschaft (englisch).

Botschaften und Konsulate in Athen und auf den Inseln:
Deutschland: Botschaft: Karaoli&Dimitriou 3, 10675 Athen-Kolonaki, Tel. 21072 85111. Generalkonsulat: Karolou Diehl 4a, Tel. 23102 51120.
Weitere Konsulate in Patras, Volos und Komotini sowie in Iráklion und Chaniá auf Kreta, auf Korfu, Samos und Rhódos.
Österreich: Botschaft: Leoforos Alexandras 26, 10683 Athen, Tel. 21082 57244. Weitere Konsulate in Patras, Thessaloníki, Iráklion/Kreta und auf Korfu.
Schweiz: Botschaft: Odós Iassiou 2, 11521 Athen, Tel. 21072 30364. Weitere Konsulate in Patras und Thessaloníki sowie auf Korfu und Rhódos.

Griechische Zentrale für Fremdenverkehr (EOT) (Auslandsvertretungen):
Deutschland: Neue Mainzer Str. 22, 60311 Frankfurt a.M., Tel. 069/2578270; Pacellistr. 5, 80333 München, Tel. 089/222035-36; Neuer Wall 18, 20354 Hamburg, Tel. 040/454498.
Österreich: Opernring 8, 1010 Wien, Tel. 01/512 5317-18.
Schweiz: Löwenstr. 25, 8001 Zürich, Tel. 01/2210105.
EOT in Griechenland: Zentrale: Amerikis 2, Athen, Tel. 21032 23111, Fax 3222841.

SPRACHFÜHRER

Griechisch ist eine der ältesten lebenden Sprachen Europas, wobei sich das moderne Griechisch vom antiken sehr weit entfernt hat. Es lohnt sich auf jeden Fall, wenigstens ein paar Sätze und das griechische Alphabet zu erlernen; dank des Letzteren wird man mit Bussen, Zügen und Straßenschildern (welche aber oftmals auch lateinisch transliteriert sind) besser klarkommen. Und selbst wenn die Griechischkenntnisse sehr dürftig sind, freuen sich die Einheimischen darüber, dass man es überhaupt versucht.

Das griechische Alphabet

			sprich:
Α	α	**alfa**	*a*
Β	β	**wita**	*w*
Γ	γ	**ghamma**	*gh/j*
Δ	δ	**dhelta**	*dh*
Ε	ε	**epsilon**	*e*
Ζ	ζ	**sita**	*s* (weich)

Η	η	**ita**	*i*
Θ	θ	**thita**	*th*
Ι	ι	**jota**	*i*
Κ	κ	**kappa**	*k*
Λ	λ	**lamdha**	*l*
Μ	μ	**mi**	*m*
Ν	ν	**ni**	*n*
Ξ	ξ	**xi**	*ks*
Ο	ο	**omikron**	*o*
Π	π	**pi**	*p*
Ρ	ρ	**ro**	*r*
Σ	σ/ς	**sigma**	*ss (scharf)*
Τ	τ	**taf**	*t*
Υ	υ	**ipsilon**	*i*
Φ	φ	**fi**	*f*
Χ	χ	**chi**	*ch*
Ψ	ψ	**psi**	*ps*
Ω	ω	**omega**	*o*

Doppellaute

α ι . . . . *e*
ε ι . . . . *i*
ο ι . . . . *i*
α υ . . . . *af/aw*
ε υ . . . . *ef/ew*
ο υ . . . . *u*
γ γ . . . . *ng*
μ π . . . . *b/mb*
ν τ . . . . *d/nd*

Auf den Inseln haben viele Orte den gleichen Namen: *Hóra* oder *Horió* (Χορα, Χοριω) bedeutet „Stadt“; *Paleóhorio* (Παλαιοχοριω), „Altstadt“, wird oft für ein Ruinengebiet benutzt, wo einst die ursprüngliche Stadt stand. *Kástro* ist eine „Burg“, oft eine venezianische, während *Emborió* (oder Nimborió) einst ein „Markt“ war. *Vathí* (Βαθυ), „tief“, ist eine Hafenstadt, *Skála* ein Hafen oder eine Küste, *Pánormos* eine Bucht. *Platís Gialós* ist ein „breiter Strand“, während *Kamáres* „Gewölbe/Bögen“ bedeutet, wie z. B. Reste eines altes Aquädukts oder einer Eisenbahnbrücke.

Loutrás oder *Loutráki* deutet eine Quelle an, ebenso *Pirgí* (Pyrgí). Die Endung *aki* ist eine Verkleinerung; *souvláki* ist also ein kleiner *souvlós* (Spieß).

Begrüßung und Allgemeines

Guten Morgen,
Guten Tag, hallo . . . . *Kaliméra*
Guten Abend . . . . *Kalispéra*
Gute Nacht . . . . *Kaliníchta*
Hallo („Deine Gesundheit“) . . . *Jássou*
Hallo (Höfl. Anrede) . . . . *Jássas*
Prost. . . . . *Jámmas*
Entschuldigung. . . . . *Signómi / Oríste*
(*Signómi* = „Verzeihung“; mit *Oríste* macht man höflich auf sich aufmerksam)
Wo . . . . *Pú*
Wo ist . . . . *Pú íne*
Wann . . . . *Póte*
Wie spät ist es? . . . . *Tí óra íne*
Das Auto . . . . *To aftokínito*
Der Bus . . . . *To leoforío*
Das Schiff . . . . *To plío*
Das Flugzeug . . . . *To aeropláno*
Der Strand . . . . *I paralía*
Hier, dort . . . . *Ethó, ekí*
Heute, morgen . . . . . . *Símera, Áwrio*
Morgen, Abend . . . . *Proí, Wrádi*
Was ist . . . . *Tí íne*
Wieviel . . . . *Pósso*
Haben Sie. . . . . *Échete*
Ich will. . . . . *Thélo*
Ich möchte gerne . . . . *Tha íthela*
Ich will nicht . . . . *Den thélo*
Dieses . . . . *Aftó*
Ein Zimmer . . . . *Éna domátjo*
Ein Glas. . . . . *Éna potíri*
Wein . . . . *Krassí*
Wasser . . . . *Neró*
Die Rechnung . . . . . . *O logariasmós*
Sprechen Sie deutsch? . . . . . *Omilaté jermaniká?*
Deutschland. . . . . *Germanía*
Österreich. . . . . *Afstría*
Schweiz . . . . *Elwetía*
Ich verstehe nicht. . . . *Den katalawéno*
Ja . . . . *ne*
Nein . . . . *óhi*
Wie? . . . . *Pós*
Bitte . . . . *Parakaló*
Danke . . . . *Efcharistó*

Zahlen

Eins . . . . *éna, mjá*
Zwei . . . . *dío*

Drei . . . . *tría*
Vier. . . . . *téssera*
Fünf . . . . *pénde*
Sechs. . . . . *éksi*
Sieben . . . . *eftá*
Acht . . . . *ochtó*
Neun . . . . *ennjá*
Zehn . . . . *déka*
Zwanzig . . . . *íkossi*
Hundert . . . . *ekató*
Zweihundert . . . . *diakóssjes*
Tausend . . . . *chíljes*
Zweitausend. . . . . *dío chiljáthes*

Topografische Bezeichnungen

agía . . . . Heilige
ágios . . . . Heiliger
akrotíri . . . . Kap
chorió. . . . . Stadt
limáni . . . . Hafen
lófos . . . . Hügel
moní . . . . Kloster
nissí. . . . . Insel
ormós . . . . Bucht
óros . . . . Berg
paralía . . . . Ufer, Strand
pólis . . . . Stadt
potámi . . . . Bach
stássis. . . . . Haltestelle
stathmós . . . . Bahnhof

Fleisch

arnáki, arní . . . . Lamm
biftéki . . . . Frikadelle, Boulette
bon filé. . . . . Lendenfilet
brisóla . . . . Rinder- oder
. . . . Schweinekotelett
dolmádes . . . mit Reis und Hackfleisch
gefüllte Weinblätter
galópoulo . . . . Truthahn
glóssa . . . . Zunge
gurunópulo. . . . . Spanferkel
guvarlákja . . . eine Art Königsberger
Klopse
jemistés . . . . mit Reis und Hackfleisch
gefüllte Tomaten und Paprika
katsíki . . . . Zicklein
keftédes. . . . . . Hackfleischbällchen
kimá . . . . Hackfleisch
kirinó . . . . Schweinefleisch
kokkorás . . . . Hahn
kunélli . . . . Kaninchen
láchano dolmádes . . . . Krautrouladen
lukanikó. . . . . Grillwurst
muskári . . . . Rindfleisch
moussaká . . . mit Hackfleisch gefüllter
Auberginen-Kartoffel-Auflauf
paidákja . . . . Lammkoteletts
pastítsjo . . . . Nudelauflauf mit
Hackfleischfüllung
sikóti. . . . . Leber
stifádo . . . . . Rinder- oder Kaninchen-
gulasch mit Zwiebelgemüse
souvláki. . . . . Fleischspieß

Fisch und Meeresfrüchte

achinósalata . . . . Seeigelsalat
anschóvjes . . . . Anchovis
astakós . . . . Hummer, Languste
bakaljáros . . . . . Seehecht, Stockfisch
barbúnia . . . . Rotbarben
christópsaro . . . . Petersfisch
chtapodi . . . . Krake
drákena . . . . . Großes Petermännchen
fangrí. . . . . Sackbrasse
galéos . . . . Glatthai
garídes. . . . . Scampi
gávros . . . . Sardelle
glóssa. . . . . Seezunge (Achtung: kann
auch Rinderzunge heißen!)
gópa. . . . . Gründling
kalamáres . . . . Tintenfischringe
karavídes. . . . . Krebse
karvoúni. . . . . Falscher Bonito
kokálas . . . . Dornhai
kólljes. . . . . Makrele
kopáni . . . . Fregattmakrele
ksifías . . . . Schwertfisch
kiniigós. . . . . Goldmakrele
lithríni / sinagrída . . . . . Meerbrasse
lychnós. . . . . Meerpfaffe
mídjá . . . . Muscheln
mougrí . . . . Meeraal
papalína . . . . Sprotte
péstrofa. . . . . Forelle
rénga . . . . Hering
skilópsaro . . . . Dornhai
solomós . . . . Lachs
supjés . . . . . den Kalamáres ähnlicher
Tintenfisch, auch gefüllt serviert
síko . . . . Blauer Wittling
tónnos . . . . Tunfisch

tsipoúra . . . . Dorade
zargána . . . . Hornhecht

Getränke

bírra . . . . Bier
chimós . . . . Saft
gála . . . . Milch
konják . . . . Weinbrand
krassí . . . . Wein
áspro . . . . weiß
kókkino / máwro . . . . rot
rosé . . . . rosé
limonáda . . . . Limonade
neró . . . . Wasser
portokaláda . . . . Orangeade
retsína . . . . geharzter Weißwein
sóda . . . . . . Wasser mit Kohlensäure
oúzo . . . . Anisschnaps
kaffés ellinikós . . . griechischer Kaffee
skétto . . . . ohne Zucker
métrio . . . . mit etwas Zucker
glikó . . . . mit viel Zucker
frappé . . . . kalter Instantkaffee
tsái . . . . Tee
faskómilo . . . . Salbeitee

AUTORIN

Anne Midgette studierte Klassische Altertumskunde und schreibt über Reisen, Musik und Kunst. Sie hat u. a. über Deutschland, USA, Frankreich und Großbritannien Reiseführer verfasst (*Nelles Guide Schottland*). Für das *Wall Street Journal*, die *New York Times*, *Opera News* und *Opern Welt* schreibt sie Kunst- und Opernkritiken.

FOTOGRAFEN

Amberg, Gunda 22
Archiv für Kunst und Geschichte, Berlin 16, 18, 19, 20, 21, 24, 25, 26, 27, 29, 30, 32, 38
Bärmann, Michael 128
Bersick, Dr. Gerhard 137
Bondzio, Bodo 103, Cover
Fischer, Peter 10, 44, 97, 130/131, 138, 139, 140, 145, 147, 160, 162, 173, 184, 185, 190, 191, 193, 204
Frangenberg, Johannes 8/9, 64/65, 66, 69, 72, 74, 75, 98, 100, 200/201
Galikowski, Elisabeth 183
Geduldig, Erich (PhotoPress) 110/111, 114, 116
Hackenberg, Rainer 13, 23, 31, 33L, 33R, 34, 35, 36/37, 43, 45, 46, 47, 48, 52/53, 54, 59, 61, 112, 132, 135, 148, 150, 151, 154, 155, 158/159, 165, 167, 168, 171, 174, 176, 178, 194, 203, 206, 207
Helms, Bernd 58
Janicke, Volkmar E. 91, 186
Kappelhoff, Marlies 88
Mielke, Harald 89
Rein, Udo 92
Rostiti, Riccardo 120
Skupy-Pesek, Jitka 77
Stadler, Hubert 79, 188
Stankiewicz, Thomas 105, 141, 143, 181
Storck, Manfred 28, 153
Stuhler, Werner 94, 124, 127
Thiele, Klaus 12, 70, 80, 82, 84, 86, 205
Thomas, Martin 202
Wothe, Konrad (Silvestris) 118.

Griechische Inseln

Ägäis

Hotelverzeichnis

HOTELVERZEICHNIS

Hotels: In der Hochsaison ist es oft schwierig, ein Hotelzimmer zu finden. Die meisten Hotels sind schon Monate im Voraus ausgebucht, vor allem die größeren Mittelklassehotels werden für Reisegruppen reserviert.

Individualreisende finden jedoch immer ein **Privatzimmer** – es ist auch günstiger und familiärer als ein Hotel. Die ankommenden Fähren werden von zahlreichen einheimischen Zimmervermietern erwartet. Die Qualität der Zimmer ist unterschiedlich (vorher anschauen), aber in der Regel mindestens akzeptabel. Die Einheimischen sehen es nicht gern, wenn man am Strand schläft, denn viele von ihnen leben vom Tourismus.

Weitere Informationen oder Listen erhält man bei **Hellenic Chamber of Hotels**, Stadiou 24, Athen, Fax 21032 25449; Filiale: Kar. Servias 2, National Bank of Greece, Athen, Tel. 21032 29912 (Mo-Sa 8.30-14 Uhr) sowie über die EOT-Filialen im Ausland.

Camping ist nur auf Campingplätzen gestattet. Die Broschüre „Camping in Greece", eine Liste der griechischen Campingplätze, erhält man von Greek Camping Association, Solonos 102, 10680 Athen, Tel./Fax 21036 21560 sowie über die EOT-Filialen im Ausland.

Die Unterkünfte sind in Griechenland in die sechs Kategorien Luxus und A, B, C, D, E unterteilt. Bei den unteren Klassen handelt es sich meist um Familienbetriebe, die sich oft Pension nennen.

Die **Klassifizierung** in diesem Buch beschränkt sich auf drei Kategorien:

€€€ Kategorie *Luxus:* Häuser, die im internationalen Vergleich zumindest der gehobenen Mittelklasse entsprechen. Hoher Komfort, meist Meeresnähe und Swimmingpool, Sporteinrichtungen, Restaurant, Bar. Doppelzimmer mit Frühstück in der Hauptsaison je nach Ort und Lage ab ca. 120 €. Außerhalb der Hauptsaison ab ca. 80 €.

€€ Kategorie *Mittel:* Gute Touristenhotels, Doppelzimmer mit Frühstück ab ca. 80 €. Außerhalb der Hauptsaison ab ca. 60 €.

€ Kategorie *Einfach:* Appartements, Pensionen und einfache Touristenhotels, Doppelzimmer ohne Frühstück in der Hauptsaison ab ca. 50 €. Außerhalb der Hauptsaison ab ca. 30 €.

2 ATHEN

Athen

€€€ **Grande Bretagne**, Sindágmaplatz, Tel. 21032 30251, Fax 21032 28034. Athens traditionsreichstes Hotel wurde 2002/2003 vollständig renoviert. **St. George Lycabettus**, Kleoménous 2 (Kolonáki), Tel. 21072 90711, Fax 21072 90439. Relativ ruhige Lage, schöne Aussicht, Swimmingpool.

€€ Auf der Apollonos zwischen Sindágmaplatz und Pláka gibt es einige Hotels; empfehlenswert: **Omiros**, Nr. 15, (Tel. 21032 35486, Fax 21032 28059), **Hermes**, Nr. 19, (Tel. 21032 35514, Fax 21032 32073) mit Reisebüro im Haus. Im **Athenian Inn**, Haritos 22 (Kolonáki), Tel. 21072 38097, Fax 21072 18756, war Lawrence Durrell Stammgast.

€ Es gibt mehrere günstige Hotels in der Pláka. Dicht beieinander und darum auch für die Zimmersuche ohne telefonische Vorausreservierung geeignet: **Akropolis House**, Kodrou 6-8, Tel. 21032 23244, altmodischer Traveller-Treff, Nichtraucherhaus; **Adonis**, Kodrou 3, Tel. 21032 49397, mit aussichtsreicher Frühstücksterrasse; **Student's and Travellers Inn**, Kidathineon 16, Tel. 21032 44808, auch Mehrbettzimmer. Modern und preiswert ist die **Jugendherberge**, Viktoros Ugko 16 (Nähe Omónia-Platz), Tel. 21052 34170, Fax 21052 34015.

Piräus

€€ **Park Hotel**, Kolokotroni 103, Tel. 21045 24611, Fax 21045 24615, etwas gehoben mit allem Komfort, an einem zentralen Platz zwischen den beiden Fährhäfen. € **Noufara Hotel**, Iroon Politehniou 45, Tel. 21041 15541, Fax 21041 34292. Sauber, zentral, an der Nord-Süd-Hauptachse.

3 SARONISCHER GOLF

ÉGINA

Égina-Stadt

€ **Hotel Pavlou**, Pavlou Eginitou 21, Tel. 22970 22795, Fax 22970 22334. Schönes blauweißes, hinter Palmen verstecktes Gebäude. **Areti**, Tel. 22970 23593, Fax 22970 22288. Nahe dem Fähranleger, mit Blick auf den Sonnenuntergang.

Marathónas

€€€ **Moondy Bay Hotel**, Tel. 22970 61622, Fax 22970 61147. Schönster Bungalowkomplex der Insel, am Strand.

PÓROS

Póros-Stadt

€ **Manessi**, direkt am Anleger, Tel. 22980 24767, Fax 22980 24766, www.askeli-travel-nikos.com, einfach, nichts für Lärmempfindliche. **Villa Tryfon**, nahe der Kathedrale, Tel. 22980 25854, relativ ruhig gelegene Studios mit Klimaanlage.

ÍDRA

Ídra-Stadt

€€€ **Bratsera Hotel**, Tel. 22980 53971, Fax 22980 53626. Gepflegte Eleganz in einer umgebauten Schwammfabrik, schöner Innenhof mit Pool. **Mistral Hotel**, Tel. 22980 52509, Fax 22980 52111, www.mistralhydra.gr. Altes Steinhaus mit modernisierten Zimmern, zentrale Lage.

€€ **Ippokampos**, Tel. 22980 53453, Fax 22980 53454. Alte Villa mit schönem Innenhof. **Hydra Hotel**, Tel. 22980 52102, Fax 22980 53330. Alte Villa im Herzen der Stadt mit Blick aufs Wasser. **Pension Antonios**, Tel. 22980 53227, und **Pension Alkyonides**, Tel. 22980 54055, sind ebenfalls schöne alte Villen.

€ **Hotel Sofia**, Tel. 22980 52313. Klein, zentral und etwas laut.

Mandráki

€€€ **Miramare Bungalows**, Tel. 22980 52300, Fax 22980 52301, www.miramare.gr. Komfortabler Komplex am einzigen Sandstrand der Insel.

SPÉTSES

Spétses-Stadt

€€€ **Possidonion**, Tel. 22980 72206, Fax 22980 72208. Griechenlands erstes Touristenhotel floriert seit 1914. **Lefka Palace**, Tel. 22980 72311, Fax 22980 72161, lefkapalace@hot.mail.com. Großer, moderner Hotel- und Bungalowkomplex.

€€ **Villa Christina**, Tel. 22980 72218, Fax 22980 74228. Nette Pension. **Akroyiali**, Tel. 22980 73695, Fax 22980 74054. Direkt am Strand.

4 KYKLADEN

ÁNDROS

Gávrio

€€ **Andros Holiday**, Tel. 22820 71443, Fax 22820 71097, www.androsholiday.com. 100 m vom Strand, Pool. € **Galaxy**, Tel. 22820 71228. Einfach, sauber, beim Schiffsanleger. **Camping Andros**, 300 m vom Hafen.

Steniés

€€ **Pigi Sarisa**, Tel. 22820 23799, Fax 22820 22476. Auf 400 m Höhe, 2 km vom Strand, Pool.

Ándros-Stadt

€€ **Egli**, Tel. 22820 22303, Fax 22820 22159. Zentral, viele Infos für Reisende. **Paradise**, Tel. 22820 22187, Fax 22820 22340. Pool, Restaurant. € **O Neiborsos**, Tel. 22820 22052. Sauber, am Strand.

Órmos Kórthiou

€€ **Korthi**, Tel. 22820 61218, Fax 22820 61118. Betonklotz, herrliche Lage am Meer.

Batsí

€€ **Meltemi**, Tel. 22820 41016, Fax 22820 41564, und **Erato**, Tel. 22820 41943. Schöne Appartements.

TÍNOS

Tínos-Stadt

€€ **Aphrodite**, Tel. 22830 23556, Fax 22830 22456. Ruhig, nahe Fähre und Strand.

Pórto

€€ **Carlo**, Ai Yiannis, Tel. 22830 24159, Fax 22830 24169. Mit Pool, strandnah.

Kiónia

€ **Anna's Rooms**, Tel. 22830 22877. Sauber, strandnah.

Kolimbíthra

€€ **Kolimbíthra Beach**, Tel. 22830 51300, Fax 22830 51734. Taverne, Strand.

Pírgos

€€ **Elena Rooms**, Tel. 22830 31694, 22830 31840. Appartements.

MÍKONOS

Míkonos-Stadt

ⓈⓈ **Marios**, 24 N. Kalogera, Tel. 22890 24670, Fax 22890 22704. Ruhig, zentral, nett. Ⓢ **Margarita**, Tel. 22890 22145. Auf dem Hügel nördl. des Hafens, Meerblick.

Ágios Stéfanos

ⓈⓈⓈ **Princess of Mykonos**, Tel. 22890 23806, Fax 22890 23031, www.mykonos-hotel.com. Promi-Hotel mit Blick auf die Stadt.

Kalafáti

ⓈⓈⓈ **Paradise Aphrodite Beach**, Tel. 22890 71367, Fax 22890 71525, www.aphroditehotel.com. Strand, Wassersport, Pool. ⓈⓈ **Kalafatis-Windsurfing-Mikonos**, Tel. 22890 71228. Tolle Appartements zu günstigen Preisen.

Paradise Beach & Camping, Tel. 22890 22852, Fax 22890 24350. **Mykonos Camping Paraga Beach**, Tel. 22890 25915, Fax 22890 24578. Beide mit Disko, Busse in die Stadt.

SÍROS

Ermoúpoli

ⓈⓈⓈ **Hermes**, Platía Kanari, Tel. 22810 23011, Fax 22810 87412. Zentral, gutes Restaurant. ⓈⓈ **Villa Nostos**, Spartiaton 2, Tel. 22810 84226. 120 Jahre alte Villa. **Ipatia Guest House**, Babagiotou 3, Tel./Fax 22810 83575. Charmante Villa, etwas überteuert.

Galissás

ⓈⓈ **Francoise**, Tel. 22810 42000, Fax 22810 42024. Strandnah, modern, angenehm. Ⓢ **Rooms**, Panaiota Sigala, Tel. 22810 42643. Blumenterrassen, in Strandnähe.

Posidonía

ⓈⓈⓈ **Kyklamino**, Tel. 22810 42518. Elegante Villa, strandnah.

Mégas Gialós

ⓈⓈ **Alkyon**, Tel. 22810 61761, Fax 22810 61000. Meerblick, Pool, Tennisplatz, schönes Restaurant.

Azólimnos

ⓈⓈ **Galaxy**, Tel. 22810 61586, 22810 61497. Am Berg, Blick auf die Bucht.

KÉA

Korissía

ⓈⓈ **Karthea**, Tel. 22280 21222, Fax 22880 21417. Am Hafen. Ⓢ **Tzia Mas**, Tel. 22880 21305, Fax 22880 21140. Zentral, Restaurant.

Koúndouros

ⓈⓈⓈ **Kea Beach Hotel**, Tel. 22280 31230, Fax 22280 31234. Komfortabel, auch Bungalows, Nachtclub, am Strand.

Písses

Kea Camping, Tel. 22880 31302.

KÍTHNOS

Loutrá

ⓈⓈ **Meltemi**, Tel. 22810 31271, Fax 22810 31302, www.meltemi-hotel-kythnos.gr. Sehr freundlich, von einer Famile geführt.

Mérihas

ⓈⓈ **Romantza**, Tel. 22810 32237. Auch Appartements, zentral.

SÉRIFOS

Livádi

ⓈⓈⓈ **Asteri**, Tel. 22810 51891, Fax 22810 51191, www.asteri.gr. Bestes Hotel der Insel. ⓈⓈ **Areti**, Tel. 22810 51107, Fax 22810 51547. Attraktiv, ansprechend. Ⓢ **Serifos Beach**, Tel. 22810 51209. Sehr einfach.

Coralli Camping, Tel. 22810 51500, Fax 22810 51073. Nahe dem Fährhafen, freundliches Personal.

SÍFNOS

Kamáres

ⓈⓈⓈ **Boulis**, Tel. 22840 32122, Fax 22840 32381. Komfortabel, am Strand. **Alkyonis Villas**, Tel. 22840 33101, Fax 22840 33102. Appartements, Blick auf Berge u. Hafen.

Artemón

ⓈⓈⓈ **Petali**, Ano Petali, Tel./Fax 22840 33024. Pool, Blick auf Apollonía. ⓈⓈ **Artemon**, Tel. 22840 31303, Fax 22840 32385. Modern, angenehm.

Apollonía

Anthousa, Tel./Fax 22840 31431. Mit blumengeschmücktem Innenhof u. Konditorei.

Platís Gialós

$$$ **Platís Gialós**, Strandhotel u. Bungalows, Tel. 22840 71224, Fax 22840 71325. Am Meer, schöne Terrasse. **Alexandros**, Tel. 22840 71300, Fax 22840 71303. Pool, Restaurant, strandnah. $$ **Euphrosine**, Tel. 22840 71353, Fax 22840 71325. Alle Zi. mit Balkon zum Meer.

Vathí

$ **Taxiarhis-Kloster**, am Meer, auch Fremdenzimmer.

KÍMOLOS

Die meisten Besucher sind Tagesausflügler, Privatzimmer zu finden ist kein Problem.

MÍLOS

Adámas

$$$ **Kapetan Georgantas**, Tel. 22870 23251, Fax 22870 23219, Appartements.
$$ **Hotel Delfini**, Tel. 22870 22001, 22870 22688.

PÁROS

Parikía

$$ **Parian Village**, Livádi Beach, Tel. 22840 23187, Fax 22840 23880. Bungalows im Kykladenstil, 15 Gehminuten vom Hafen. **Captain Manolis**, am Hauptplatz beim Hafen, Tel. 22840 21244.

Náousa

$$$ **Astir of Paros**, Tel. 22840 51976, Fax 22840 51985. Eleganter Bungalowkomplex, Pool, Strand, aller Komfort. $$ **Sakis**, auf dem westlichen Ortshügel gegenüber der Polizei, Tel. 22840 52171, Fax 22840 24365, www.paros-online.de. 8 Zimmer und 2 Apartments, drei Gehminuten vom Hafen, deutsch-griechisches Wirtspaar. $ **Minoa**, nahe der Post, Tel. 22840 51309, Fax 22840 51551. Zentral, mit Restaurant.

NÁXOS

Náxos-Stadt

$$$ **Chateau Zevgoli**, Tel. 22850 22993, Fax 22850 25200, chateau-zevgoli@nax.forthnet.gr. Romantisch, in der Altstadt, Dachgarten, Innenhof, nur 10 Zimmer.
$$ **Oniro**, Tel./Fax 22850 24934. Modernes Haus mit neun Studios auf einem Hügel in der Neustadt, 100 m vom Strand. $ **Bourgos**, Tel. 22850 25979 und 69745 55762. Altstadt-Pension unterhalb des (ausgeschilderten) Chateau Zevgoli.

AMORGÓS

Katápola

$$$ **Hotel Aegialis**, Tel. 22850 73393, Fax 22850 73395. Pool, 250 m vom Strand.
$$ **Pension Lakkí**, Tel. 22850 73393, Fax 22850 73244. Am Strand, mit Garten.
$ **Nikos's**, Tel. 22850 73310, Fax 22850 73368. Taverne u. Pension.

FOLÉGANDROS

Karavostásis

$$ **Aeolos**, Tel. 22860 41205, Fax 22860 41336. Sauber, in Strandnähe.
Camping Livadi, Tel. 22860 41204. 2 km westl. des Hafens an der Küste.

Folégandros

$$$ **Anemomilos Appartements**, Tel. 22860 41309, Fax 22860 41407. Neu, mit allen Annehmlichkeiten.

SÍKINOS

Aloprónia

$$ **Porto Sikinos**, Tel./Fax 22860 51220. Attraktiv, am Strand.

ÍOS

Milopótamos

$$$ **Ios Palace**, Tel. 22860 91269, Fax 22860 91082, www.iospalacehotel.com. Wunderschön, direkt am Meer.
Far Out Camping, Tel. 22860 91468, Fax 22860 92303. Gehobener Campingplatz.

Gialós

$$ **Corali**, Tel. 22860 91272, Fax 22860 91552. Am Strand.

Íos-Stadt

$$ **Afroditi**, Tel. 22860 91546, Fax 22860 92347. Klein, nett. **Poseidon**, Tel. 22860 91091, Fax 22860 91969. Attraktiv, mit Swimmingpool.
$ **Marcos Pension**, Tel. 22860 91059, Fax 22860 91060. Nahe einer Disko.

THÍRA / SANTORIN

Firá

$$$ **Atlantis**, Tel. 22860 22232, Fax 22860 22821, www.atlantishotel.gr.Direkt am Kraterrand. $$ **Pelican**, Tel. 22860 23113, Fax 22860 23514. Nahe dem Hauptplatz, 50 m vom Kraterrand.

Firostéfani

$$$ **Tsitouras**, Tel. 22860 23747, Fax 22860 23918, www.tsitouras.gr. Fünf Villen direkt am Kraterrand, der ultimative Luxus.

Oía

$$$ **Oia Village**, Tel. 22860 71114, Fax 22860 71436. Traditionelle Höhlenwohnungen im Kraterrand, Pool.

Kamári

$ **Nikolína**, Tel. 22860 31702, Fax 22860 32664. Einfach, aber erschwinglich und nur 20 m vom Strand.

Périssa

Périssa, Tel. 22860 81343. Am Strand, mit Baumschatten.

ANÁFI

Einige **Pensionen** am Hafen; netter wohnt man jedoch in **Privatzimmern** in Anáfi (Hóra).

5 NÖRDLICHE SPORADEN

SKIÁTHOS

Skiáthos-Stadt

$$ **Hotel Alkyon**, Tel. 24270 22981, Fax 24270 21643, www.alkyon.gr. Großzügige Anlage am Meer. **Pothos**, Tel. 24270 22694, Fax 24270 23242. Zentral, komfortabel, blumengeschmückter Innenhof. $ **Kastro**, Tel. 24270 22623. Weinrebenumrankte Balkone.

Koukounariés und Umgebung

$$$ **Muses Bungalows**, Tel. 24270 49384, Fax 24270 49440. Luxuriöser Komplex. **Skiathos Palace**, Tel. 24270 49700, Fax 24270 45963, www.skiathos-palace.gr. Großhotel mit 223 Zimmern, schöne Aussicht. $$ **Golden Beach**, Tel. 24270 49395, Fax 24270 49500. Angenehm, mit Balkon, Blick auf Wälder.
Camping Kukinariés, Tel. 24270 49250.

Troúlos

$$ **Korali Hotel/Apartments**, Tel. 24270 49212, Fax 24270 49551. Am Strand.

SKÓPELOS

Skópelos-Stadt

$$$ **Skópelos Village**, Tel. 24240 22517, Fax 24240 22958. Komfortable Appartements mit Hafenblick, Pool. $$ **Kavouris Hotel**, Tel. 24240 23238, Fax 24240 23413. Modernes Hotel. **Kyr Sotos**, Tel. 24240 22547, Fax 24240 23668, traditionelle Pension in einem 150 Jahre alten Haus an der westl. Hafenpromenade, schöne Frühstücks-Dachterrasse.

Agnóndas

$$ **Pavlina**, Tel. 24240 23634, Fax 24240 23272. Appartements unweit der schönen, von Pinien gesäumten Bucht.

Panórmos

$ **Sandra**, Tel. 24240 20361. Zimmer in einem kleinen Haus auf einer Wiese im Wald.

ALÓNNISOS

Patitíri

$$$ **Alkyon**, Tel. 24240 65602, Fax 24240 65195. Am Meer. $$ **Paradise**, Tel. 24240 65213, Fax 24240 65161. Pool. **Galaxy**, Tel, 24240 65363, Fax 24240 65110. Restaurant.

Marpoúnda

$$$ **Marpoúnda**, Tel. 24240 65212, Fax 24240 65582. Bungalowkomplex mit Pool u. Tennisplatz, am Strand.

ÉVIA (EUBÖA)

Halkída

$$$ **Lucy**, Voudouri 10, Tel. 22210 23831, Fax 22210 22051, www.lucyhotel.gr. Blick auf den Evrípou-Kanal. **Paliria**, 2. El. Venizelou, Tel. 22210 28001, Fax 22210 81959, www.paliria-hotel.gr. Modern, mit Dachgarten.

Erétria

$$$ **Malaconta Beach**, Tel. 22290 68120, Fax 22210 62518. Schöner Komplex, komfortabel. $$ **Delfis**, Tel. 22210 62380.

Kími

$$ **Korali**, Tel./Fax 22220 22212.

Káristos

$$$ **Apollon Suite Hotel**, Psilí Ámmos, Tel. 22240 22045, Fax 22240 22049, www.apollonsuiteshotel.tsx.org. Groß, am Strand, ganzjährig geöffnet. $ **Mamas**, Tel. 22240 24572, Fax 22240 24387. 2 km außerhalb, mit Pool.

Édipsos

$$$ **Thermae Sylla**, Tel. 22260 60100, Fax 22260 22055, www.thermaesylla.gr. Eins der schönsten Hotels Griechenlands, mit großem Thermen- und Wellness-Bereich. $ **Faros**, Tel. 22260 23833. Zimmer mit Balkon über der gleichnamigen Strandtaverne.

SKÍROS

$$ **Pension Hara**, Tel. 22220 91601, Fax 22220 91763. Hübsches Haus, 2 km v. Mólos.

6 THRAKISCHE INSELN

THÁSOS

Thásos-Stadt

$$$ **Makriammos Bungalows**, Tel. 25930 22101, Fax 25930 22761, makryamo@otenet.gr. In einem Pinienwald an einem schönen Strand. **Amfipolis**, Tel. 25930 23101, Fax 25930 22110. Umgebautes altes Haus, vom Wasser zurückgesetzt, mit Pool und Restaurant. $$ **Makedon**, Tel. 25930 23565, Fax 25930 23652, www.hotel-macedon.com. Moderner Häuserblock unter Bäumen, mit Pool. **Pegasus**, Tel. 25930 22061, Fax 25930 22373. Sehr einfache, aber saubere Zimmer, mit Pool und Restaurant. $ **Filoxenia Inn**, Tel. 25930 23331, Fax 25930 22231. Modernes villenähnliches Haus, mit kleinem Pool.

Panagía

$$ **Thásos Inn**, Tel. 25930 61612, Fax 25930 61027. Im Inselstil erbaute Pension mit nur 15 Zimmern. $ **Theo**, Tel. 25930 61284. Ruhiges Hotel, nette Besitzerin.

Skála Prinoú

$$ **Vila Kazaviti**, Tel. 25930 71811, Fax 25930 71812, www.kazaviti.gr. Familiär geführte Pension inmitten eines Obstgartens, 500 m vom Bergdorf Kazavíti entfernt.
Prinos Campsite, Tel. 25930 71171, 25930 71270. Groß,Snackbar, Supermarkt.

Skála Rahóni

$ **Coral**, Tel. 25930 81247, Fax 25930 81190. Von schattenspendenden Bäumen umgebenes Haus mit Balkonen und Pool.

Potós

$$$ **Coral Beach Hotel**, Tel. 25930 52402, Fax 25930 2121. Ansprechender Hotelkomplex mit rotem Dach, direkt am Sandstrand, mit Pool. $$ **Hatzigiorgis**, Tel. 25930 51212. Kleines Hotel mit eigenem Restaurant.

Pefkári

$$ **Thásos**, Tel. 25930 51596, Fax 25930 51794. Mit eigenem Strand und Pool. **Pefkari**, Tel. 25930 51341, Fax 25930 51877. Hübsches, villenartiges Haus am Strand (Stadtrand), mit Restaurant.

Limenariá

$$ **Ralitsas**, Tel. 25930 51578, Fax 25930 52878. Direkt am Strand gelegen. $ **Papantoniou**, Tel. 25930 51363, Fax 25930 52070. Über einem Café, akzeptable Zimmer.

Astrís

$ **Astrís Sun Hotel**, Tel. 25930 51281, Fax 25930 52861. Am belebten Strand der Astrís-Bucht, unweit von Potós.

Hrisí Amoudía

Hrisí Amoudía Camping, Tel. 25930 61207. Schön, aber etwas abgelegen.

SAMOTHRÁKI

Kamariótisa

$$ **Hotel Eolos**, Tel. 25510 41595, Fax 25510 41810. Das größte und schönste Hotel der Insel, mit Schwimmbad. $$ **Niki Beach**, Tel. 25510 41461. Am Meer.

Paleópoli

$$$ **Kastro**, Tel. 25510 89400, Fax 25510 41000, www.kastrohotel.gr. Direkt am Strand, nicht weit von der Ausgrabungsstätte der antiken Stadt.

Thérma

$$$ **Hotel Kaviros**, Tel. 25510 98277, Fax 25510 98278. Ganz in der Nähe der heißen Quellen und der Wasserfälle.

7 NORDOSTÄGÄIS

LÍMNOS
Mírina

$$$ **Akti Mirina**, Tel. 22540 22681, Fax 22540 22947, www.ventaglio.com. Luxuriös, direkt am Strand. $$ **Afrodite Appartements**, Tel. 22540 23489, Fax 22540 22484. Kleine Studios, nahe dem Hafen.

Thános

$$ **Villa Thanos Beach**, Tel. 22540 23496, 22540 25028, am Strand. Schöne Zimmer.

LÉSVOS
Mitilíni

$$$ **Loriet** (Laureate), Tel. 22510 43111, Fax 22510 41629, Variá, 3 km südl. von Mitilíni, an der Hauptstraße. Die Zimmer befinden sich im alten Herrenhaus; hinten Bungalows mit Pool-Blick. $ **Sappho**, Tel. 22510 28415. Nahe des Fähranlegers.

Míthimna

$$$ **Delfinia**, 1 km südl. der Stadt, Tel. 22530 71373, Fax 71524. Pool, Tennisplatz, Restaurant, Strand. **Olive Press**, Tel. 22530 71646, Fax 22530 71647. Ehemalige Olivenpresse am Stadtstrand. $$ **Adonis**, Tel. 22530 71866, Fax 22530 71636. Strandnah, gemütlich. $ **Giorgos Arapis**, Tel. 22530 71072, Vermietung von Motorrädern und Zimmern mit Balkon u. Kochnische.

Evthaloús

$$ **Golden Beach**, Tel. 22530 71879, Fax 22530 72044. In einem byzantinischen Kloster am Strand.

Pétra

Frauenkooperative Pétra, Tel. 22530 41238, Fax 22530 41309, Zimmer, Appartements.

Ágios Isídoros

$$ **Sea Sun,** Studios/Appartements, 1 km östl. des Ortes, Tel. 22520 31755, Fax 22520 32234. Schöner Rasen, gute Preise.

Melínda

$ **Maria's**, Taverne u. Zimmer, Tel. 22520 93239. Abgelegen, mit einsamem Strand.

HÍOS
Híos-Stadt

$$$ **Golden Sand**, 6 km südl. d. Stadt, Tel. 22710 32080, Fax 22710 31700, www.goldensand.gr. Am Strand von Kárfas, Pool, Gartenlokal. $$ **Kima**, Prokimea (am Hafen) Tel. 22710 44500, Fax 22710 44600. Alte Villa, zentral. **Chandris**, Prokimea, Tel. 22710 44401, Fax 22710 25768. Betonklotz mit Pool. $ **Rooms Alex**, Livanou 29, Tel. 22710 26054. Viele Stammgäste, gastfreundlich.

Pirgí

Frauenkooperative, Tel./Fax 22710 72496.

Mestá

$$ / $ **Karambellas**, Tel. 22710 22068, Studios in mittelalterlichen Häusern, vor Ort nachfragen in der Taverne O Morias.

Volissós

$ **Ta Petrina**, Tel. 22740 21128, Fax 22740 21013, www.internet.gr/tapetrina. Natursteinhäuser unterhalb der Burg.

Límnos

$ **Zorbas**, Tel. 22740 21436, Fax 22740 21720, www.chiosnet.gr/zorbas-mansion. Studios mit kleinem Garten, 200 m vom Strand.

PSARÁ

$ **Xenonas Psaron**, Tel. 22740 61293, in einer ehemaligen Pilgerherberge neben der Kirche hoch über dem Dorf. **Psara**, Tel. 22740 61180, modern, 17 Studios, am Ortsrand.

IKARÍA
Ágios Kírikos

$$ **Hotel Kastro**, Tel. 22750 23480, Fax 22750 23700. Einziges „richtiges" Hotel im Ort.

Gialiskári

$$$ **Messakti Village**, Tel. 22750 71331, Fax 22750 71330, www.messakti-village.com. Bestes Hotel der Insel, Traumstrand.

Armenistís

$ **Dolihi Appartements**, Tel. 22750 71450, Fax 22750 71451. Meerblick u. Kochnischen. **Hotel Daidalos**, Tel. 22750 71390, Fax 22750 71393. Über dem Meer, mit Pool.

Attiki, Altstadt, Odós Theofilískou 2 / Ecke Odós Harítos, Tel./Fax 22410 27767, ganzjährig, 6 Zimmer. Die griechische Wirtsfamilie lebt selbst in diesem kleinen Haus im Herzen der Altstadt, nur eine Minute von der Haupteinkaufsstraße Odós Sokrátous entfernt. **Mango Bar**, Altstadt, Platía Dórieos 2, Tel./Fax 22410 24877, Apr.-Okt., 6 Zimmer. Zimmer zum Teil mit Etagenbetten für 4 Personen, kleine Dachterrasse, eigene Bar im Haus.

Afándou

$$ **Afándou Beach**, Tel. 22410 51586, Fax 22410 52003. Nettes Strandhotel. **Golden Days**, an der Hauptstraße, Tel. 22410 52302, Fax 22410 52324, Apr.-Okt., 39 Zimmer. Hotel mit Pool am Dorfrand, ruhig und doch nahe am abendlichen Leben im Dorf.

Faliráki

$$$ **Esperos Village**, am nördlichen Ortsrand, Tel. 22410 86046, Fax 22410 85741, www.esperia-hotels.gr, Apr.-Nov., 210 Zimmer. Im Stil eines griechischen Dorfes an einem Hang angelegtes Hotel, kostenloser Bustransfer zum Strand. $$ **Evi**, Odós Prof. Ammou, Tel. 22410 85586, Fax 22410 85633, Apr.-Okt., 124 Zimmer. Hauptsächlich von jungen Leuten frequentierte Hotelanlage mit Pool, etwa 10 Minuten vom Nachtleben.

Kolímbia

$$$ **Kolymbia Beach**, am südlichen Ortsstrand, Tel. 22410 56311, Fax 22410 56203, März-Nov., 122 Zimmer. Nur zweigeschossiges Strandhotel mit Süßwasser-Pool, sehr ruhig gelegen. **Lydia Maris**, am nördlichen Ortsstrand, Tel. 22410 56421, Fax 22410 56424, Apr.-Okt., 155 Zimmer. All-inclusive-Hotel, etwa 400 m vom Strand entfernt. Süßwasser-Pool, Kinderbetreuung, großes Sportangebot, hoteleigene, auch öffentliche Disco.
$$ **Allegro**, Tel. 22410 56286, Fax 22410 56412. Modernes Hotel am Strand.

Líndos

Die Hotels bei Líndos sind meist mit Pauschalreisenden ausgebucht.
$$ **Anastasia**, Tel. 22440 31547, im historischen Zentrum. $ **Pension Electra**, Tel. 22440 31266 am Weg zum Pallas-Strand.

SÍMI

Kalodoukas Holidays, Tel. 22410 72661, und **Sími Tours**, Tel. 22410 71307, Fax 22410 72292, vermitteln Unterkünfte.

Gialós

$$ **Opera House**, Tel. 22410 72034, Fax 22410 72035. Schöne Appartements sowie ein Hotel in ruhiger Lage; ganzjährig geöffnet.
$ **Albatros**, Tel. 22410 71707, Fax 22410 72257. Reizender neoklassizistischer Bau im Herzen von Gialós.

Horió

$$ **Fiona**, Tel. 22410 72088. Zimmer mit tollem Hafenblick. **Villa Kassandra**, Tel. 22410 72157, Fax 22410 72616, traumhafte Aussicht; gemütliches, schön renoviertes Haus.

KÁRPATHOS

Kárpathos-Stadt

$$$ **Possirama Bay**, Tel. 22450 22916, Fax 22450 22919. Appartements in Strandnähe. $$ **Romantica**, Tel./Fax 22450 22461. In Strandnähe. **Sunrise**, Tel. 22450 22467, Fax 22450 22089. Angenehm, in Strandnähe.

Ólimbos

$ **Aphroditi**, Tel. 22450 51307, an der Steilküste nahe der Hauptkirche, 4 Zimmer mit herrlicher Aussicht. **Astro**, Tel. 22450 51378, nahe der Hauptgasse. 9 Zimmer, die zur Taverne Zefiros gehören. **Olimbos**, Tel. 22450 51252, an der Hauptgasse, 5 Zimmer, 3 davon im Stil traditioneller Dorfhäuser eingerichtet.

KÁSOS

Frí

$$ **Anagenessis**, Tel. 22450 41495, Fax 22450 41036, www.kassos-island.gr. **Anessis**, Tel. 22450 41201, Fax 22450 41730. Außerdem am Hafen Tavernen, die Zimmer vermieten.

KASTELLÓRISO

Kastellóriso-Stadt

$$ **Megisti**, Tel. 22460 49272, Fax 22460 49221. Groß, modern, einziges „richtiges" Hotel auf der Insel. $ **Barbara**, Tel. 22460 29295. Ältere Pension, auch Vermietung von Appartements.

und Bungalow-Komplex am Strand mit Pool und Restaurant. ⓈⓈ **Kantouni Beach Hotel**, Tel. 22430 47980, Fax 22430 47549. Hohes Niveau, freundliches Personal.

Vathís

Ⓢ **Manolis**, Tel. 22530 31300 und 69468 27839. In Hanglage mit tollem Garten, alle 6 Zimmer mit Aussichtsbalkon, freundlicher Wirt.

ASTIPÁLEA

Astipálea

ⓈⓈ **Viva Mare**, Tel. 22430 61571. Hübsch und angenehm. Ⓢ **Astinea**, Tel. 22430 61040, Fax 22430 61209. Am Hafen. **Australia**, Tel. 22430 61275. Mit Restaurant, Terrasse.

Marmári-Strand

Camping Astipalea, Tel. 22430 61338.

KÓS

Kós-Stadt

ⓈⓈⓈ **Kipriotis Village**, Psalídi, südl. der Stadt, Tel. 22420 27640, Fax 22420 23590, www.kipriotis.gr. Luxuriöser Komplex mit allen Annehmlichkeiten: Pools, Bungalows, Strand, Bar u. v. m. Ⓢ **Afentoulis**, Evripilou 1, Tel. 22420 25321, Fax 22420 25797. Sauber, gut ausgestattet, hilfsbereite Wirtsleute. **Hotel Yiorgos**, Harmilou 9, Tel. 22420 23297, Fax 22420 27710. Die freundlichen Eigentümer verleihen dem komfortablen, zentralen Hotel Gemütlichkeit. **Privatzimmer** bei **Irini Vasilopoulou**, Kolokotroni 11, Tel. 22420 28298; sie vermietet auch billige Appartements in Psalídi.

Kardámena

Ⓢ **Kris-Mari**, Tel. 22420 91642, Fax 22420 91034. Am Stadtrand, etwas entfernt vom Meer; elegant, modern und freundlich. Zimmer mit Blick auf Meer und Pool.

Kéfalos

ⓈⓈ **Hermes**, Tel. 22420 71102, Fax 22420 71794. Auf halbem Weg zum Ort hinauf, mit schöner Aussicht auf die Bucht; Pool, Tennis.

Mastihári

ⓈⓈ **Kouros Club**, Tel. 22420 59214, Fax 22420 59217, 140 Zimmer in parkähnlicher Anlage.

NÍSIROS

Mandráki

ⓈⓈ **Haritos Hotel**, Tel. 22420 31322, Fax 22420 31122. Komfortable Pension in ruhiger Lage am Stadtrand, am Meer. Ⓢ **Romantzo**, Tel./Fax 22420 31340. Günstige Zimmer und ein gutes Restaurant.

TÍLOS

Livádia

ⓈⓈ **Irini**, Tel. 22410 44293, Fax 22410 44238. In Strandnähe. **Castellos Beach**, Tel. 22410 44267. Modernes Hotel, Meerblick.
Ⓢ **Stefanakis Appartements**, Tel. 22410 44310.

RHÓDOS

Rhódos-Stadt

ⓈⓈⓈ **Rhodos Park**, Riga Fereou 12, Tel. 22410 24612, Fax 22410 24613, www.rodos-park.gr. Erstklassig, im Herzen der Stadt (in der Neustadt, nahe der Altstadt), mit Pool, Restaurants. **Grand Hotel Palace**, Akti Miaouli 1, Tel. 22410 26284, Fax 22410 35589. Luxushotel am Strand mit Pools, Tennis, Fitnessraum, Sauna u. v. m. **Marco Polo Mansion**, Altstadt, Odós Ágiou Fanoúriou 42, Tel./Fax 22410 25562, www.marcopolomansion.web.com, Apr.-Okt., 8 Zimmer. Der italienische Künstler Giuseppe Sala und seine griechische Partnerin Efi Dede wandelten das 500 Jahre alte Haus in eins der originellsten und stilvollsten Hotels der Insel um. In der Halle liegen Fliesen aus dem frühen 20. Jh., an den Wänden hängen Berberteppiche, die Tische zieren indische Seidentücher. Viele Möbel sind antik.
ⓈⓈ **Andreas**, Altstadt, Odós Omiroú 28 D, Tel. 22410 34156, Fax 22410 74285, Apr.-Okt., 12 Zimmer. Von einem griechisch-französischen Wirtspaar sehr persönlich geführte Pension mit kleinem Innenhof und Aussichtsterrasse. **Cava d'Oro**, Kistiniou 15, Tel. 22410 36980, Fax 22410 77332. In der Altstadt nahe dem Fährhafen, freundlich und persönlich. **Hotel Savoy**, Tel. 22410 20721, Fax 22410 21720. Kleine Zimmer, aber mit Klimaanlage und TV; in der Nähe des Mandráki-Hafens.
Ⓢ **Hotel Spartalis**, Tel. 22410 24371, Fax 22410 20406. Billige, aber passable moderne Zimmer mit Bad; in der Neustadt, unweit des Hafens – sehr günstig für Fähren am Morgen.

Insel Foúrni

$ **Studio Réna,** Apartments am Kámbi-Strand, Tel. 22750 51364, Fax 22750 51209.

SÁMOS

Sámos-Stadt (Vathí)

$$ **Eolis**, Themistokli Sofouli, Tel. 22730 28904, Fax 22730 28063, www.aeolis.gr. Pool auf dem Dach. $ **Avli**, Tel. 22730 22939. Stimmungsvolle Pension in altem Kloster.

Pithagório

$$$ **Dorissa Bay Village**, 1 km westl. von Píthagório, Tel. 22730 61360, Fax 22730 61463, www.doryssabay.gr. Luxuriöser Komplex inkl. eines nachgebauten griechischen Dorfs. $$ **Stratos**, Konstandínu Kanari, Tel. 22730 61157, Fax 22730 61881. Zentral, relativ ruhig.

Órmos Marathókambo

$ **M. Vourliotou**, Tel. 22730 37427, Fax 22730 37073. Zimmer über Hafentaverne.

Kámbos

$$ **Alexandra**, Tel. 22730 37131, Fax 22730 34895. Attraktives Hotel am Meer.

Limniónas

$$$ **Limnionas Bay**, Hotel/Appartements, Tel./Fax 22730 37057. Idyllisch an schönem Strand, Pool.

Kokkári

$$ **Lemos**, Tel. 22730 92250, nette Hotelanlage mit Meerblick. $ **Frangos**, Tel. 22730 92257. Sauber, am Strand.

Karlóvasi

$$ **Erato**, Tel. 22730 34600, Fax 22730 35180. Maisonettes, günstig, am Strand.

8 DODEKANES

PÁTMOS

Skála

$$$ **Porto Scoutari,** Tel. 22470 33124, Fax 22470 33175, www.portoscoutari.com. Moderner Hotel- und Appartement-Komplex mit Meerblick. $$ **Skála Hotel**, Tel. 22470 31343, Fax 22470 31747, www.skalahotel.gr. 100 m vom Fähranleger, in schönem Garten mit Pool. **Blue Bay Hotel**, Tel. 22470 31165, Fax 22470 32303, bluebayhotel@yahoo.com. Direkt am Meer, am Stadtrand gelegen.

Pátmos (Hóra)

Die Touristeninformation vermittelt Zimmer; z. B. **Ioannis Apostolidis**, Tel. 22470 31738.

Míloï

Flowers Stephanos, Tel. 22470 31821.

LIPSÍ

Lipsí

$$ **Aphrodite,** Tel. 22470 41100. 2 Gehminuten vom Hafen, direkt am Strand. $ **Mira-Mare**, Tel. 22470 41238. Privatpension 200 m vom Ufer, Abholung vom Hafen.

LÉROS

Lakkí

$$ **Miramare**, Tel. 22470 22053, Fax 22470 22449, nahe dem Fähranleger.

Plátanos

$$ **Pension Platanos**, Tel. 22470 22608. Direkt über dem Café am Hauptplatz.

Álinda

$$ **Boulafendis**, Tel. 22470 23515, Fax 22470 24533, neben dem Soldatenfriedhof an d. Uferstraße, Studios u. Apartments, mit Pool.

KÁLIMNOS

Kálimnos-Stadt

$$ **Hotel Olympic**, Tel. 22430 51710, Fax 22430 51713. Freundliches Haus in Familienbesitz, zentral, an der Uferstraße (25 Martiou). **Hotel Katerina**, Tel. 22430 22532. Die bescheidene Villenfassade verbirgt einen blauweißen Innenhof mit Pool. $ **Villa Themelina**, Tel. 22430 22682, Fax 22430 23920, www.fewo-direkt.de/griechenland/kalymnos/hotel-villa-themelina.html. Geräumige Zimmer in alter Villa auf dem Berg neben dem Archäologischen Mus.; mit Pool. **Archontiko**, Tel./Fax 22430 24194. Villa nahe des Fährendocks.

Kandóuni

$$$ **Kalydna Island Hotel**, Tel. 22430 47880, Fax 22430 47190. Attraktiver Hotel-